"十四五"职业教育国家规划教材

民航空中乘务专业系列教材

FLIGHT SERVICE SERIES

第6版

民航旅客运输

张晓明　主　编
黄建伟　副主编

北京·旅游教育出版社

民航空中乘务专业系列教材
编 委 会

修订说明

民航空中乘务专业系列教材依据中国民航局关于空乘人员的素质、知识结构、能力要求开发和编写。作为全国首套针对空中乘务专业较为完善的系列教材，从2006年规划之初就一直坚持“探索教材体系、服务专业发展，创新教材内容、引领专业趋势”的指导思想。经过十几年的使用，本套教材得到了相关院校一线教师的充分肯定，获得了很好的口碑，对我国空中乘务专业的建设与人才培养发挥了重要作用。

我们欣喜地看到，在过去的十几年中，我国空中乘务专业办学层次不断提升，人才培养的内涵不断丰富，培养体系更加科学，在专业建设与教学改革方面取得了长足的进步。可以说，我国的空中乘务专业已经步入成熟发展时期。

此间，我们一直密切关注民航服务的实践，动态跟踪空中乘务专业的国内外发展趋势，不断深化对民航服务专业教育的认识。为适应未来民航服务国际化对人才培养的新要求，继续发挥本套教材在我国空乘服务专业教育的引领作用，完善教学体系和教学手段、丰富教学内容，提高教学的效率与质量，我们就教材在专业建设与人才培养中的实际效果以及毕业生在实际工作岗位上的职业发展进行了调研，在此基础上我们多次组织了工作在专业建设一线的空乘服务专业专家、教师对教材进行了修订，力图在教材的科学性、前瞻性和实用性方面有所创新，使这套空中乘务专业系列教材在未来的专业建设与人才培养方面发挥更大的作用。

本次教材修订我们主要遵循了以下原则：

1. 体现现代民航服务发展的趋势。《“十四五”民用航空发展规划》的发布全面开启了我国多领域民航强国建设的新征程。随着智慧民航建设新局面的拓展，民航服务学科的核心概念与外延正发生着变化。作为教材，必须反映这一发展趋势，摒弃传统的概念与思想，将智慧民航、绿色民航、民航安全等要素融入教材中，以发挥教材的导向作用，使教材的整体脉络更加科学、更具有前瞻性。

2. 提升教材的学科内涵。现今的空乘服务教育已从普通的专科教育为主，逐步走向本专科教育并存的格局，侧重点也开始从服务技能教育逐步向专注人才核心能力转变，学科的内涵逐渐凸显。为此，在本系列教材修订中我们适当融入了本科教学的理念，让教学内容更加体系化和饱满。

3. 教材编排模式向项目–任务式转变。项目–任务式教学模式是基于工作过程和岗位任职能力生成需要，把学习内容转化为以项目为载体、以任务为牵引的教学方式。通过强化学习者的主体地位，使学习者在完成任务的过程中，以体验、互动、合作的学习方式，感悟知识应用，形成技能技巧。这种方式更适用于职业教育教学的开展和教学目标的实现。

4. 理论与案例结合，着力于培育整体服务思想体系。空乘服务专业实践性很强，服务涉及的情境复杂，服务的艺术性凸显，教与学问题突出，理论的引领更需要案例的配合。为此，在本套教材修订过程中，除了进一步完善教材理论内容体系，还特别增加了案例的数量，并及时将最新的案例编入教材中，以为读者提供一个更为广阔的民航服务的“崭新空间”。

5. 从传统纸质教材向多媒体融合教材方向发展。我们在纸质教材的基础上，协同作者开发了配套的音频、实训视频、教学微课、延伸阅读、互动自测等多种形式的数字融媒体资源，并借助云存储及二维码链接技术进行线上呈现，极大丰富了课堂教学的形式，也更便于学习者自学。

6. 将课程思政有机融入，强调“立德”与“树人”并举。通过设定“素质目标”，或引入相关思政案例材料，来丰富教材的思政元素。

本套教材目前共有20个品种，涵盖了民航空中乘务专业的专业基础课、专业核心课及某些实训课，并在此基础上向航空运输大类方向有所拓展。另外，我们还策划出版了“现代航空物流管理系列教材”，可供学校根据专业方向进行选用。

高质量空乘服务人才的培养需要建立在科学的培养模式、学科建设、规范的课程体系以及合理的课程内容与有效的教学方法基础上。希望本套教材的修订再版能在优化民航空中乘务及相关专业培养方案、完善课程体系、丰富课程内容、传播交流有效教学方法方面尽一份绵薄之力。

对于教材使用中的问题，我们衷心希望能够得到广大师生的积极反馈及专家学者的批评指正，我们会全力以赴地不断提升教材的品质，以回报给予我们大力支持的广大师生。如有建议或疑问，欢迎发邮件至wytep@126.com。

旅游教育出版社

第 6 版前言

民航业是国际化程度和专业化程度都比较高的行业。为了让广大民航专业学生和民航从业人员对民航运输的发展状况以及管理体制的演变、民航国内和国际旅客运价、客票销售业务、退票与运输变更、特殊旅客运输等相关知识有一个全面、系统的了解，我们编写了这本《民航旅客运输》。本书分为民用航空基础知识、民航国内旅客运输实务和民航国际旅客运输实务三篇。

本教材自 2007 年首次出版以来，先后于 2010 年、2013 年、2016 年、2020 年进行了第 2~5 版修订。经过十多年的使用，本教材得到了院校老师和学生们的广泛认可和肯定。另，本教材很荣幸于 2014 年和 2023 年入选“十二五”和“十四五”职业教育国家规划教材。

随着现代通信技术的提高和电子商务平台的广泛应用，民航运输业务的发展必须顺应信息时代的市场需求。为了使教材及时反映行业的变化，本次第 6 版修订，对其中的行业发展统计数据及相关民航机构信息、法律法规等内容进行了更新和调整。

同时，还根据党的二十大报告中提出的交通强国、制造强国以及民航局《“十四五”民用航空发展规划》的要求将相关精神融入教材编写中，在原有“项目导读”“学习目标”（增加“项目目标”）“项目小结”“思考与练习”基础上，增加了“视频微课”“案例导入”“案例分享”“知识拓展”“学习检测”“实训与分享”等模块，丰富教材内容和编写体例。其中，“案例分享”“知识拓展”“学习检测”模块均通过云存储二维码链接的形式呈现，读者扫码可用，力求将数字技术融入教材、融入课堂，实现课堂教学和学习方式的多元化。

通过学习本教材，学生不仅能够了解民航旅客运输业务的基本知识，而且能够掌握民航国内国际旅客运输的相关技巧，为实际工作打下良好的基础。

本教材在编写过程中参考了中国民用航空局网站、各家航空公司客运销售业务手册、中国航空运输协会及IATA/UFTAA培训教材等多方内部资料。在此，谨向书中提到的和参考书目中列出的作者表示感谢。

本教材由广州民航职业技术学院张晓明老师主编，负责全书编写计划的拟订、统稿、整理以及第一篇“民用航空基础知识”和第三篇“民航国际旅客运输实务”的编写；上海工程技术大学航空运输学院黄建伟老师负责第二篇“民航国内旅客运输实务”的编写。后续的历次修订工作由张晓明老师完成。

本教材针对空乘专业学生学习民航旅客运输业务编写，也可作为民航运输从业人员的培训教材或参考资料。

民航业的高速发展必然导致行业知识的更新和变动，编者在教学和使用过程中会不断查漏补缺、整合更新，也希望各位老师以及读者不吝赐教，万分感谢！

编者

目 录

第一篇 民用航空基础知识

第二篇 民航国内旅客运输实务

第三篇　民航国际旅客运输实务

二维码配套资源列表

项目	资源模块	资源名称	所在页码
项目一	知识拓展	1-1 中国第一位飞机设计师冯如	5
		1-2 两航简介	11
		1-3 C919 大飞机	15
	案例分享	1-1 重飞“两航起义”之路　为了不能忘却的纪念	12
	视频微课	01 中国民用航空运输的发展	11
	学习检测	01	16
项目二	知识拓展	2-1 2022 年全球 50 大港口排名	19
		2-2 港珠澳大桥	19
	案例分享	2-1 法航 358 航班　奇迹生还	22
	学习检测	02	23
项目三	知识拓展	3-1 国际民航组织的主要工作	28
	案例分享	3-1 国际航协为中国民航业复苏夯实分销渠道销售工作	29
	视频微课	02 国际民用航空运输管理机构	25
	学习检测	03	38
项目四	知识拓展	4-1 航班时刻表和空勤组	43
		4-2 天高并非任鸟飞	51
	视频微课	03 航空业的概念 04 航线及其相关概念	39 49
	案例分享	4-1 海上航空港	47
	学习检测	04	55
项目五	知识拓展	5-1 新增实行市场调节价的 3 家以上（含 3 家）共飞国内航线目录	63
		5-2 民航局关于某些特种票价的通知	71
	案例分享	5-1 山航收取包机费合理吗?	76
	视频微课	05 民航国内旅客运价的管理与制定	65
	学习检测	05	77

续表

续表

项目	资源模块	资源名称	所在页码
项目九	知识拓展	9-1 深航关于航班延误现金补偿实施办法	158
		9-2 航班延误险	170
		9-3 国内航空运输承运人赔偿责任限额规定	171
	案例分享	9-1 被“减肥”的行李	168
		9-2 航班延误保险赔偿	171
	学习检测	09	172
项目十	知识拓展	10-1 第五航权	182
	学习检测	10	188
项目十一	知识拓展	11-1 航程方向性代号（Global Indicators）	195
	学习检测	11	202
项目十二	知识拓展	12-1 144 小时过境免签	206
	视频微课	09 OAG 的介绍	204
	学习检测	12	209
项目十三	知识拓展	13-1 国际运输中的税费	216
		13-2 承运人运价的选择	225
	视频微课	10 国际航程的类型	213
		11 国际运价与货币	214
	学习检测	13	256
项目十四	知识拓展	14-1 客票的基本术语	260
	学习检测	14	274

第一篇

民用航空基础知识

项目一
民用航空运输业的发展

项目导读

本项目作为全书的开篇，主要介绍世界以及中国民用航空运输业不同历史发展阶段的特点，说明中国民航运输业蓬勃发展的生机和活力。

学习目标

知识目标：了解世界以及中国民用航空运输的发展历史以及不同阶段的特点；理解民用航空运输发展的趋势。

技能目标：比较中国与世界民用航空运输发展历史；理解当今民用航空运输联盟化发展趋势，以及中国由民航大国向民航强国推进的战略构想。

素质目标：树立全民航、大民航的职业观。

案例导入

为全球航空发展推进创新

1944 年 12 月 7 日，52 个国家在芝加哥签署了《国际民用航空公约》（通称《芝加哥公约》）。根据《芝加哥公约》的规定，1947 年 4 月 4 日，国际民航组织（ICAO）正式成立。1992 年 9 月召开的国际民航组织第 29 届大会做出决议，自芝加哥公约签署 50 周年的 1994 年起，将每年的 12 月 7 日定为“国际民航日”。

1996 年 12 月 6 日，联合国大会根据国际民航组织的倡议，通过决议（第

51/33号决议），设立每年的12月7日为“国际民航日”，旨在帮助建立和增进全世界的认识，了解国际民用航空对各国社会和经济发展的重要性，以及国际民航组织为全人类服务、帮助各国合作并实现真正的全球快速过境网络所发挥的独特作用。

每隔五年，在国际民航组织周年纪念之际（如2014年、2019年、2024年等），国际民航组织理事会为国际民航日议定一个特定的周年主题，理事会代表们还为这些周年纪念日之间的整个四年期选择一个国际民航日主题。为纪念国际民航组织成立75周年，理事会为2019年庆祝活动选择的主题为“连通世界七十五载（75 Years of Connecting the World）”，2020年至2023年的国际民航日主题是“为全球航空发展推进创新（Advancing Innovation for Aviation Development）”。

创新将成为正在来临的航空新时代的核心，自主航空器、可再生能源和推进能源、亚轨道飞行、人工智能、增材制造、大数据、区块链和许多其他令人兴奋的发展都将改变我们所知的飞行面貌。国际民航组织采用积极主动的监管评估方法，鼓励新趋势并推动协调，从而在支持航空创新中发挥主要作用，促使航空业能够利用这些趋势创造新成绩及获得新能力。

（资料来源：国际民航组织、联合国网站）

任务一　了解世界民用航空运输业的发展

在广阔无垠的蓝天上自由地飞翔，是人类自古以来的梦想。人类的飞天梦想集中反映在中外古代飞行神话中。在中国，有广为流传的美丽神话，如嫦娥奔月、仙女下凡、牛郎织女；有乘龙跨凤的萧史、弄玉；有天宫中的玉皇大帝、脚蹬风火轮的哪吒三太子及飞来飞去的众神仙；有一个筋斗十万八千里的齐天大圣孙悟空；还有闻名世界的敦煌飞天等，都是中国古代人类升空飞翔愿望的生动体现。在外国，古代飞行神话主要集中在古希腊、埃及、印度及阿拉伯地区。在古希腊神话中，会飞的神有很多，如太阳神阿波罗、爱神丘比特等，都长着一双翅膀；阿拉伯飞毯的神话更是家喻户晓。

一、航空业的萌芽

人类真正飞上天开始于 1783 年法国的蒙特哥菲尔（Montgolfier）兄弟制造的热气球载人升空，随后德国人又用气球运送邮件和乘客，这可以说是民用航空的开始。1852 年，在法国出现了飞艇，出现了可以由人操纵的有动力的飞行器。整个 19 世纪是气球、飞艇这些轻于空气的航空器主宰航空的时代，它们首先用于民用，但很快就被用于战争，而军事用途又促进了航空技术的发展。轻于空气的飞行器体积大、速度慢，操纵也不方便，在军事上易受攻击，因而它们的出现不论在民用和军用领域中都不代表真正的航空时代的到来。

航空事业的真正开拓是在飞机这种重于空气的航空器出现以后，重于空气的飞行器的设想出现得比轻于空气的飞行器还要早，但直到 19 世纪，法兰西科学院还在争论是否可能制造出重于空气的飞行器的问题。与此同时，英国科学家凯利（G. Cayley）和德国科学家里李林达尔（O. Lilienthal）对滑翔机做了大量的研究和实践，李林达尔为此付出了生命，他们和其他一些科学家的研究在空气动力的理论、飞机的构造和操纵的实践上为飞机的出现奠定了基础。

知识拓展 1-1

中国第一位飞机设计师冯如

1903 年 12 月 17 日，美国的莱特兄弟发明了飞机，如图 1-1 所示。在此后不到十年的时间内，人们就已经开始试图把飞机应用于航空运输了。

图 1-1　莱特兄弟的“飞行者号”

1910 年 11 月 7 日，美国飞行员菲利普·帕马利（Philip Parmalee）受莫尔豪斯貂皮公司的委托，驾驶莱特 B 型双翼机，将一批丝织品从代顿（Dayton）运往哥伦布（Columbus），这可以算作第一次飞机货运。

1911 年 2 月 22 日（一说是 20 日），英国皇家海军中校温德姆（Walter G. Windham）请法国飞行员亨利·佩凯（Henry Pequet）驾机，把一批信件从印度的阿拉哈巴德市（Allahabad）带往奈尼章克申（Naini Junction）。每封信附加航空邮费约合 2.5 便士，这便是首次邮政飞行。

1914 年 1 月 1 日，美国著名长途飞行员托尼·贾纳斯（Tony Jannus）驾驶"伯努瓦"（Benoist）号水上飞机，载一名乘客，完成了从圣彼得斯堡（St. Petersburg）到坦帕（Tampa）的第一次航班飞行。航线全长 31 公里，航行时间约 20 分钟。这就是第一次客运航班。

1909 年，法国人布莱里奥（Louis Bleriot）成功地飞过了英吉利海峡，开创了历史上第一次国际飞行。在随后的 10 年中，飞机很快被应用到军事上，1914—1918 年的第一次世界大战，极大地推动了航空技术的发展，这一阶段飞机几乎没有用于过非军事用途。

1919 年年初，德国首先开始了国内的民航运输，同年 8 月，英国和法国开通了定期的空中服务，民用航空的历史正式揭开了。

从 1919 年到 1939 年的 20 年，是民用航空初创并发展的年代，民用航空迅速从欧洲发展到北美，然后普及到亚、非、拉美各洲，迅速扩展到全球各地，中国也在 1920 年开始建立了第一条航线。1933 年，美国人林白（C. A. Lindberg）横越大西洋飞行的成功，把航空运输由洲内飞行扩展到了洲际飞行。这个年代最具代表性的民航客机是美国的 DC-3，如图 1-2 所示。

图 1-2　DC-3 客机

1939 年，第二次世界大战的开始，中断了民航发展的正常进程。战争对航空的推动力远比民航获取商业利润的推动力大得多，在六年的战争中航空技术取得了飞跃式的发展。

二、民用航空的大发展时期

从1945年第二次世界大战结束到1958年，民用航空经历了恢复和大发展的时期。这一时期内民用航空的发展主要体现在以下几个方面：

第一，国际航空业迅速发展。1944年在美国芝加哥，54个国家签署了《国际航空运输公约》，史称《芝加哥公约》，这个公约现在成为世界国际航空法的基础。

第二，机场和航路网等基础设施大量兴建，使民用航空由过去的点线结构向面上发展，逐步形成了一个全球范围的航空网。

第三，直升机进入了民航服务，成为民航的又一种主要航空器，开辟了民航的新领域。

第四，喷气式民用飞机的研制进入了实用阶段，为民航第二个阶段的发展准备了条件。1956年，喷气式民用飞机投入使用，开始了民用航空的一个新阶段。英国作为喷气式飞机的先驱国在战后就致力于民用喷气式飞机的研发。1950年，世界上第一架涡轮螺旋桨喷气客机——英国的“子爵号”——投入使用。1952年，英国德·哈维兰飞机制造公司研制的、装配4涡轮喷气发动机的“彗星号”客机在航线上开始使用。在随后的两年内，“彗星号”连续三次空中解体，使喷气式飞机在民航的应用受到了挫折，但喷气式民用飞机的优越性已经显示出来。在接受了“彗星号”失败的教训后，人们终于判断出导致“彗星号”失事的原因是“疲劳断裂”，并找出了解决的方法。1956年，苏联的图-104投入航线；1958年，美国的波音707（图1-3）和DC-8进入航线，喷气航空的新时代开始了。作为喷气式飞机的代表机种，波音707的速度达到每小时900~1000公里，航程

图1-3　B707-220

可达 12 000 公里，乘客 158 人。从此民用航空由一个国家或一个地区的少量人使用的运输手段，变成一个全球性的大众化的运输行业，极大地促进了全球交通运输的发展，也使航空运输成为国际运输和国内运输的重要方式之一。

三、民用航空的全球化、大众化时期

喷气式飞机进入民航，使远程、大众化和廉价的航空运输成为可能，在巨大的需求和利润驱使下，航空公司积极地开拓市场，参加国际竞争。在发达国家出现了大量的航空公司，并最后形成了数十个大型的航空公司。发展中国家也把参与国际航空市场作为国家尊严和地位的象征，全力支持国家航空公司的发展，使民航事业一片繁荣。由于喷气式飞机的尺寸、重量、噪声等带来的问题，旧的机场已不适合航空运输的发展，于是航空公司开始不断地改造旧机场，兴建新机场，满足不断增大的客货流。对于航行管理系统来说，从航行管制、航路开辟、航行情报等，都要适应喷气时代的速度和容量的要求，因而整个系统都进行着改造和更新。总之，1958 年开始的民用喷气时代是民航发展的一个新的阶段，它标志着民航进入了全球的大众化运输的新时代。

从 20 世纪 70 年代之后，民航继续朝着大型化和高速度的方向发展。1970 年，波音 747（图 1-4）宽体客机投入航线是大型化的一个重要标志，而 1976 年英、法合制的超音速客机“协和号”（图 1-5）的投入使用则是民航提高速度在经济和环境问题上不太成功的一次尝试。美国于 1978 年放松对航空公司的管制，这对航空运输的发展起到了积极的作用。由于航空运输涉及国家安全和旅客安全，因而在 1978 年以前，各个国家对于航空公司的经营实行严格的控制，主要是对票价和市场准入的控制，很多国家不允许私人企业经营航空公司，只有国营的航空公司，有的甚至把航空企业作为国家机构或军队的一部分。

随着航空运输的迅速发展，人们终于认识到，尽管航空运输业有它特殊的安全需要，并且技术密集，风险较大，但仍然可以通过一系列的安全法规使之按市场经济的法则展开竞争，这样可以促使航空运输企业合理地配置资源，降低成本，促进企业的发展。放松管制的趋势扩展到了西欧、日本等地区，使民航市场迅速全球化。在放松管制初期出现的中、小航空公司由于规模效益低，缺乏竞争力，或倒闭、或被大公司兼并。然而，在世界范围内，各大航空公司为了争取更大的市场份额，扩展自身的航线网络，分别通过代码共享等途径组成各种战略性联盟来增强自身的竞争力。时至今日，民航已经发展成为一个巨大的国际性行业，对世界经济或一个国家的经济发展有着举足轻重的影响，各国政府和企业都对民航进行了大量的投资，把它作为一个有巨大潜力的行业来开拓发展。

图 1–4　B747

图 1–5　协和飞机

四、民用航空全球性战略联盟

随着经济全球化的发展，各国航空公司之间的竞争日益激烈，单个航空公司不仅越来越难以开辟市场，甚至也难以保住原来的地盘。因此航空公司联盟成了当今世界航空运输发展的一种重要形式。事实上，世界航空公司之间的业务联盟并不是一种新现象。早在 1993 年，美国西北航空公司就与荷兰皇家航空公司结成了世界航空界首个全球性联盟。此后，美国联合航空公司同德国汉莎航空公司，美国德尔塔公司同瑞士、西班牙、奥地利三国航空公司，美国大陆公司同意大利航空公司等都曾先后结成业务联盟。1997 年 5 月 14 日，德国汉莎航空公司、美国联合航空公司、瑞典斯堪的纳维亚航空公司、加拿大航空公司和泰国国际航空公司的董事长们又在德国的法兰克福机场签署协议，组成了当时世界上最大的航空公司联盟，从而使大规模的跨国联盟成为世界航空界业务联盟的新趋势。1998 年 3 月 9 日，德国汉莎航空公司又与亚洲最大的航空公司发表联合声明，宣布结成德日战略航空联盟，将德、日航线建成连接欧洲大陆与东亚之间最重要的空中交通线。1998 年 5 月 16 日，德国汉莎航空公司宣布，新西兰航空公司和澳大利亚安捷航空公司将于 1999 年起加入于“明星联盟”，从而使“明星联盟”的成员增加到七家航空公司。“寰宇一家”正是在这样一种大背景下产生的。

航空公司联盟对于重新确定航空公司的市场定位，通过结成航空公司间的业务联盟，各航空公司至少可以促使旅客更多地选择结盟伙伴而不是竞争对手的航班，从而达到削弱竞争对手的目的；与此同时，它还可能通过利用结盟伙伴的服务设施和技术支持来削减成本，以增加利润。由于各国航空市场高度一体化，客观上要求各航空公司在技术支持、航班服务、旅客转机以及机票出售等方面向旅客提供一体化的标准化规范服务，要求各航空公司在业务标准等方面统一起来，从而形成一个世界航空市场上统一的技术标准和服务标准。在航空市场上存在着多家航空公司并且市场无限细分的情况下，要做到这一点是非常困难的。从这个意义上来说，相对于迅速扩大的全球航空市场而言，现有的航空公司规模是比较小的，因而航空公司之间的业务联盟至少可以在一定程度上解决这个问题。英国航空公司的总裁即宣称：“我们的顾客要求各航空公司一起努力提供世界范围内的服务标准。寰宇一家将做到这一点。”

展望未来，民航作为一个整体系统在结构上和运营上要继续适应全球一体化的要求，不断地改进和发展，继续降低价格，保证旅客的舒适安全，拓展更丰富的特色服务，减少各种限制，保护环境，民航将迎来一个更繁荣昌盛的阶段。

任务二　了解中国民用航空运输业的发展

一、中国民航的发展概况

视频微课 01

中国民用航空运输的发展

1949 年 11 月 2 日，中国民用航空局成立，揭开了我国民航事业发展的新篇章。从这一天开始，新中国民航业迎着共和国的朝阳起飞，从无到有，由小到大，由弱到强，经历了不平凡的发展历程。特别是十一届三中全会以来，我国民航事业无论在航空运输、通用航空、机群更新、机场建设、航线布局、航行保障、飞行安全、人才培训等方面都持续快速发展，取得了举世瞩目的成就。民航事业的发展与国家的经济发展，与党中央、国务院的直接领导和支持密不可分，是几代民航干部职工励精图治、团结奋斗的结果，为祖国蓝天事业书写了壮丽的篇章。

二、中国民航的发展阶段

中国民航发展至今主要经历了四个阶段：

（一）第一阶段（1949~1978）

知识拓展 1-2

两航简介

1949 年 11 月 2 日，中共中央政治局会议决定，在人民革命军事委员会下设民用航空局，受空军指导。11 月 9 日，中国航空公司、中央航空公司总经理刘敬宜、陈卓林率两公司在香港

案例分享 1–1

重飞“两航起义”之路　为了不能忘却的纪念

的员工光荣起义，并率领12架飞机回到北京、天津，为新中国民航建设提供了一定的物质和技术力量。1950年，新中国民航初创时，仅有30多架小型飞机，年旅客运输量仅1万人，运输总周转量仅157万吨公里。

1958年2月27日，国务院决定，中国民用航空局自本日起划归交通部领导。1958年3月19日，全国人大常委会第95次会议批准中国民用航空局改为交通部的部属局。

1960年11月17日，国务院编制委员会讨论通过，决定将中国民用航空局改称“交通部民用航空总局”，为部属一级管理全国民用航空事业的综合性总局，负责经营管理运输航空和专业航空，直接领导地区民用航空管理局的工作。

1962年4月13日，第二届全国人民代表大会常务委员会第53次会议决定，民航局更名为“中国民用航空总局”。

1962年4月15日，中央决定将民用航空总局由交通部属改为国务院直属局，其业务工作、党政工作、干部人事工作等均直归空军负责管理。这一时期，民航由于领导体制几经改变，航空运输发展受政治、经济影响较大。1978年，航空旅客运输量仅为231万人次，运输总周转量3亿吨公里。

（二）第二阶段（1978~1987）

1978年10月9日，邓小平同志指示民航要用经济观点管理。1980年2月14日，邓小平同志指出:“民航一定要企业化。”同年3月5日，中国政府决定民航脱离军队建制，把中国民航局从隶属于空军改为国务院直属机构，实行企业化管理。这期间中国民航局是政企合一，既是主管民航事务的政府部门，又是以“中国民航（CAAC）”名义直接经营航空运输、通用航空业务的全国性企业，下设北京、上海、广州、成都、兰州（后迁至西安）、沈阳六个地区管理局。1980年全国民航只有140架运输飞机，且多数是20世纪50年代或40年代生产制造的苏式伊尔14、里二型飞机，载客量仅20多人或40人，载客量100人以上的中大型飞机只有17架；机场只有79个。1980年，我国民航全年旅客运输量仅343万人次；全年运输总周转量4.29亿吨公里，居新加坡、印度、菲律宾、印度尼西亚等国之后，列世界民航第35位。

1985 年 1 月 1 日，中国民用航空新疆维吾尔自治区管理局更名为中国民用航空乌鲁木齐管理局，改由民航局直接领导，经国务院批准，由民航局和新疆维吾尔自治区人民政府联合组建的新疆航空公司于同日在乌鲁木齐正式成立。乌鲁木齐管理局和新疆航空公司是两块牌子一套机构，属两位一体的组织形式。

（三）第三阶段（1987~2002）

1987 年，中国政府决定对民航业进行以航空公司与机场分设为特征的体制改革。主要内容是将原民航北京、上海、广州、西安、成都、沈阳六个地区管理局的航空运输和通用航空相关业务、资产和人员分离出来，组建了六个国家骨干航空公司，实行自主经营、自负盈亏、平等竞争。这六个国家骨干航空公司是：中国国际航空公司、中国东方航空公司、中国南方航空公司、中国西南航空公司、中国西北航空公司、中国北方航空公司。此外，以经营通用航空业务为主并兼营航空运输业务的中国通用航空公司也于 1989 年 7 月成立。

在组建骨干航空公司的同时，在原民航北京管理局、上海管理局、广州管理局、成都管理局、西安管理局和沈阳管理局所在地的机场部分基础上，组建了民航华北、华东、中南、西南、西北和东北六个地区管理局以及北京首都机场、上海虹桥机场、广州白云机场、成都双流机场、西安西关机场（现已迁至咸阳，改为西安咸阳机场）和沈阳桃仙机场。六个地区管理局既是管理地区民航事务的政府部门，又是企业，领导管理各民航省（区、市）局和机场。

航空运输服务保障系统也按专业化分工的要求进行了相应的改革。1990 年，在原民航各级供油部门的基础上组建了专门从事航空油料供应保障业务的中国航空油料总公司，该公司通过设在各机场的分支机构为航空公司提供油料供应。属于这类性质的单位还有从事航空器材（飞机、发动机等）进出口业务的中国航空器材公司，从事全国计算机订票销售系统管理与开发的计算机信息中心，为各航空公司提供航空运输国际结算服务的航空结算中心以及飞机维修公司、航空食品公司等，全民航政企分开的新的管理体制和格局逐步形成。

1993 年 4 月 19 日，中国民用航空局改称中国民用航空总局，属国务院直属机构。同年 12 月 20 日，中国民用航空总局的机构规格由副部级调整为正部级。

20 多年中，我国民航运输总周转量、旅客运输量和货物运输量年均增长分别达 18%、16% 和 16%，高出世界平均水平两倍多。2002 年，民航行业完成运输总周转量 165 亿吨公里、旅客运输量 8594 万人次、货邮运输量 202 万吨，国际排位进一步上升，成为令人瞩目的民航大国。

（四）第四阶段（2002~ 今）

2002 年 3 月，中国政府决定对中国民航业再次进行重组。主要内容有：

首先是航空公司与服务保障企业的联合重组。民航总局直属的航空公司及服务保障企业合并后，于 2002 年 10 月 11 日正式挂牌成立，组成为六大集团公司，分别是：中国航空集团公司、东方航空集团公司、南方航空集团公司、中国民航信息集团公司、中国航空油料集团公司、中国航空器材进出口集团公司。成立后的集团公司与民航总局脱钩，交由中央管理。

其次是民航政府监管机构改革。民航总局下属七个地区管理局（华北地区管理局、东北地区管理局、华东地区管理局、中南地区管理局、西南地区管理局、西北地区管理局、新疆管理局）和 26 个省级安全监督管理办公室（天津、河北、山西、内蒙古、大连、吉林、黑龙江、江苏、浙江、安徽、福建、江西、山东、青岛、河南、湖北、湖南、海南、广西、深圳、重庆、贵州、云南、甘肃、青海、宁夏），对民航事务实施监管。

最后是机场实行属地管理。按照政企分开、属地管理的原则，对 93 个机场进行了属地化管理改革，民航总局直接管理的机场下放所在省（区、市）管理，相关资产、负债和人员一并划转；民航总局与地方政府联合管理的民用机场和军民合用机场，属民航总局管理的资产、负债及相关人员一并划转所在省（区、市）管理。首都机场、西藏自治区区内的民用机场继续由民航总局管理。2004 年 7 月 8 日，随着甘肃机场移交地方，机场属地化管理改革全面完成，也标志着民航体制改革全面完成。

2004 年 10 月 2 日，在国际民航组织第三十五届大会上，中国以高票数当选该组织一类理事国。

2005 年，我国定期航班运输总周转量在国际民航组织缔约国中的排名，由 1978 年的第三十七位上升至第二位。

2008 年 3 月，中国民用航空总局更名为中国民用航空局，归交通运输部管理。

截至 2019 年年底，全行业完成运输总周转量 1293.25 亿吨公里，其中旅客周转量 11 705.30 亿人公里，货邮周转量 263.20 亿吨公里，分别比上年增加 7.2%、9.3% 和 0.3%。我国共有定期航班航线 5521 条，国内通航城市 234 个（不含香港、澳门、台湾），国际定期航班通航 65 个国家的 167 个城市，国内航空公司定期航班从 30 个内地城市通航香港，从 19 个内地城市通航澳门，大陆航空公司从 49 个大陆城市通航台湾地区。全民航在册飞机总架数 3818 架，比上一年增加 179 架。共有颁证运输机场 238 个，比上年增加 3 个。2019 年北京首都机场完成旅客吞吐量 1.00 亿人次，连续 10 年稳居世界第二；上海浦东国际机场完成货邮吞吐量 363.42 万吨，连续 12 年位居世界第三。

我国已经形成了国内四通八达、国际连接世界主要国家和地区的航空运输网络，服务质量和服务水平也有了很大提高。2019 年度 SKYTRAX 世界十佳机场排名中，香港国际机场再次榜上有名。2019 年海南航空作为中国内地唯一一家 SKYTRAX 五星航空公司，第九次获评 SKYTRAX 的五星航空公司荣誉。

新中国民航的发展历程证明：发展才是硬道理。中国民航要实现从民航大国到民航强国的跨越，必须以持续安全为前提，以提升发展质量为核心，以改革创新为动力，以确立民航业在国家发展中的战略地位为突破口，加快建设民航基础设施网络，加强统筹协调，理顺体制机制，努力构建具有中国特色的现代民用航空体系，全面提升我国民航业综合国际竞争力，促进国家现代综合交通运输体系的进一步完善，为经济社会又好又快发展服务。

知识拓展 1-3

C919 大飞机

项目小结

1. 世界民用航空运输业的发展经过了萌芽时期、大发展时期、全球化及大众化时期，目前正在进行的是全球战略性联盟，并形成了不同的联盟实体。

2. 中国民用航空运输业的发展经历了旧中国时期、计划经济时期、改革开放时期、体制改革时期以及联合重组，目前正由民航大国向民航强国迈进。

思考与练习

1. 简述世界民用航空运输业的发展。
2. 简述中国民用航空运输业的发展。
3. 比较中国民航体制改革前后，中国民用航空总局职能的变化。
4. 查资料结合案例，了解中国民航发展中的“两航起义”的历史。
5. 比较中国与世界航空运输的发展。

学习效果自测

扫描下方二维码，检测你的学习效果。

01

学习检测

实训与分享

以小组为单位，收集任意三则与航空运输相关的新闻，以 PPT 方式与其他同学分享，内容形式不限。

项目二 现代运输业的分类及航空运输的特点

项目导读

运输是人类社会的基本活动之一。本章主要介绍运输系统的组成、运输业的性质以及运输产品的特征；通过现代五种交通运输方式的优势比较，重点学习航空运输的特点。

学习目标

知识目标：了解现代运输业的性质；理解位移的概念和运输产品的特征；理解航空运输的特点。

技能目标：比较现代五种交通运输方式的优势和不足；掌握运输产品的特征并能处理简单的现实问题。

素质目标：培养立足大交通、服务全民航的职业习惯。

案例导入

新成就，高原上的复兴号！

2021年6月25日，拉萨至林芝铁路（以下简称“拉林铁路”）正式开通运营，复兴号高原内电双源动车组同步投入运营，拉萨至山南、林芝最快1小时10分、3小时29分可达。

拉林铁路位于青藏高原冈底斯山与喜马拉雅山之间的藏东南谷地，90%以上的线路在海拔3000米以上，16次跨越雅鲁藏布江，沿线山高谷深，相对高差达2500米，施工难度极大。

开通运营前，国铁集团组织相关单位，严格按照各项规定和标准，对拉林铁路各专业设备进行了检测验收和安全评估，对轨道状态、弓网性能、列车控制、通信信号系统等进行了综合优化，满足了铁路安全、稳定运营的要求，目前已具备开通运营条件。拉林铁路的建成通车，结束了藏东南地区不通铁路的历史，弥补了既有交通方式易受高原气候影响的短板，进一步完善了区域综合交通运输体系，提升了交通运输的稳定性和通达性，实现了西藏各族群众“坐上动车去拉萨”的梦想。

高铁的发展给人们带来了诸多方便。高铁缩短了人们路途中的时间，提供了经济实惠的票价，更大大提高了人们路途中的幸福指数。拉林铁路连接着既有的拉日铁路和青藏铁路，而且还是在建的川藏铁路的重要组成部分、规划的滇藏铁路的共线地段。它的建成通车，对助力乡村振兴、推动西藏高质量发展具有十分重要的意义，更是拉近了城市与城市的距离，增加了沿途各站城市的增值建设，更拉动了内需、促进了国家经济发展。

（资料来源：高铁网）

任务一　了解运输系统

一、运输系统

运输是人类社会发展和生活活动中不可缺少的一种生产活动，运输业是国民经济的命脉，是保证人们在政治、经济、文化、军事等方面联系交往的重要手段。

随着社会生产力的发展，运输业已经发展成为包括水上运输、公路运输、铁路运输、航空运输和管道运输这五种运输方式的综合系统。五种运输方式进一步互相分工、补充、协作，从而形成了今天的现代运输业，为国民经济的发展和人民生活水平的提高，提供安全、迅速、经济和便利的服务。

从运输速度、运输成本、投资等方面，可以对水上运输、公路运输、铁路运输、航空运输和管道运输方式的技术经济特征进行综合评价。每一种运输方式都有自己的优势和劣势。

1. 水上运输

水上运输包括内河运输、沿海运输和远洋运输。水路运输适宜承担数量大、距离远、对时间没有特殊要求的大宗物资的运输。它投资小、运输能力大、占地少、运输成本低，尤其是远洋运输，可以无偿地利用国际航道进行运输，服务范围广，运输距离长，是发展国际贸易的主要渠道。

知识拓展 2-1

2022 年全球 50 大港口排名

2. 公路运输

公路运输具有投资小、建设周期短、机动灵活等特点，可以实现门到门直达运输服务。随着公路状况的改善、汽车技术的进步，公路运输将成为中、短途运输的重要力量。

知识拓展 2-2

港珠澳大桥

3. 铁路运输

铁路运输系统包括铁路线路、机车、车辆、交通通信控制系统以及相关设备等，受自然条件影响较小，运输能力大，运输成本低，能耗较小，速度较快，安全性较高，是中、长距离客货运输的主力。

4. 航空运输

航空运输随着社会经济发展和人民生活水平的提高而飞速发展，航空运输在长途客运、精密仪器运输以及鲜活易腐货物运输等方面显现出优势，是发展速度最快、最舒适、最安全的运输方式。

5. 管道运输

管道运输按其所输送对象的不同，可分为输原油管线、输成品油管线、输气管线和输固体管线，具有运输能力大、占地少、受自然力影响小、安全可靠、管理便利的特点。

二、运输业的特征

1. 运输业为社会所提供的不是实物形态的产品

运输业属于第三产业，是公共服务行业，是连接不同生产、生活活动的一个特殊部门，有其独特的生产过程。运输生产过程并不改变运输对象的性质或者形态，而是改变其位置。运输产品是人或者物在空间上的移动，即位移，它通常以吨公里或人公里为单位来计算并统计运输量的大小。

2. 运输产品具有不可存储性

运输业的产品不能存储，不能调配。运输产品的效用和运输生产过程密不可分，这种效用只能在生产过程中被消费。在运输产品的生产过程中，运输对象的性质、数量和形态并未发生改变，虽然发生了人力、财力、物力的消耗，但主要是使用运输工具过程中产生的消耗，而不是运输对象的消耗，并且运输产品的生产和消耗始终存在于同一生产过程之中。运输需求增加，运输产品的生产增加，消耗增加；运输需求减少，运输产品的生产减少，但消耗并不相应减少。所以，运输生产需要科学预测、科学组织。

3. 各种运输方式的可替代性

运输产品的本质是相同的，不同运输方式生产的是同质的运输产品，为社会提供的是同质服务。位移的实现，可以采用不同的运输方式，也可以综合采用几种运输方式。不同的运输方式之间存在可替代性，这也决定了不同运输方式之间存在着竞争与合作。所以，建设统一的运输网，共同服务于社会生产和人民生活是运输业发展的必然趋势。

任务二　了解民航运输的特点

与其他运输方式相比，航空运输有着独特的优势。

一、运输速度快

运输速度包括空中飞行速度和地面作业速度。

空中飞行速度是民用航空器在单位时间内飞行的距离。现代喷气式飞机的飞行时速能达到每小时 900 公里左右，随着科学技术的不断进步，速度更快的新型飞机将不断地投入航空运输。加之飞机通常在两点之间飞行，运输路程短，所以，航空运输方式的运输速度远远高于其他运输方式。

地面作业速度是在始发站、中转站、目的站所进行的出发作业、中转作业和到达作业的速度。例如，为旅客办理乘机手续的速度，货物、邮件、行李装卸速度和处理速度等，构成了地面作业速度。地面作业时间远远长于空中飞行时间，已经成为制约航空速度与其他运输方式竞争的一个巨大障碍。随着铁路运输连续提速，高速公路大规模兴建，在中、短途运输领域，航空运输受到了巨大的冲击。因此，加快地面作业速度，减少旅客、货物在地面的停留时间，是一个亟待解决的问题。

二、运输成本高

比较不同的运输方式，航空运输的成本最高。这是因为与运输量无关的某些固定成本，以及与运输量关系很小的某些变动成本，占全部运输成本的比例较大。例如，B747-200 型全货机的业载（即，业务载荷）为 110 吨左右，B747-400 型客机可以乘坐 400 多名旅客，这与铁路运输、水上运输方式相比是很低的。但是由于购买飞机的费用、燃油费用高等原因，航空运输方式的单位运输成本偏高，直接表现在旅客运价、货物运价均高于其他运输方式。

三、安全舒适

关于安全问题，人们总是有一种错觉，认为在空中飞行不如在地面行驶安全，事实并非如此。随着航空技术的发展，航空运输的安全性大幅度提高。国际民航界是以每百万飞行小时发生重大事故的次数来衡量一个国家的航空安全水平的，一般是以 10 年为一个周期来进行统计。自 2010 年 8 月 25 日至 2019 年年底，运输航空连续安全飞行 112 个月，累计安全飞行 8068 万小时。2019 年，民航安全运行平稳可控，运输航空百万架次重大事故率十年滚动值为 0.028，远低于同期世界平均水平 0.292。“十三五”期间，中国民航业坚持持续安全理念，安全工作注重常态化，安全法规体系、队伍管理体系、安全责任体系等进一步健全，安全管理取得了长期效益。

空中飞行平稳，客舱宽敞，噪声小，并且有不同的娱乐设施供旅客选择。舒适，是显而易见的。

四、国际性

今天，社会生产力的发展和科学技术的进步，促进了世界经济全球化的进程。国家之间、地区之间以及国家与地区之间的商品和服务的交换活动日益频繁，国际贸易的发展带动了劳动力在国家之间的流动，国际旅游资源的开发促进了国际旅游业的蓬勃发展。这一切都迫切需要航空运输的支持，也为国际航空运输的发展创造了机遇。因此，航空运输具有鲜明的国际性，必将在全球化经济中发挥越来越重要的作用。

五、在一定程度上受气候条件的限制

案例分享 2-1

法航 358 航班奇迹生还

大雾、雷雨、风暴、跑道积雪、积冰、低云、低能见度等都是危及飞行安全的因素。航空运输由飞机在长距离的高空中飞行完成，飞机经过的航路或机场上空出现雷暴、雷雨云、台风、龙卷风、强烈颠簸以及低云、低能见度乃至机场跑道积雪结冰等恶劣气候，都有可能对飞机结构、通信导航设备以及飞机安全起降构成直接威胁。

项目小结

1. 运输业已经发展成为包括水上运输、公路运输、铁路运输、航空运输和管道运输这五种运输方式的综合系统。五种运输方式进一步互相分工、补充、协作，从而形成了今天的现代运输业。

2. 运输业的产品是位移，是非实物形态的产品，具有不可存储性以及可替代性。

3. 五种交通运输方式各有优势和不足，水上运输单位运输量最大、公路运输机动灵活、铁路运输适用于中、长途运输、航空运输出现最晚发展最快、管道运输安全可靠等，在一定的地理环境和经济条件下，均有各自的优势。

4. 航空运输与其他运输方式相比，有不可替代的特点。

思考与练习

1. 运输业的性质是什么？

2. 运输业有哪些特征？五大交通运输方式最大的优势是什么？

3. 简述航空运输的特点。

4. 试阐述铁路六次提速对航空运输的影响。

学习效果自测

扫描下方二维码，检测你的学习效果。

02

学习检测

实训与分享

以小组为单位，小组成员根据所在城市的位置优势、经济发展、产业结构以及交通运输发展等特点，简单分析高铁的发展对航空公司造成的影响。

项目三
民用航空运输管理体系

项目导读

管理体系是民用航空运输各级管理机构进行生产组织、协调和控制的保障。本章介绍国际和国内民用航空运输管理体系结构及其服务宗旨，并简要介绍航空公司和机场的管理机构、相互关系与协调发展原则。

学习目标

知识目标：了解国际民航组织与国际航空运输协会对世界航空运输的协调与管理的体系；了解中国民用航空总局对航空运输的监督管理职能；了解我国航空公司的基本组织结构；了解我国机场集团的管理机构；理解航空公司与机场协调发展的重要性。

技能目标：比较国际民航组织与国际航空运输协会不同的性质、成员组成以及工作内容；理解国际民航组织与国际航空运输协会的工作宗旨；理解中国民用航空总局在联合重组后对航空企业管理职能的改变；比较航空企业不同职能部门的工作要求；了解体制改革后机场的管理模式的变化。

素质目标：养成敬畏安全、敬畏规章的工作态度。

案例导入

中国获颁国际民航组织杰出资源贡献奖

2022 年当地时间 10 月 1 日晚，在加拿大蒙特利尔举行的国际民航组织第

41 届大会期间，中国获颁国际民航组织杰出资源贡献奖。

该奖项由阿联酋出资设立，每三年颁发一次，旨在表彰为全球航空发展和国际民航组织工作做出杰出贡献的国家、组织和个人。此次获颁该奖，是对中国积极参与和支持国际民航组织工作的充分肯定。

作为国际民航组织“不让一个国家掉队”倡议的积极参与者，中国深入参加国际民航组织重要会议以及秘书处各主要技术专家组活动，不断加大对国际民航组织各项活动的智力、人才和资金支持，综合贡献位列成员国前列。三年来，中国积极向国际民航组织亚太地区分办事处以及国际民航组织安全基金、非洲航空安全计划基金、北亚地区运行安全及持续适航合作、资源调集基金等项目提供广泛支持。作为东道国，全力支持国际民航组织亚太地区分办事处的建立和运转，分办事处已为亚太 30 个国家和地区提供各类培训 1257 人次。目前，共有 280 余名中国专家直接参与国际民航组织国际航空运输政策与标准的制定以及全球审计、培训工作。今年，中国已就向全球民用航空提供北斗卫星导航系统（BDS）公开服务做出承诺，未来北斗卫星导航系统将为全球民航提供安全、关键的航空器导航服务。

此外，中国通过南南合作援助基金，积极为发展中国家提供航空安全、安保、飞行标准、适航等专业人员培训以及气象设备、数字化管制技术等援助支持，推动提升全球航空安全水平。

（资料来源：中国民用航空局网站）

任务一　了解国际民用航空运输管理机构

国际航空运输管理机构负责制定国际民用航空运输活动的行为规范，协调国际民用航空运输的业务关系，以保障国际航空运输的航行安全和有序发展。因此，通过国际民航管理机构的协调与管理，世界各国民航运输企业在国际民用航空活动中实行统一的技术标准、航行标准、操作规程；执行统一的运价体系和运输凭证；遵循统一的国际法规准则，公正地处理国际航空事务等。

视频微课 02

国际民用航空运输管理机构

一、国际民用航空组织

国际民用航空组织（International Civil Aviation Organization，简称 ICAO）是芝加哥公约的产物，是协调各国有关民航经济和法律义务，制定各种民航技术标准和航行规则的政府间的国际组织。

（一）ICAO 的成立

国际民航组织前身为根据 1919 年《巴黎公约》成立的空中航行国际委员会（ICAN）。由于第二次世界大战对航空器技术发展起到了巨大的推动作用，使得世界上已经形成了一个包括客货运输在内的航线网络，但随之也引起了一系列急需国际社会协商解决的政治上和技术上的问题。因此，在美国政府的邀请下，52 个国家于 1944 年 11 月 1 日至 12 月 7 日参加了在芝加哥召开的国际会议，签订了《国际民用航空公约》(通称《芝加哥公约》)，并按照公约规定成立了临时国际民航组织（PICAO）。1947 年 4 月 4 日，《芝加哥公约》正式生效，国际民航组织也因之正式成立，并于 5 月 6 日召开了第一次大会。同年 5 月 13 日，国际民航组织正式成为联合国的一个专门机构，负责处理国际民航事务。1947 年 12 月 31 日，“空中航行国际委员会”终止职能，并将其资产转移给了“国际民用航空组织”。

（二）ICAO 的组织机构

国际民航组织由大会、理事会和秘书处三级框架组成。

1. 大会

大会是国际民航组织的最高权力机构。大会由理事会组织安排在适当的时间和地点召开，至少每三年召开一次。遇有特别情况时，经理事会召集或经五分之一以上的缔约国向秘书长提出要求，可以随时举行大会特别会议。大会决议一般以超过半数通过。参加大会的每一个成员国只有一票表决权。

2. 理事会

理事会是向大会负责的常设机构，由大会选出的 33 个理事国组成，由每届大会选举产生。理事国分为三类：第一类是在航空运输领域位居特别重要地位的成员国，第二类是对提供国际航行设施做出突出贡献的成员国，第三类是区域代表成员国，比例分配为 10∶11∶12。

理事会下设财务、技术合作、非法干扰、航行、新航行系统、运输、联营导航、爱德华奖八个委员会。每次理事会开会前，各委员会先分别开会，以便将文件、报告或问题提交理事会。理事会设主席一名。

主席由理事会选举产生，任期三年，可连选连任。

3. 秘书处

秘书处是国际民航组织的常设行政机构，由秘书长负责保证国际民航组织各项工作的顺利进行。秘书长由理事会任命。秘书处下设航行局、航空运输局、法律局、技术合作局、行政局五个局以及财务处和人事处。此外，秘书处有一个地区事务处和七个地区办事处，分设在曼谷、开罗、达喀尔、利马、墨西哥城、内罗毕和巴黎。地区办事处直接由秘书长领导，主要任务是建立和帮助缔约各国实行国际民航组织制定的国际标准和建设措施以及地区规划。

（三）ICAO 的宗旨和目的

国际民航组织的宗旨和目的是发展国际航行的原则和技术，促进国际航空运输的规划和发展。具体内容有以下 9 条：

（1）保证全世界国际民用航空安全地和有秩序地发展；

（2）鼓励为和平用途的航空器的设计和操作技术；

（3）鼓励发展国际民用航空应用的航路、机场和航行设施；

（4）满足世界人民对安全、正常、有效和经济的航空运输的需要；

（5）防止因不合理的竞争而造成经济上的浪费；

（6）保证缔约各国的权利充分受到尊重，每一缔约国均有经营国际空运企业的公平的机会；

（7）避免缔约各国之间的差别待遇；

（8）促进国际航行的飞行安全；

（9）普遍促进国际民用航空在各方面的发展。

以上 9 条共涉及国际航行和国际航空运输两个方面问题。前者为技术问题，主要针对安全；后者为经济和法律问题，主要针对公平合理，尊重主权。两者的共同目的是保证国际民航安全、正常、有效和有序地发展。

（四）ICAO 的主要活动

知识拓展 3-1

国际民航组织的主要工作

通过制定《国际民用航空公约》的 18 个技术业务附件和多种技术文件以及召开各种技术会议，逐步统一国际民航的技术业务标准和管理国际航路的工作制度。通过双边通航协定的登记，运力运价等方针政策的研讨，机场联检手续的简化，统计的汇编等方法以促进国际航空运输的发展；通过派遣专家、顾问，建立训练中心，举办训练班及其他形式，以执行联合国开发计划署向缔约国提供的技术援助；管理公海上的联营导航设备；研究国际航空法，组织拟订和修改涉及国际民航活动的各种公约。根据缔约国的建议和议事规则，通过大会、理事会、地区会议以及特别会议讨论和决定涉及国际航空安全和发展的各种重要问题。

我国是国际民航组织的创始成员国之一，旧中国政府于 1944 年签署了《国际民用航空公约》，并于 1946 年正式成为创始会员国。1971 年国际民航组织通过决议承认中华人民共和国为中国唯一合法代表。1974 年我国承认《国际民用航空公约》并参加国际民航组织的活动。中国从 1974 年起连续 30 年当选为二类理事国，2004 年 10 月 2 日，在国际民航组织第三十五届大会上，中国以高票数首次当选该组织一类理事国，并连任至今。在蒙特利尔设有中国驻国际民航组织理事代表处。

二、国际航空运输协会

国际航空运输协会（International Air Transport Association，简称 IATA），是世界航空运输企业自愿联合组成的非政府、非营利性的行业协会，是全世界有影响力的航空运输组织，其宗旨是代表、引领和服务航空运输业，促进安全、正常和经济的航空运输。

（一）IATA 的成立

国际航空运输协会的前身为“国际航空贸易协会”，于 1919 年 8 月 23 日在荷兰的海牙成立，并于 1945 年 4 月在古巴的哈瓦那重新组建而成，从当初的 5 家航空公司发展到目前的来自 120 多个国家的 290 多家航空公司，是由航空公司组成的最大的国际性、非政府性机构。

IATA 的总部设在加拿大的蒙特利尔，执行总部位于日内瓦，在蒙特利尔和瑞士的日内瓦设有总办事处；全球设有五个地区办事处，分别是：北亚地区（北京）、亚洲太平洋地区（新加坡）、非洲中东地区（安曼）、欧洲地区（马德里）、美洲地区（迈阿密）办事处；此外，国际航协还在全世界 53 个国家设有 56 个办事处，分别接受相应的地区办事处领导；在瑞士的日内瓦还设有清算所。

国际航协最高权力机构是全体会员大会（Annual General Meeting—AGM），每年召开一次。理事会是协会的最高管理执行机构。国际航协下设 9 个行业咨询委员会，分别为：行业事务、金融分销、行业财务、货运、数字转型、法务、安全飞行及地面运行、安保、可持续性及环境委员会，其成员为会员航空公司相关领域的专家或部门领导。会员航空公司通过这些行业委员会，向国际航协反映运行中的问题及建议，委员会则致力于解决方案及研究制定相关的行业标准。

（二）IATA 的宗旨

IATA 的宗旨是"为了世界人民的利益，促进安全、正常而经济的航空运输"，"对于直接或间接从事国际航空运输工作的各空运企业提供合作的途径"，"与国际民航组织以及其他国际组织通力合作"。

（三）IATA 的主要活动

案例分享 3-1

国际航协为中国民航业复苏夯实分销渠道销售工作

（1）协商制定国际航空客货运价；

（2）统一国际航空运输规章制度；

（3）通过清算所，统一结算各会员间以及会员与非会员间联运业务账目；

（4）开展业务代理；

（5）进行技术合作；

（6）协助各会员公司改善机场布局和程序、标准，以提高机场运营效率等。

应该指出的是：国际航协从组织形式上是一个航空业的行业联盟，属非官方性质组织，但是由于世界上的大多数国家的航空公司是国家所有，即使非国有的航空公司也受到所属国政府的强力参与或控制，因此航协实际上是一个半官方组织。它制定运价的活动，也必须在各国政府授权下进行，它的清算所对全世界联运票价的结算是一项有助于世界空运发展的公益事业，因而国际航协发挥着通过航空运输企业来协调和沟通政府间政策，解决实际运作困难的重要作用。

（四）IATA 的成员组成

凡国际民航组织成员国的任一经营定期航班的空运企业，经其政府许可都可成为该协会的会员。经营国际航班的航空运输企业为正式会员，只经营国内航班的航空运输企业为准会员。IATA 成员来自世界 120 个国家的 290 家航空公司，包括全球领先的客运和货运航空公司，承担全球 82% 的航空运输业务。

目前，中国大陆有 29 家会员航空公司。中国国际航空公司、中国东方航空公司和中国南方航空公司于 1993 年作为首批中国会员航空公司加入国际航协。部分航空公司加入时间如下：

1993 年：中国航空集团、中国东方集团和中国南方集团；

1998 年：厦门航空公司和上海航空公司；

2000 年：海南航空集团公司；

2001 年：山东航空公司；

2002 年：深圳航空公司。

任务二　了解中国民用航空管理机构

《中华人民共和国民用航空法》第三条规定：国务院民用航空主管部门对全国民用航空活动实施统一监督管理；根据法律和国务院的决定，在本部门的权限内，发布有关民用航空活动的规定、决定。国务院民用航空主管部门设立的地区民用航空管理机构，依照国务院民用航空主管部门的授权，监督管理各个地区的民用航空活动。按照国务院现行机构设置，国务院民用航空主管部门为中国民用航空局，中国民用航空局设置民用航空地区管理局并授权其监督管理各个地区的民用航空活动。目前，我国有东北、华北、华东、中南、西北、西南和乌鲁木齐七个民用航空地区管理局。

一、中国民用航空局的职能

中国民用航空局（Civil Aviation Administration of China）对全国民用航空活动实施统一监督管理，主要包括以下内容：

（1）提出民航行业发展战略和中长期规划、与综合运输体系相关的专项规划建议，按规定拟订民航有关规划和年度计划并组织实施和监督检查。起草相关法律法规草案、规章草案、政策和标准，推进民航行业体制改革工作。

（2）承担民航飞行安全和地面安全监管责任。负责民用航空器运营人、航空人员训练机构、民用航空产品及维修单位的审定和监督检查，负责危险品航空运输监管、民用航空器国籍登记和运行评审工作，负责机场飞行程序和运行最低标准监督管理工作，承担民航航空人员资格和民用航空卫生监督管理工作。

（3）负责民航空中交通管理工作。编制民航空域规划，负责民航航路的建设和管理，负责民航通信导航监视、航行情报、航空气象的监督管理。

（4）承担民航空防安全监管责任。负责民航安全保卫的监督管理，承担处置劫机、炸机及其他非法干扰民航事件相关工作，负责民航安全检查、机场公安及消防救援的监督管理。

（5）拟订民用航空器事故及事故征候标准，按规定调查处理民用航空器事故。组织协调民航突发事件应急处置，组织协调重大航空运输和通用航空任务，承担国防动员有关工作。

（6）负责民航机场建设和安全运行的监督管理。负责民用机场的场址、总体规划、工程设计审批和使用许可管理工作，承担民用机场的环境保护、土地使用、净空保护有关管理工作，负责民航专业工程质量的监督管理。

（7）承担航空运输和通用航空市场监管责任。监督检查民航运输服务标准及质量，维护航空消费者权益，负责航空运输和通用航空活动有关许可管理工作。

（8）拟订民航行业价格、收费政策并监督实施，提出民航行业财税等政策建议。按规定权限负责民航建设项目的投资和管理，审核（审批）购租民用航空器的申请。监测民航行业经济效益和运行情况，负责民航行业统计工作。

（9）组织民航重大科技项目开发与应用，推进信息化建设。指导民航行业人力资源开发、科技、教育培训和节能减排工作。

（10）负责民航国际合作与外事工作，维护国家航空权益，开展与港澳台的交流与合作。

（11）管理民航地区行政机构、直属公安机构和空中警察队伍。

（12）承办国务院及交通运输部交办的其他事项。

二、中国民用航空局组织机构

中国民用航空局是国务院的一个职能机构，行政管理机关分设若干个专门业务机关，负责相关业务的管理。2002年10月全民航经过了重组这一重大改革，后来又经过了一系列调整，目前中国民用航空局局内机构设置如下图所示。

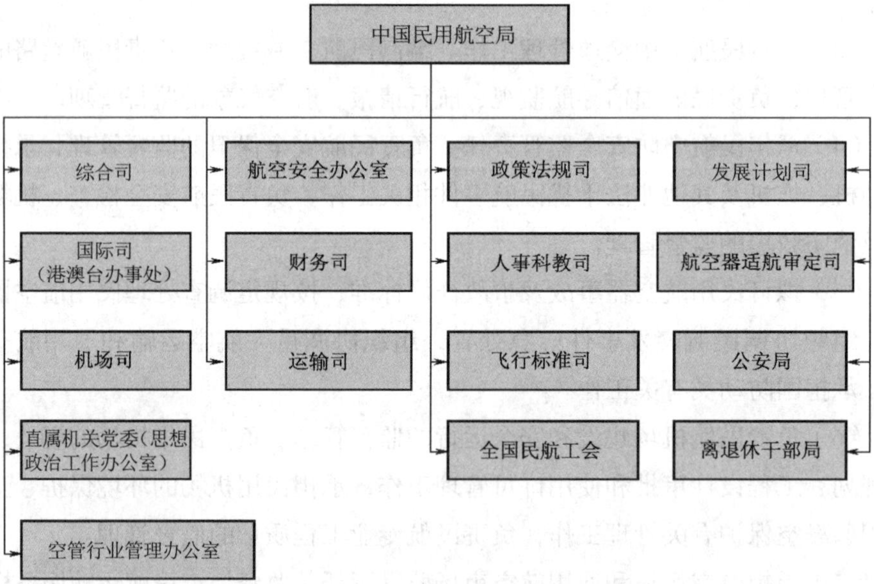

中国民用航空局局内机构设置图

任务三　了解航空公司管理体系结构

航空公司也称航空运输企业，是指利用民用飞机为主要手段从事生产运输，为社会机构和公众提供服务并获取收入的企业。根据主营业务的不同，航空公司可以分为客运航空公司、货运航空公司、通用航空公司。不同航空公司机构设置因企业文化而有所区分，但是基本业务职能大同小异。任何航空公司的基本业务职能及相对应的基本组织结构大致上包括飞行与航务、机务维修、市场营运和行政管理四个部分。

一、飞行与航务

飞行与航务负责处理整个公司有关飞行和空中服务的事务，一般分为：

首先是飞行总队（飞行部或飞行大队）：

针对本公司使用的机型及现有飞行人员状况进行科学有效的日常管理，制订符合公司正常运营所要求的飞行人员工作计划。

其次是乘务部（客舱服务部）：

对公司的乘务人员进行日常管理，并根据公司不同机型对乘务人员的配备要求进行安排，保证公司正常运营对乘务人员的数量和技能水平要求。

第三是航空安全技术部（或飞行安全监察处）：

负责飞行安全的检查、保障导航设备的完好和无线电通信的通畅，以保证公司飞机飞行的安全。

第四是飞行标准处（或运行监察处）：

制定和执行程序与标准、安排模拟器训练和飞行训练及管理人员训练。

最后是飞行签派：

飞行签派是航空公司组织和指挥飞行的中心，负责组织安排公司内航空器的放行和整个运行，它必须与民航各级空中交通管制部门密切协作配合才能使整个空中交通有序进行，具体任务包括：拟订和提交飞行计划、签发航空器放行许可单、确定备降机场、处置航空器特殊情况等。

二、机务维修

机务维修的主要任务是负责保持航空公司飞机处于“适航”和“完好”状态并保证航空器能够安全运行。“适航”意味着航空器符合民航局的有关适航标准和规定；“完好”表示航空器保持美观和舒适的内外形象和装修。

三、市场营运

市场营运负责航空公司整个运输的销售、集散和服务环节，包括：广告和市场部门、销售部门、运输服务部门、机上配餐、各地区的办事处及营业部等，是航空公司收入的主要来源。

四、行政管理

行政管理是航空公司的核心管理部门，负责公司的管理和运行，一般包括：财务管理部门、人事管理部门、计划管理部门、公共关系部门、信息服务部门、法律部门和卫生部门等。

信息卡

中国主要航空公司信息参考

航空公司名称	公司域名	公司代码
中国国际航空公司	http://www.airchina.com.cn	CA
中国东方航空公司	http://www.ce-air.com	MU
中国南方航空公司	http://www.cs-air.com	CZ
海南航空有限公司	http://www.hnair.com	HU
上海航空公司	http://www.shanghai-air.com	FM
四川航空公司	http://scal.com.cn	3U
厦门航空公司	http://www.xiamenair.com.cn	MF
深圳航空公司	http://www.shenzhenair.com	ZH
山东航空公司	http://www.shandongair.com.cn	SC

任务四 了解民用机场管理体系结构

根据ICAO的定义，民用机场是指专供民用航空器起飞、降落、滑行、停放以及进行其他活动使用的划定区域，包括附属的建筑物、装置和设施，是进行民用航空运输生产的必要场所。民用机场不仅提供旅客候机或转机的候机楼、上下飞机的相关服务设施，而且提供飞机起飞、降落必要的跑道，机坪等一系列保障设施。

一、机场管理机构

机场管理是一个大系统，主要任务是建设、管理好机场，保障机场安全、正常运行；为所有航空运输企业、通用航空企事业和其他部门的飞行活动提供服务；为旅客提供服务；为驻机场各单位提供工作和生活服务。机场管理机构必须按照机场所具备的条件，保证各种设施、设备处于正常使用状态，在管理组成上可以分为四个部分。

首先是行政和财务部门：这个部门包括人事、财务、公共关系、办公室、安全管理、企业文化、采购等各个部门，是机场管理部门日常事务运行的重要保障。

其次是规划和工程部门：机场投入使用后会不断遇到开发和新建扩展的问题，如何统一规划，保证发展的整体性和建筑工程的质量是一个机场长期良好运行的必要条件。

再次是运营部门：机场运营分为飞行区、候机楼、安全保卫和事故救援四个部门。

最后是后勤和维修：包括场道的维护、建筑物及设施的维护以及车辆维护，工作十分繁重。

二、我国机场的管理模式

我国机场的管理模式与民航体制改革的进程紧密相连，在不同的发展阶段，采用了不同的管理模式。改革开放以前，中国民航对机场的管理非常单一，管理的权力机构完全由中央政府集中管理。在这种管理模式下，机场的运作基本上体现的是计划经济时代的特色。改革开放以来，当市场经济占领整个市场的舞台时，集中管理这种单一的模式已经凸显了它的劣势，由于地方政府积极参与机场建设，单一管理的模式逐渐被各种管理模式所代替。

（一）机场属地化管理

继联合重组六大集团后，中国民用航空总局又出台重大改革措施，决定在2003 年年底前撤销 23 个民航省（区、市）局，同时把 93 个机场移交所在省（区、市）政府管理，相关资产、负债和人员一并划转；民航总局与地方政府联合管理的民用机场和军民合用机场，属民航总局管理的资产、负债及相关人员一并划转所在省（区、市）管理。首都机场、西藏自治区内的民用机场继续由民航总局管理，以推动民航管理体制改革的进一步深化。2004 年 7 月 8 日，随着甘肃机场移交地方，机场属地化管理改革全面完成，也标志着民航体制改革全面完成。

机场移交地方政府管理后，原则上以省（区、市）为单位组建机场管理公司，实行企业化经营，统一管理省（区、市）内机场。

（二）机场并购

属地化管理以来，机场并购频频发生。目前机场并购主要表现为两种形式：一种是以强势机场集团为并购主体的横向并购；另一种是以航空公司为并购主体的纵向并购。

横向并购的代表是首都机场集团。2002 年年底开始，首都机场先后收购了天津滨海国际机场和江西机场集团公司，并收购了沈阳桃仙国际机场股份有限公司 35% 的股份。2004 年，首都机场又先后收编了重庆江北、武汉天河、贵阳龙洞堡等 7 家机场。

而以海南航空、深圳航空为首的部分航空公司为了扩展航线网络，纷纷将有发展潜力的地方机场揽至名下。其中，海航集团通过先行收购、换股等一系列的方式已控股海口美兰、三亚凤凰、湖北宜昌、山东潍坊、湖北三峡等多个机场，扩张速度堪称同业翘楚。

三、航空公司与机场协调发展

航空公司与机场是发展民用航空运输业的主力军，从一个国家的整体利益来说，航空公司与机场是“唇齿相依”的关系，在航空运输市场中相互依存、相互影响、相互促进。

机场提供服务的能力直接影响航空公司在机场所在航线的市场。航空公司支付机场的费用与客货运输量、飞机起降频率、机型等因素直接相关。虽然机场没有航空公司所面临的高风险，但是航空公司的经营状况影响到机场的直接收益。此外，机场经营的旅馆、饭店、旅游、出租车等服务性业务直接受益于航空公司的客货运量。因此，机场同样需要优质高效的服务。

项目小结

1. 民航运输具有国际性，需要国际航空运输管理机构进行统一的管理和协调。目前，两大协调和管理世界范围内民用航空运输的机构是国际民航组织与国际航空运输协会。

2. 国际民航组织是一个政府性的机构，主要从国际航行和航空运输两方面保证国际民航安全、正常、有效和有序地发展。

3. 国际航空运输协会是由航空公司组成的行业性机构，目的在于促进安全、正常和经济的航空运输。

4. 中国民用航空局是国务院的一个职能机构，下设民用航空地区管理局并授权其监督管理各个地区的民用航空活动。

5. 航空公司即航空运输企业，业务涉及的范围主要有飞行与航务、机务维修、市场运营和行政管理。

6. 机场是航空运输业发展的主力军之一，我国机场的管理模式与民航体制改革的进程紧密相连，在不同的发展阶段，采用了不同的管理模式。

思考与练习

1. 比较国际民航组织与国际航空运输协会的不同。

2. 简述中国民航的管理体制的演变。

学习效果自测

扫描下方二维码，检测你的学习效果。

03

学习检测

实训与分享

以小组为单位，请选择一家航空公司以及驻地机场进行研究，探讨航空公司与机场的关系问题，不限于网上搜集信息、实地考察、询问专业人士等，内容形式不限，请各调研小组把调研结果以 PPT 方式展示分享。

视频微课 03

航空业的概念

项目四
民用航空运输的基本概念

项目导读

对基本概念的理解和掌握是学习民航运输的基础和前提。航空承运人、航班和航班号的知识、机场分类、运力管理、航线、航线的结构以及航程中不同经停点的区别等是本项目介绍的内容，力图让读者对航空运输的基本概念有一个初步的认识并能在后续项目中加以应用。

学习目标

知识目标：了解航空承运人的概念；理解航班、航班号以及班期时刻表编排的基本要求；理解国际航班、国内航班和地区航班的划分；掌握机场的定义和划分；了解运力管理的基本要求；理解和掌握航线、航段和航路的概念和相互关系；理解航程中不同经停点的知识。

技能目标：了解航空承运人的基本概念；熟练应用航班、航班号、班次等基本概念解决实际问题；理解机场的概念以及机场的分类；了解运力的管理模式；熟悉航线、航路、航段在实际工作中的运用；理解和掌握航程中各种不同经停情况的区别，并能准确判断。

素质目标：打下扎实的专业基础，培养民航人的职业操守。

案例导入

春秋航空

春秋航空股份有限公司（以下简称“春秋航空”）于 2005 年 7 月 18 日首

航，是中国首批民营航空公司之一。在航空领域，春秋航空有很多“第一”的标签：它是中国民营航空第一股，是第一个从旅游业跨界航空业的企业，也是中国第一家低成本航空公司。从当年2平方米的铁皮屋里起步的民营旅行社到市值近400亿元的上市公司，春秋无疑是中国低成本航空的集大成者。

截至2022年8月，春秋航空已拥有116架空客A320系列飞机，平均机龄5.99年。航点覆盖了中国、东南亚、东北亚的主要商务和旅游城市，经营航线230余条，年运输旅客2000万人次。在保障安全的前提下，春秋航空注重运行准点与服务品质，尊重旅客的选择权，为旅客提供多种实惠的出行产品，让旅客“只花该花的钱”。

春秋航空是一家以B2C网上销售和手机直销为主要销售渠道的航空公司，在民航业内第一家自主开发销售系统（IDS）；第一家自主开发离港系统（DCS）；第一家自主开发运控系统（FOC）；第一家自主开发维修系统（MIS）。2015年1月21日春秋航空首次公开发行A股，登陆资本市场，成为中国民营航空第一股，获资本市场充分肯定。2018年10月15日起，上海虹桥机场T1航站楼改造完成，以全新的面貌（包括“自助值机－自助托运－自助验证－自助登机”在内的一站式智能化设施）服务广大旅客，春秋航空成为全国第一家率先尝试使用智能化机场自助服务的航空公司。2022年上半年，春秋航空荣获国内主要航空公司中到港准点率第一名。

任务一　认识航空承运人

在1929年的《华沙公约》中，没有对非航空运输合同当事人所从事的国际航空运输作专门规定。随着航空运输业的发展，出现了包机运输，非航空运输合同当事人开始参与航空运输合同的履行。因此，有必要将《华沙公约》扩展到非航空运输当事人。1961年，《瓜达拉哈拉公约》问世。根据《瓜达拉哈拉公约》，《民用航空法》对缔约承运人与实际承运人分别做出定义，对实际承运人的责任和义务做出了规定。

一、缔约承运人与实际承运人的定义

航空承运人是指使用飞机为了取得报酬或者出租而从事提供航空服务的企业，又分为缔约承运人和实际承运人。

缔约承运人是指以本人名义与旅客及托运人，或者旅客及托运人的代理人订立航空运输合同的人。不管是承运人还是非承运人，只要是以本人名义与旅客及托运人，或者与旅客及托运人的代理人，订立航空运输合同，成为航空运输合同当事人一方的人，就是缔约承运人。缔约承运人也称为“出票承运人”（或“出票航空公司”），一般而言，没有特别注明或指定的情况下，客票中第一航段承运人，默认为缔约承运人。

实际承运人是指根据缔约承运人的授权，履行航空运输合同所规定的全部或部分运输的人。在没有相反证明时，此种授权被认为是存在的。实际履行航空运输合同的人是实际承运人，实际承运人经过缔约承运人的授权履行航空运输合同。必须注意的是，实际承运人不是《民用航空法》中所规定的连续承运人。

二、实际承运人的责任和义务

缔约承运人应当对航空运输合同约定的全部运输负责；实际承运人应当对其履行的运输负责。任何有关缔约承运人承担《民用航空法》有关公共航空运输的规定中所没有规定的义务，或者放弃《民用航空法》有关公共航空运输的规定中所规定的权利的特别协议，或者任何根据《民用航空法》有关承运人赔偿责任限额规定所做的在目的地点交付时利益的特别声明，除经实际承运人同意外，这些义务、特别协议、特别声明，只对缔约承运人产生效力，不对实际承运人产生效力。

实际承运人在其所履行的运输中的作为和不作为，应当视为缔约承运人的作为和不作为。实际承运人的受雇人、代理人在受雇、代理范围内的作为和不作为，应当视为实际承运人的作为和不作为，也应当视为缔约承运人的作为和不作为。但是，实际承运人的受雇人、代理人在受雇、代理范围以外的作为和不作为，不能视为实际承运人的作为和不作为，也不能视为缔约承运人的作为和不作为。

缔约承运人的作为和不作为，缔约承运人的受雇人、代理人在受雇、代理范围内的作为和不作为，关系到实际承运人履行的运输的，应当视为实际承运人的作为和不作为。但是，实际承运人承担的责任不因此种作为和不作为而超过法定的赔偿责任限额。

根据《民用航空法》有关公共航空运输的规定提出的索赔或者发出的指示，无论是向缔约承运人还是向实际承运人提出或发出的，具有同等效力。

实际承运人的受雇人、代理人，或者缔约承运人的受雇人、代理人，证明他是在受雇、代理范围内行事的，就实际承运人履行的运输而言，有权援用《民用航空法》关于承运人赔偿责任限额的规定。

对于实际承运人履行的运输，实际承运人、缔约承运人以及他们在受雇、代理范围内行事的受雇人、代理人的赔偿总额不得超过依照《民用航空法》得以从缔约承运人或者实际承运人获得的赔偿最高限额。但是，上述任何人都不承担超过对他适用的赔偿责任限额。

对实际承运人提起的诉讼，可以分别对实际承运人或者缔约承运人提起，也可以同时对实际承运人和缔约承运人提起。被提起诉讼的承运人有权要求另一承运人参加应诉。

任务二　认识航班

一、航班的定义及分类

（一）定义

按照民航管理部门批准的民航运输飞机班期时刻表、使用指定的航空器、沿着规定的航线、在指定的起讫和经停点停靠的客货行邮运输飞行服务，称为航班。

（二）航班的分类

航班按不同的性质有多种分类方法：

1. 按经营区域可以分为国际航班、国内航班和地区航班

始发站、经停站或终点站中有一站以上在本国国境以外的航班称为国际航班。

始发站、经停站或终点站全部在一国境内的航班称为国内航班。

始发站、经停站或终点站中有一站在一国内有特殊安排的地区中的航班称为地区航班，如中国内地连接中国香港特别行政区、中国澳门特别行政区和中国台湾地区的航班。

2. 按经营的时间分为定期航班和不定期航班

定期航班，也称班期飞行，指列入航班时刻表、有固定时间运行的航班。定期航班是民航运输的主要运输形式，是航空公司赖以生存的主要生产方式。因此，衡量航空公司的生产水平时，总是以定期航班的运输周转量为主要生产指标。

季节性定期航班指根据季节不同有不同时刻、班期安排的航班。航班的时刻和班次按季节进行重新安排。中国按冬春、夏秋两季，一年安排两次。

在运输繁忙时期，在班期飞行航班班次以外、沿着定期航班飞行的航线增加的航班，称为加班飞行。

不定期航班是没有固定时刻的运输飞行，根据临时性任务进行的航班安排。这类航班没有固定的航班飞行时刻表，没有固定的飞行路线，通常是根据运输需要和合同要求，安排机型、飞行时刻、飞行路线和运价，包括但不限于包机飞行。

一个航空公司的主要业务和信誉建立在定期航班的基础上，因而空管部门和签派部门在航班安排发生矛盾时，优先的顺序为长期定期航班、季节性定期航班，最后是不定期航班。

知识拓展 4-1

航班时刻表和空勤组

二、航班的组织及安排

（一）航班时刻表

航班时刻表是航空运输企业安排生产活动流程的依据。对于企业内部，它是运输企业每日生产活动安排和组织的依据，企业围绕着它来调配运力、安排人员、进行协调和管理。对于社会，航班时刻表则是向用户（单位和个人）提供服务信息和销售竞争的手段。乘客根据航班时刻表提供的航班时刻、机型、服务内容来选择要乘坐的航空公司、飞机和航班。航班时刻表要根据季节和市场需求来进行调整，在中国每年调整两次，每年 4 月 ~10 月使用夏秋季航班时刻表，11 月 ~ 次年 3 月使用冬春季时刻表。

航班时刻表的内容包括：始发站名称、航班号终点站名称、起飞时刻、到达时刻、机型、座舱等级、是否经停、服务内容等。它是按始发站的第一个字母的英文顺序编排的，时间的表示采用 24 小时制，以当地时间为准。

（二）航班时刻表的编制

航班时刻表的编制是一项复杂而细致的工作，既要综合考虑各方面的因素，又要协调各种矛盾、权衡利弊，制订出既适应市场又充分发挥企业能力的航班运行计划。

航班时刻表的制定涉及很多因素，其中最主要的有下列几项：

1. 民航运力状况

航班时刻表制定的基础是运力，即航空公司的飞机数量及运行状况，在掌握了飞机数量及飞机的增减计划的基础上，才能制定航班时刻表。

2. 市场调查

航班时刻表制定的依据是市场调查，在市场调查的基础上才能对航班运行期内（半年或两年）的市场做出预测。而后根据预测和以往实践的经验，制定出切合实际情况的时刻表来。

3. 航线关系

航班时刻表是一个航空公司整体的行动计划，因而必须从整个航线网来考虑航班的安排，如国内航线之间的衔接、国内和国际航线的衔接以及和地面、水路交通的衔接，这样才能发挥整个航线的效益。

4. 时间因素

航空运输对时间极为敏感，因而在班期和时刻的安排上要尽力做到与乘客的需求相适应。季节、周日对乘客人数都有影响，航班的起飞和到达时间是国内旅客选择航班的重要考虑因素。由于航线上有其他航空公司的竞争和机场容量的限制，在安排时不可能把所有的航班都安排在最佳时间。因此必须综合考虑，有时还要做出妥协和让步。

5. 各种相关部门

组织航班涉及飞行、维修、供应等各个部门，因而制定航班时刻表要有这些部门的参与，以保证各个部门之间的工作周期和能力的协调。

6. 预留计划

在实际运行时不可避免地要出现一些和原来设想不同的情况，如需求的变化、气象条件影响航班的正常进行等，在制定航班时刻表时要尽可能考虑到这些变化，并留有一定的备用运力，以保证航班计划执行的灵活性。

7. 航班正点率

航班正点率是一个航空运输企业服务质量的主要标准之一，因而在遇到特殊原因航班延误或取消时，能尽快地予以补救。

三、航班号

按照一定的方法给每一个航班一个编号，便于乘客区别和工作人员管理，这个号码叫作航班号。

（一）国内航班号编排的基本原则

国内航班号由航空公司的两字代码加 4 位数字组成。航空公司代码由民航局按规定公布，后面的 4 位数字第一位代表航空公司的飞机基地所在的地区的代号，第二位数字表示航班目的地所在的地区（1 为华北，2 为西北，3 为中南，4 为西南，5 为华东，6 为东北，7 为原来的通用航空公司，后来被东航兼并，8 为厦门，9 为新疆），第三、第四位表示航班的序号，单数表示由基地出发的去程航班，双数表示回程航班。目前，随着航空公司的重组，地方航空公司和民营航空公司的相继出现，新增加的航班的航班号的编排与本基本原则有一定的出入，但是后两位数字表示的含义不变。

根据航班号可以很快地了解航班的信息：如承运航空公司、飞往地点以及方向，这对航班管理和乘客使用都非常方便。

例如：CZ3101/02，广州—北京的航班，CZ 是中国南方航空集团公司的代码，第一位数字 3 表示执行该航班的飞机基地在广州，属中南地区管理局管辖的地区；第二位数字 1 表示航班的目的地北京，属于华北管理局管辖的地区；01/02 表示航班的序号，01 为去程航班，02 为回程航班。

再如：HU7281/82，海口—北京的航班，HU 表示海南航空公司，该航班号的第一、第二位数字 7 和 2 代表的含义与航班号编排的基本原则并不相符，但是后面的数字 81/82 依然表示该航班的序号，81 为去程航班，82 为回程航班。

（二）国际航班号编排的基本原则

国际航班号由航空公司的代码加三位数字组成，第一位数字表示航空公司，后两位数字为航班的序号，单数为去程，双数为回程。同样道理，由于航线、航班以及飞行航空公司的增加，国际航班也出现 4 位数字所表示的航班，只有后两位数字表示的航班序号的含义不变。

例如：CA981/82，北京—纽约的航班，第一位数字 9 表示由中国国际航空公司承运的国际航班，81 表示去程航班，82 表示回程航班。

MF8015/16 和 MF859/60 都表示厦门—香港的航班，由厦门航空承运。

任务三　认识机场

一、机场的概念

机场是可供飞机起飞、降落、滑行、停放的区域和域内建筑物、设施设备的总称。机场可分为军用机场、民用机场及军民合用机场。

民用机场包括：为航空运输使用和服务的运输机场，为工业、农业生产飞行服务的通用机场，为飞机研制、维修后进行试飞的工厂用机场，为培养训练民航飞行人员的学校用机场。另外，航空俱乐部使用的机场，也可以归为民用机场这一类。

二、民航运输机场的构成

案例分享 4-1

海上航空港

民航运输的机场包括飞行区、客货运输服务区、机务维修区以及其他区域。

（一）飞行区

飞行区是机场的主要组成部分，包括跑道、滑行道和停机坪以及各种保障飞行的设施，如导航设施、气象自动观测系统及指挥系统等。在机场、飞行区及其邻近地区上空，为保证飞机安全起飞和着陆，规定若干障碍物限制面，这些限制面以上的空域称为净空区。

（二）客货运输服务区

客货运输服务区也称航站区，是为旅客、货物、邮件运输服务的区域。区域内设施包括客机坪、候机楼、停车场等。货运量大的机场还设有专门的货运站或货运中心或物流区等。

（三）机务维修区

机务维修区一般包括维修机坪、维修机库、维修工厂或维修车间、航空器材库等，为飞机发动机和机上各种设备提供维修服务。

（四）其他服务区域

其他服务区域包括：航空油料的储存、供应和飞机加油设施，机场消防和急救设施以及供水、供电、供热、供冷设施，污水污物处理中心，通信、地面交通的公共和市政设施。

在民航运输机场的规划和设计工作中，处理好机场与城市之间的关系十分重要。如果机场与城市的距离过近，飞机噪声对城市居民及环境造成影响，而城市建筑物和烟尘则影响机场净空和能见度，两者相互干扰，就会影响到各自的发展。机场距离城市过远，则不便于客货运输。一般认为，机场与城市之间必须有快捷的地面交通，行车时间以不超过 30 分钟或 40 分钟为宜。机场所处的位置和跑道的方向，要尽量避免飞机起飞和降落时经过城市的上空。

三、中国民航运输机场的分类

根据所服务的航线和规模，中国的民航运输机场大致可以分为三类：

第一类是连接国际国内主要城市、航线密集的大型枢纽机场，如北京首都国际机场、北京大兴国际机场、上海浦东国际机场、广州白云国际机场。这四个机场是中国的主要门户机场。

第二类是以国内航线为主、空运量较为集中的干线机场。这类机场主要是各省会，自治区首府，重要工业、旅游和开放城市的机场，如西安咸阳国际机场、深圳宝安国际机场、桂林两江国际机场等。

第三类是地方航线或支线机场，这类机场大多分布在各省、自治区地面交通不太方便的地方，机场规模比较小，等级也比较低。如新疆维吾尔自治区内的各个机场，是新疆航空运输的不可或缺的组成部分。

机场还根据飞行区等级进行划分。飞行区等级用“数字 + 字母”来表示，第一部分是数字，用 1、2、3、4 分别表示跑道的长度，“4”表示跑道长 1800 米以上；第二部分是字母，根据机场飞行区能起飞和降落的最大飞机的翼展和主起落架外轮外侧间的距离，从 A 到 F 越往后越大。4F 机场表示等级最高的机场，可以起降所有的大型宽体客机。

任务四　认识运力

如果将航空运输看作是一种生产性的服务，那么航空运输的运力就是提供航空运输服务的数量和单位。在将管理方面的含义用于航空运输时，运力可以使按照一架飞机来衡量，用旅客座位和 / 或重量或面积单位表示（吨位或立方米），以及用特定航空服务的班次表示。在以其他含义使用时（如统计比较），航空运输运力可以通过使用吨公里将飞机、班次和距离合并起来表示。在用于一个机场时，运力通常按照一个规定的时间期限内机场可以容纳的飞机活动量进行计算（如起飞或降落）。机场运力还可以用旅客 / 货物吞吐量来计算。

运力管理是政府使用任何方法来确定一个市场或一个机场的航班数量。在国际航空运输的经济管理方面，运力管理、市场准入（航线经营权利和业务权利）和价格是至关重要的内容。

政府管理国际航班运力的典型做法是通过谈判和实施双边航空运输协定。各国经常将从其领土始发的国际业务视为其国家财产并且作为国际商业的一种物品按照最有利的条件进行交易。在双边航班协定谈判方面，这种“业务所有权”的概念使各国可以按照市场上属于其本国业务的比例提出份额要求，并且按照双边伙伴国家之间的业务加以对待。

运力管理不可避免地会牵扯到国家利益延伸出去的广泛界限而超越航空运输的经济范畴。在做出运力决定时，政府必须考虑国家政策的目标和对公众利益的责任。

任务五　认识航线、航路和航段

视频微课 04

航线及其相关概念

一、航线的定义和分类

（一）航线的定义

航线（Airway）是飞机预定要飞行的路线，飞机在任何两个地点确定的飞行线路就是航线。

每一条航线涉及的站点至少有两个，即起点和终点。在起点和终点之间可以有一个或一个以上的经停点。一条或一条以上的航线可以组成航程，因此每一个航程包含一个或一个以上的航段，任意两个转机点之间的飞行距离称为航段（Segment）。

航线不同于航路（Air Route），航路是由民航主管当局批准建立的一条由导航系统划定的空域构成的空中通道，在这个通道上空，交通管理机构要提供必要的空中交通管制和航行情报服务。

民航飞机的航线除了在未建立航路的地区外都是沿着航路进行飞行的。

（二）航线的分类

民航运输的航线可以分为国际航线、地区航线和国内航线三大类。

1. 国际航线

国际航线指飞行的路线连接两个或两个以上国家的航线。在国际航线上进行的运输是国际运输。如果一个航班的始发站、经停站、终点站有一点在外国领土上，它所从事的运输就叫作国际运输。

2. 地区航线

地区航线指在一国之内，各地区与有特殊地位地区之间的航线，如中国内地连接港、澳、台地区的航线。

3. 国内航线

在一个国家内部不同地点间的航线叫国内航线。国内航线又可以分为国内干线、国内支线和地方航线三大类：

国内干线：连接国内航空运输中心的航线。这些航线的起止点都是重要的交通中心城市；这些航线上航班数量大、密度高、客流量大，如北京—广州航线、北京—上海航线等。

国内支线：指各中、小城市和干线上的交通中心联系起来的航线。支线上的客流密度远小于干线；支线上的起止点中有一方是较小的机场，因而支线上使用的大都是中小型飞机。

地方航线：把中、小城市联结起来的航线。客流量很小，一般只飞行 50 座左右的机型，它和支线的界限不是很明显，过去一般把省内航线称为地方航线，现在国外把支线和地方航线统称为区域性航线。

知识拓展 4-2

天高并非任鸟飞

二、航线的开辟和设立

（一）航线的开辟

航线的开辟是指在原来没有航线的情况下，建立各种基础设施和服务系统，使航空器得以运行，这项工作主要由民航主管当局统一规划并协调工作的进程。如修建机场、建立导航台、空管服务系统等都需要前期的大量研究，内容涉及经济发展、政治与军事需要、开辟的可能性（包括政治上的和技术上的），以及运行后的使用量等。建立机场和航路设施都需要大量投资，如果和国外通航还要和外国政府协商并签订相应的通航协议。因此开辟新航线主要由民航主管当局确定，但航空运输的需求是开辟航线时要考虑的主要因素。

（二）航线的设立

一个航空公司是否设立一条航线首先应考虑这条航线的市场状况，包括市场的大小、市场的预测、市场的竞争情况及可能占据的市场份额。其次是技术要求，要有什么样的机队、选用什么样的机型及相应的维修训练等配套设备和各类专业人员的水平。最后，在前两项要求都满足后应制定合理的班次计划、测算收入及利润水平。在决定投入航线后，向主管当局申请，经审查批准后，就可以开航。

三、航线网

把航线相互连接，成为一个网络来最大限度地利用航路，既能方便旅客，又能扩大市场。从航空运输企业方面要考虑市场需求，希望建立自己的航线网。而从政府方面考虑则要利用调控手段使航线网布局合理，既要考虑到政治和社会上的需求，又要避免热线上的恶性竞争和垄断。航线网主要有城市对式（City Pair）和中心辐射式（Hub-Spoke）两种。

（一）城市对式

城市对式是最早的航线网形式，即两个城市间开通往返航班，把城市两两连接起来组成航线网。这种形式在世界上广泛使用。中国的航线网主要是这种形式。它的优点是操作简单，航线之间互不相关，控制容易，特别是在航线的准入和退出上政府的控制容易实行。缺点是对航路资源和乘客资源不能有效地组织和利用。

（二）中心辐射式

中心辐射式航线首先出现在美国政府放松航线准入以后。航空公司选择几个大的交通中心作为它的中心枢纽航站，由这些中心构成航线的骨架，其他中、小城市和相距最近的枢纽航站开辟支线，这些支线上的航班和干线航班在时间上紧密相连，这样就构成了中心辐射式的航线网络。其优点是改进了载运率，增大了航线网的覆盖面，提高了公司的竞争力，有利于中小城市的长途旅客，充分利用了航路和乘客资源；其缺点是加重了机场高峰时期的负荷，对大城市间的乘客增加了转机的次数，使得小航空公司在干线上的竞争力减弱，政府的调控也变得困难。

任务六　认识经停点和转机点

旅客旅行的航程可以是直达的，也可以是非直达的。客票点（Ticketing Point 或 Ticketed Point）指在客票上列明的所有的点，包括始发地、目的地和转机点。

一、经停点（Transit Point）

旅客在航程中某点暂时中断航程，停留一段时间后，搭乘同一航班离开前往下一地点，这个暂停地点就是经停点。显然，经停点不在客票上表现出来。

如：某旅客乘坐 CA991 航班从北京到温哥华，中途经停上海，短暂停留后，继续乘坐该航班前往目的地温哥华。上海则被视为经停点。

二、转机点（Transfer Point）

旅客在航程中某点暂时中断航程，停留一段时间后，然后搭乘另一航班离开，这个暂停地点就是转机点。显然，转机点要在客票上表现出来。

转机点还可以根据停留时间的长短分为中途分程点和非中途分程点。

（一）中途分程点（Stopover Point）

旅客在航程中某点暂时中断航程，停留 24 小时以上，然后搭乘另一航班离开，这个暂停地点就是中途分程点。

（二）非中途分程点（Non-Stopover Point）

旅客在航程中某点暂时中断航程，停留 24 小时以内，然后搭乘另一航班离开，这个暂停地点就是非中途分程点。

转机还可以分为跨航转机（Interline Transfer）和同航转机（Online Transfer），前者是在两个不同承运人之间的转机，后者是同一承运人之间不同航班之间的转机。

例如：旅客旅行的航程为 BJS—SHA—YVR，到达 SHA 的时间为 3 月 12 日 10 点，当天 20 点 30 分搭乘另一航班离开，则 SHA 为非中途分程点；如果于 3 月 15 日 8 点 10 分搭乘另一航班离开，则 SHA 为中途分程点；旅客在 SHA 的停留都称为转机。

项目小结

1. 航空承运人是指使用飞机为了取得报酬或者出租而从事提供航空服务的企业，又分为实际承运人和缔约承运人。

2. 按照民航管理部门批准的民航运输飞机班期时刻表、使用指定的航空器、沿着规定的航线、在指定的起讫和经停点停靠的客货行邮运输飞行服务，称为航班。不同的划分标准可以有不同的分类。

3. 航班时刻表是航空运输企业安排生产活动流程的依据。航班时刻表的编制是一项复杂而细致的工作，既要综合考虑各方面的因素，又要协调各种矛盾、权衡利弊。

4. 每一个航班都有一个独特的航班号，航班号的编排依据一定的基本原则。

5. 民航运输的机场包括飞行区、客货运输服务区、机务维修区以及其他区域。机场可以根据所服务的航线和规模划分，也可以根据所能起降机型的最大起飞全重、翼展和主起落架轮组外缘间的宽度来划分。

6. 运力管理是政府使用任何方法来确定一个市场或一个机场的航班数量。在国际航空运输的经济管理方面，运力管理、市场准入（航线经营权利和业务权利）和价格是至关重要的内容。

7. 飞机在任何两个地点确定的飞行线路就是航线。航线不同于航路。

8. 民航运输的航线可以分为国际航线、国内航线和地区航线三大类，国内航线又可以分为国内干线、国内支线和地方航线三大类。我国航线网的结构主要有城市对式和中心辐射式。

思考与练习

1. 什么是实际承运人？什么是缔约承运人？
2. 什么是国内航线、地区航线和国际航线？举例说明。
3. 民航运输飞行的方式主要有哪几种？分别是什么？
4. 什么是去程 / 回程航班？举例说明。
5. 什么是班期时刻表？编制班期时刻表应注意什么问题？
6. 机场包括哪些区域？分别具有什么功能？
7. 机场是如何划分的？
8. 什么是航线？什么是航路？
9. 中心辐射式航线有哪些优势？
10. 如何区分转机点和经停点？如何区分中途分程点和非中途分程点？

学习效果自测

扫描下方二维码，检测你的学习效果。

04

学习检测

实训与分享

以小组为单位，请选择一家航空公司，分析其高端旅客服务产品，不限于网上搜集信息、实地考察、询问专业人士等，讨论航空公司高端旅客服务有待提升的环节，或者结合航空公司的服务特色进行产品创新设计。

第二篇

民航国内旅客运输实务

项目五
民航国内旅客运价

项目导读

改革开放以来，我国民航业取得了长足发展。其中最引人注目的就是民航运价的改革。本项目首先回顾了运价改革的历史和主要成果，然后就定价原理做了简要分析，最后按实际工作中的运价类别对国内航空运价做了详细的介绍。

学习目标

知识目标：了解民航国内旅客运价的发展历史；熟悉《民航国内航空运输价格改革方案》的主要内容；理解成本定价和需求定价的基本原理。

技能目标：了解国内运价复杂的差价体系；熟悉实际工作中国内运价的主要类别；掌握各种形式国内运价的规则与规定，能处理简单的运价问题。

素质目标：遵循市场规律，打造民航人的职业操守。

案例导入

儿童机票比打折成人机票贵

江苏南京的消费者孙先生反映，前不久，他与妻子及8岁的女儿一起去西安探亲，购买南京至西安的机票时被告知，成人机票打三折，加上机场建设费和燃油附加费每张机票590元，儿童机票只能在全价的基础上打五折。虽然买儿童机票不用缴机场建设费，燃油附加费也比成人机票便宜，可算下来要810

元，比打三折后的成人票要贵220多元。“如果买儿童机票往返，女儿比我和爱人的费用要高400多元。”最终，孙先生给女儿也买了一张成人机票。

那么，当成人票价低于五折的时候，儿童票价能不能“折上折”呢？成人的五折票与儿童的五折票在使用上到底有什么区别呢？

任务一 了解民航国内旅客运价的发展

一、民航国内旅客运价的历史

改革开放40多年来，我国民航运输业取得了长足的发展。“十二五”期间我国民航运输总周转量、旅客运输量和货邮运输量分别以9.6%、10.4%和2.3%的平均速度增长，截至2018年年底，全行业完成运输总周转量1206.53亿吨公里，其中旅客周转量10 712.32亿人公里，货邮周转量262.50亿吨公里，分别比上年增加11.4%、12.6%和7.8%。我国定期航班运输总周转量在国际民航组织缔约国中的排名，由1978年的第三十七位上升至2005年的第二位，并连续多年保持增长态势。在全球民航中取得了增长最快、效益最好的优异成绩，呈现了安全状况保持平稳、国内运输量迅速回升、增长结构趋向优化、经济效益显著提高、服务质量得以改善的良好发展态势。

从世界民航业发达国家的情况看，自20世纪70年代末期开始，美国、德国、日本等陆续放松了对民航运价的直接管制。在放松管制的同时，政府通过制定、完善相关法律法规，对民航运输市场加强了监管，并设立了专门的监管机构。

与世界其他国家一样，我国民航运价的管理也经历了从政府严格管制到逐渐放松管制的反复探索过程。

1992年以前，国内航线旅客票价由国家物价局会同民航总局管理，管理的形式是国家定价。

1992年，国务院召开关于研究民航运价管理体制改革问题的会议，会议确定了国家物价局和民航总局在国内航线运价管理方面的分工：公布票价及浮动幅度、航空邮件价格由国家物价局管理；折扣票价和省区内航线公布票价以及货运价格由民航总局管理。同时允许航空公司票价可以上下浮动 10%。

1996 年 3 月 1 日起，根据《民用航空法》和《价格法》，国内航线票价管理明确为以民航总局为主，会同国家计委（现为国家发展和改革委员会）管理，管理形式为政府指导价。国内航线货物运价由民航总局统一管理。

1997 年 7 月 1 日起，实行境内和境外旅客乘坐国内航班同价政策。即境内、外旅客在境内购票统一执行每客公里 0.75 元的票价（称为 B 票价）；在境外购票统一按公布票价每客公里 0.94 元（后称为 A 票价）执行。

1997 年 11 月，民航总局推出“一种票价、多种折扣”的政策。1999 年 2 月 1 日，为规范市场秩序，原国家计委、民航总局联合发文，规定各航空公司票价按国家公布价销售，不得滥用折扣。

2000 年，民航总局决定，自 5 月 15 日起，先期以海南联营航线为试点，实行旅游团队优惠票价；自 10 月 1 日起，放松对支线票价的管理，即对支线飞机所飞省（市、区）内航段票价，支线飞机独家经营的跨省（区、市）航段票价，实行最高限价管理，最高票价不得超过公布票价（A 票价）的 10%。限价内具体票价由航空公司自行确定，并报民航总局备案。支线飞机所飞省（市、区）内航段以外，且由航空公司共同经营的航段票价，须经航空公司协商后，报民航总局审批。自 2001 年 11 月 5 日起，对国内航线实施“燃油加价”政策，允许航空公司票价最大上浮 15%，单程不超过 150 元。同时建立票价与油价联动机制，当国内航油价格变动 10% 时，允许航空公司票价最多可变动 3%。

2001 年，民航总局决定，自 3 月 6 日起，在北京—广州、北京—深圳等 7 条多家经营航线上试行多级票价体系；自 5 月 20 日起，在海南联营航线也试行多级票价体系。

2002 年，民航总局决定进一步完善国内航线团体票价政策，自 6 月 10 日起，对国内航线（港、澳航线除外）团体票价试行幅度管理，即团体票价最低折扣率可根据购票时限、航程性质、人数不同而有所区别。

2004 年，国家发改委民航总局发布第 18 号公告《民航国内航空运输价格改革方案》，并于 2004 年 4 月 1 日起实施，就基准票价水平、境内、外销售票价并轨、票价浮动幅度、市场监管、特殊群体优惠票价等多方面问题进行了改革，取得了较好效果。

根据2010年4月民航局、国家发改委《关于民航国内航线头等舱、公务舱票价有关问题的通知》(民航发〔2010〕69号)，自2010年6月1日起，民航国内航线头等舱、公务舱票价实行市场调节价。各运输航空公司须将价格种类、水平及适用条件（含头等舱和公务舱座位数量、与经济舱的差异以及相匹配的设施设备和服务标准等），提前30日报民航局和国家发改委备案后，向社会公布执行。

2013年，中国民航局和国家发改委联合下发《关于完善民航国内航空旅客运输价格政策有关问题的通知》，决定进一步完善民航国内航空旅客运输价格政策，对旅客运输票价实行政府指导价的国内航线，均取消票价下浮幅度限制，航空公司可以基准价为基础，在上浮不超过25%、下浮不限的浮动范围内自主确定票价水平。对部分与地面主要交通运输方式形成竞争，且由两家（含）以上航空公司共同经营的国内航线，旅客运输票价由实行政府指导价改为市场调节价。

2014年12月15日，《中国民航局、国家发展和改革委员会关于进一步完善民航国内运输价格政策有关问题的通知》正式实行，此次价格调整全面放开了民航国内航线货物运输价格，放开101条相邻省份之间与地面主要交通运输方式形成竞争的部分短途航线旅客运输票价，由现行政府指导价改为实行市场调节价。航空公司可以根据生产经营成本、市场供求和竞争状况等自主确定具体价格水平。对继续实行政府指导价的国内航线旅客运输票价，由政府审批航线基准票价改为由航空公司按照通知规定自行制定、调整基准票价。航空公司可继续以基准票价为基础，在上浮不超过25%、下浮不限的浮动范围内自主确定票价水平。

2016年11月1日，《中国民用航空局　国家发展改革委关于深化民航国内航空旅客运输票价改革有关问题通知》(民航发〔2016〕110号)正式实行。进一步扩大市场调节价航线范围，800公里以下航线、800公里以上与高铁动车组列车形成竞争航线旅客运输票价交由航空公司依法自主制定。航空公司调整市场航线具体票价种类、水平、适用条件，应当至少提前7日向社会公布，并通过航空价格信息系统抄报民航局、国家发展改革委。航空公司上调市场调节价航线无折扣的公布票价，原则上每航季不得超过 10 条航线，每条航线每航季票价上调幅度累计不得超过 10%。国内航空旅客运输票价实行市场调节价的航线目录，由民航局、国家发展改革委根据市场竞争状况实行动态调整，具体目录在民航局网站公布。

2017 年 11 月 17 日，《中国民用航空局　国家发展和改革委员会关于进一步推进民航国内航空旅客运输价格改革有关问题的通知》正式实行。通知规定：5 家以上（含 5 家）航空运输企业参与运营的国内航线，国内旅客运价实行市场调节价，由航空运输企业依法自主制定。每家航空运输企业每航季上调实行市场调节价的经济舱旅客无折扣公布运价的航线条数，原则上不得超过本企业上航季运营实行市场调节价航线总数的 15%（不足 10 条航线的最多可以调整 10 条）；每条航线每航季无折扣公布运价上调幅度累计不得超过 10%。国内航空旅客运输票价实行市场调节价的航线目录，由民航局、国家发展改革委根据市场竞争状况实行动态调整，具体目录在民航局网站公布。

2020 年 11 月 26 日，中国民用航空局和国家发展和改革委员会联合印发《关于进一步深化民航国内航线运输价格改革有关问题的通知》，扩大市场调节价航线范围。通知规定：3 家以上（含 3 家）航空运输企业参与运营的国内航线，国内运价实行市场调节价，由航空运输企业依法自主制定。航空运输企业应按照《民用航空国内运输市场价格行为规则》的有关规定，合理确定实行市场调节价的国内运价的调整范围、频次和幅度，确保航空运输市场平稳运行。航空运输企业和销售代理企业应严格遵守《价格法》《民用航空法》的有关规定，及时、准确、全面地向社会公布实际执行的各种运价种类、水平和适用条件，并同时通过航空价格信息系统抄报中国民用航空局。民用航空主管部门要进一步加强对国内运价的监督，将价格违法违规行为记入信用记录，并依据《民航行业信用管理办法（试行）》实施惩戒。新增的 3 家以上（含 3 家）共飞航线目录具体在民航局网站公布。

知识拓展 5-1

新增实行市场调节价的
3 家以上（含 3 家）
共飞国内航线目录

价值规律是市场经济的基本规律，放松价格管制是民航市场化发展的必然要求。由于淡旺季和时间段的不同，航空公司的机票价格会出现浮动，相应地也会对市场需求产生影响。实行价格管制，可以让航空公司根据市场需求充分利用资源，随时调整价格，提高经营效益。

二、民航国内旅客运价的管理方式

价格管理方式按照价格形成主体主要分为三种：市场调节价、政府指导价和政府定价。客观而言，三种方式各有利弊。在市场经济条件下，政府过多参与定价不利于发挥企业的积极性，而完全的企业定价需要企业拥有比较健全的现代企业制度，综合定价是兼顾政府和企业需要的中间道路。政府选择决定具体价格管理方式的原则，是实现消费者福利与生产者福利的平衡，其决定因素是行业垄断程度。

市场调节价是经营者自主制定，通过市场竞争形成的价格。在市场经济条件下，完全竞争应采用市场调节价。美国政府规定，如果消费者可以选择的市场供应商的数目达到或者超过三个，市场就是完全竞争的。显然，在市场经济条件下，主要由市场形成价格。

政府指导价是一种具有双重定价主体的价格形式，介于政府定价和市场调节价之间，主要是政府规定基准价及浮动幅度，引导经营者合理制定具体价格。在市场经济条件下，垄断竞争应采用政府指导价。美国政府规定，消费者可以选择的市场供应商的数目为两个时市场是垄断竞争的市场。

政府定价是指政府直接制定价格的行为，这种行为是经济体制转轨时期价格形成的重要方式。在市场经济体制下，政府定价仍然在经济生活中发挥着重要的作用，在制定极少数资源稀缺、自然垄断和公用性、公益性等关系国计民生的重要生产资料价格和居民生活消费价格时仍应采用政府定价的形式。在市场经济条件下，完全垄断应采用政府定价。德国反托拉斯法将市场占有率作为判断是否完全垄断的标志，规定一家经营者市场占有率达到 50% 以上为完全垄断。美国反托拉斯法将消费者可以选择的市场供应商的数目作为判断的标志。如果只有一个，则属于完全垄断。

我国国内航空运输业，经历了从计划经济时代到市场经济时代的转变。较长时期以来，航空运输市场具有较强的垄断性，运输价格实行政府定价。随着民航体制改革的逐步推进、市场结构及市场竞争程度发生了深刻的变化，国内航空运输市场将逐步成为寡头垄断市场。在相当多的航线上，在全年大部分时间里，供给远远超过需求。从全国范围、全年时间内看，卖方市场已转变成买方市场。从“八五”时期开始，政府对国内航空运价尝试幅度管理并开始实行政府指导价。

此外，航空运输市场竞争激烈，一些航空公司依据变动成本定价，导致恶性价格竞争，企业经营举步维艰，偿债能力明显下降，直接威胁了银行贷款的安全。在这种情况下，对国内航空运输价格采用政府指导价的方式，有利于航空运输市场的各个组成部分，包括航空公司、机场、空管、销售代理和旅客、货主之间利益的平衡，有利于保证公众利益的实现。

从历次民航价格改革来看，其核心目的均是使票价能够更加适应市场供求关系的变化，激发市场活力，扩大企业的价格自主权，充分发挥其对资源配置的决定性作用，运用价格机制促使航空运输企业开展公平竞争，从而促进航空运输市场健康发展。

任务二　了解民航国内旅客运价的制定

旅客运价就是民航运输产品的价格，是单位旅客由始发地机场运至目的地机场的航空运输价格，不包括机场与市区之间的地面运输费用。

视频微课 05

民航国内旅客运价的管理与制定

一、旅客运价的形成

价格形成方式包括三种：成本定价、需求定价以及综合两者的混合定价。从公平角度讲，三种方式各有利弊，特别是在相对垄断的条件下。

在供给远远小于需求，即供给垄断的条件下，完全的成本定价可能会促使生产者把所有成本都加在价格里，从而增加生产者福利，价格学中称为“成本深化”。

在供给远远大于需求，即买方市场的条件下，完全的需求定价可能会促使消费者无限制地压低价格以增加消费者福利（包括产品福利和服务福利），价格学中称为“价值深化”。

所谓混合定价是指两种方式的混合，是生产者与消费者长期博弈的最终结果。

制定国内航空运价，单纯的一种定价方式是难以解决众多的价格问题的，应该针对不同的情况采用不同的价格形成方式。

二、成本定价和需求定价的原理

（一）成本定价

运价的构成是以运输价值为基础的，而运输价值难以精确计量。在实际工作中，运价是由运输成本、利润和税金等要素构成的。

1. 运输成本

运输成本是补偿在运输生产中消耗的物化劳动和活劳动的货币表现。航空运输成本包括飞机折旧（或租金）、燃油费、飞机和发动机大修理费、飞机维修费、飞机保险费、空勤人员工资、起降服务费、管理费等。它可以大致反映运输价值量的变动趋势，可以作为制定运价的主要依据，是运输产品定价的最低界限，如图 5-1 所示。

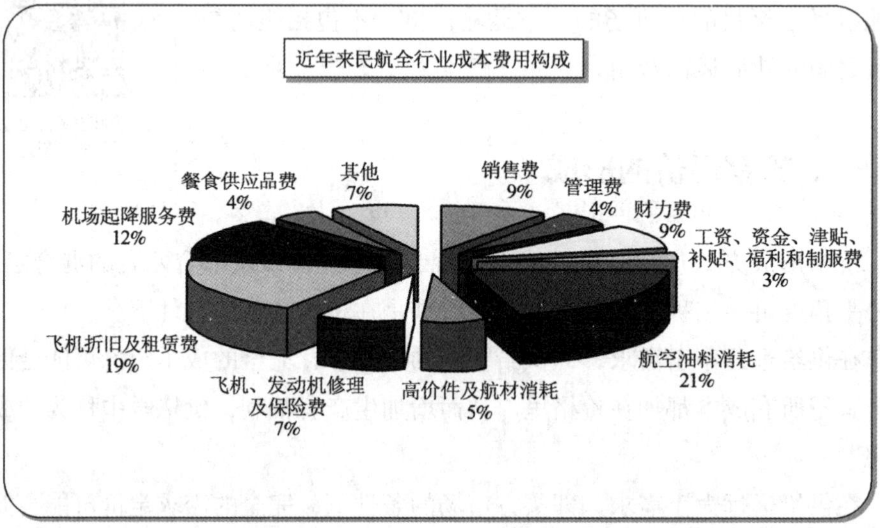

图 5-1　近年来民航全行业成本费用构成

飞机的运输成本也可以叫作总使用成本，用 TOC 表示。TOC 可以分为两部分：与飞机营运直接相关的“直接使用成本”（DOC）；与飞机营运无直接关系的“间接使用成本”（IOC）。

用公式表示：TOC=DOC+IOC

（1）直接使用成本

直接使用成本 DOC 是衡量飞机使用经济性的依据，由现金成本和所有权成本构成。

现金成本包括：飞行机组费，其中包括工资、福利、津贴和熟练飞机训练费；客舱乘务员费用，包括工资、福利、津贴；燃油费；维修费，维修成本由直接维修费和间接维修费组成；飞机起降费和灯光费，按 CAAC 规定，对每班次只收费一次，根据飞机总重分档收费；航路费和机场进近指挥费，按 CAAC 规定，根据飞机在航路上飞行的公里数及飞机的总重分档收费；旅客过港服务费和运输服务费；机上餐食、饮料供应；飞机清洁费和商务特种车辆使用费。

所有权成本包括：保险费，其中包括基本费、战争险费和旅客保险费等；折旧，折旧只是对最初购置费的分摊，其中包括飞机、备品配件等。

（2）间接使用成本

间接使用成本 IOC 是指与飞机飞行无直接关系的费用。如航空公司的管理费、财务费、销售费、广告宣传费、地面交通费、办公室租赁费、通信费、机组培训费等。为了便于分析，航空公司往往将 IOC 费用折合成 DOC 费用的百分数。各航空公司折合的百分数是不一样的，大多数中国航空公司的折合百分数在 25%~50%，有的甚至更大些。

2. 利润

利润是扩大再生产的资金来源。运价中的利润确定问题，关系到国民收入在国民经济各部门之间的分配，关系到正确处理国家、企业、个人三者之间的经济利益问题。制定运价时，应保证企业获得一定的利润，以维持简单再生产和扩大再生产。

3. 税金

从理论上说，税金和利润的性质是一样的，同属于劳动者为社会所创造的价值。但是税金和利润的职能不同，税金是根据国家的政策收取，受国家的政策支配。

（二）需求定价

民航、铁路、公路、水路的合作与竞争是同时存在的，只是由于时间价值的不同，旅客需要根据自己的情况选择不同的交通运输方式。

根据经济学原理，价格与需求的关系曲线如图 5-2 所示：

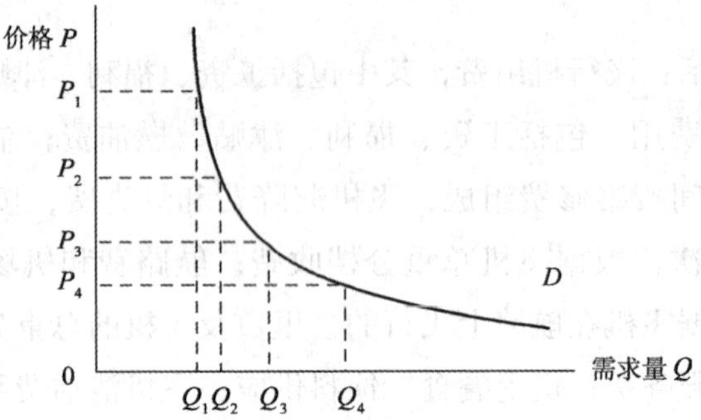

图 5-2　需求定价原理

从图 5-2 可以看出，单一票价只能获得 $P_n \times Q_n$ 收入。如为单一低价，则使一部分能负担高价的旅客也买了低价票，虽需求量增加但航空公司收入较低；如单一高价，则使一部分负担能力较差的旅客买不起机票，需求量下降，虽价格增加，但航空公司收入仍较低。

如采用多等级票价，则能使不同旅行目的、不同收入、不同支付能力的旅客都能选择适合自己的机票价格，从而实现收入最大化，能够获得的最大收入为$\sum_{i=1}^{n} P_n \times (Q_n - Q_{n-1})$。

在综合考虑成本定价和需求定价依据的前提下，国内航空运价通过政府指导价的形式给予企业足够的自主权。政府加强基准价和幅度的管理，企业在幅度内根据成本或需求定价，最终实现公众利益和航空运输企业利益的“双赢”。

任务三 了解民航国内旅客运价的体系

一、一般规定

客票价为旅客开始乘机之日适用的票价；客票售出后，如票价调整，票款不做变动。例如，某旅客于3月29日购买4月3日MU5303航班Y舱SHA—CAN客票一张，当时票价为1000元，但4月1日起，票价调整为1280元，由于旅客在3月29日购票，所以该旅客在4月3日乘机时其票价不做变动，不必补交票价差额。相反，若3月29日旅客购票时票价为1280元。而4月1日后票价调整为1000元，其票价亦不作变动。若旅客要求退回差价，处理时应先按自愿退票处理，后另按新票价重新购票，退票应根据退票的有关规定收取退票手续费。

使用特种票价的旅客，应遵守该特种票价规定的条件。

旅客应按国家规定的货币和付款方式交付票款，除与航空公司另有协议外，票款一律现付。

当收取的票款与使用的票价不符或计算有错误时，应按照航空公司相关规定，由旅客补付不足的票款或由航空公司退还多收的票款。

客票价以人民币10元为计算单位，航空公司收取的其他费用以人民币元为计算单位，尾数一律四舍五入。

政府、有关当局或机场经营者规定的对旅客或由旅客享用的任何服务、设施而征收的税款或费用不包括在航空公司所公布的票价范围内。

二、运价分类

国内航线客票价根据旅客、服务等级、旅程方式和出票时间、地点等具体情况，可划分为不同的票价种类。

（一）服务等级运价

服务等级运价是指按照为旅客提供服务的等级不同收取不同的票价。目前国内航线的客运价主要分为三个服务等级票价：头等舱票价（F），公务舱票价（C），经济舱票价（Y）。

1. 头等舱票价

航空运输企业在有头等舱布局的飞机飞行的国内航班上向旅客提供头等舱座位。头等舱的座位一般位于飞机客舱的前部，较公务舱座位宽而舒适，向旅客免费提供的餐食及地面膳宿标准高于公务舱，每位占座旅客可以享有 40 千克的免费托运行李额。

2. 公务舱运价

航空运输企业在有公务舱布局的飞机飞行的国内航班上向旅客提供公务舱座位。公务舱座位一般位于飞机客舱头等舱座位和经济舱座位之间，较头等舱窄，但比经济舱宽；餐食及地面膳宿标准低于头等舱，但高于经济舱；每位占座旅客可以享有 30 千克的免费托运行李额。

3. 经济舱运价

航空运输企业在飞机飞行的国内航班上向旅客提供经济舱座位，一般位于飞机客舱的中部及后部，占有最大比例的座位数量；目前很多航空公司还增设了“高级经济舱”，提供服务时通过帘子与经济舱区分开来；每位占座旅客可以享有 20 千克的免费托运行李额。

为适应国内航空运输市场的发展，自 2010 年 6 月 1 日起，民航国内航线头等舱、公务舱票价实行市场调节价，由各航空公司自主定价。各运输航空公司国内航线头等舱、公务舱价格种类、水平及适用条件（包括头等舱和公务舱的座位数量、与经济舱的差异以及相匹配的设施和服务标准等）会有所不同。

（二）旅程方式

国内航线旅客运价按旅客不同的旅程方式分为单程运价、来回程运价。

1. 单程运价

单程运价也称为直达票价。它适用于规定航线上的由甲地到乙地的航班运输，现行对外公布的国内航线运价均为航空运输的直达票价。

例如，上海虹桥—北京现行的 Y 舱单程票价为人民币 2150 元。

2. 来回程运价

来回程票价由两个单程运价组成，一个是使用直达票价的去程运输；另一个是使用直达票价的回程运输。某些航空公司来回程票价在两个单程票价的基础上可享受一定的折扣。

例如，广州—北京大兴 Y 舱来回程运价原价是 3060 × 2=6120 元，但航空公司规定如一次性购买来回程机票可优惠 5% 的全票价，即旅客只需要支付去程和回程各 3060 × 95%=2907 元，进位后为 2910 元，总票款为 5820 元。

（三）儿童、婴儿票价

旅客购买儿童、婴儿票时，均按以下规定办理。

年满 12 周岁的儿童购全票；

年满 2 周岁、未满 12 周岁的儿童应按同一航班相应服务等级成人运价的 50% 购买儿童票，提供座位。例如，广州—上海的 Y 舱成人运价为 1950 元，则相应航段的 Y 舱儿童票价为 1950 × 50%=975 元，取整后为 980 元。

知识拓展 5-2

民航局关于某些特种票价的通知

未满 2 周岁的婴儿按照同一航班相应服务等级成人运价的 10% 购买婴儿票，不提供座位，无免费行李额，仅可免费携带一摇篮或可折叠式婴儿车；如需要单独占座位时，应购买儿童票。

每位成人旅客所带未满两周岁的婴儿超过一个，其中只有一个可按成人全票价的 10% 付费，其余按成人全票价的 50% 购买儿童票。

例如，广州—上海的 Y 舱成人运价为 1950 元，则相应航段的 Y 舱婴儿票价为 1950 × 10%=195 元，取整后为 200 元；Y 舱儿童票价为 1950 × 50%=975 元，取整后为 980 元。如一位旅客携带两个婴儿从广州飞上海，只有一个婴儿可以购买 10% 票价，另外一个按儿童票价付费，则该旅客共需要支付 1950+200+980=3130 元。

5 周岁以下的儿童乘机，须有成人陪伴而行，如无成人陪伴，不予接收。5 周岁（含）以上、12 周岁以下无成人陪伴儿童乘机时，应在购票前提出申请，经承运人同意后方可购票乘机。

儿童和婴儿的年龄指开始旅行时的实际年龄，如其在开始旅行时未满规定的年龄，而在旅行途中超过规定的年龄，不另补收票价。航空公司销售以上优惠客票，不得附加购票时限等限制性条件。

（四）特种票价

特种票价是航空公司对特殊运输对象给予一定折扣的票价，它以公布的成人全票价为基础计算，除另有规定外，一般不得重复享受其他优惠。

目前存在的特种票价主要是按照旅客类型、航班时刻和购买方式来制定的，如老人优惠、军人优惠、代理人优惠、团体优惠、来回程优惠、常旅客优惠等。

1. 团体旅客票价

旅客人数在 10 人（含）以上，航程、乘机日期、航班相同并按同一类团体票价支付票款的旅客称为团体旅客。购买儿童、婴儿票价客票的旅客不计入团体人数内。团体旅客可以在开放的航班上申请订座，订妥座位后，应在规定或预先约定的时限内购票，否则，所订座位不予保留。航空公司可以按有关规定向国内、外团体旅客提供优惠的特种票价。该票价附有同去同回、不得更改、不得签转、出票时限等限制条件。

2. 军残票价

凡因公致残的现役军人和因公致残的人民警察在乘坐国内航班时，凭《革命伤残军人证》或《人民警察伤残抚恤证》，在规定的购票时限前，按适用正常运价的 50% 计收。

3. 教师、学生票价

教师和学生在寒暑假期间乘坐国内航班时，凭教师资格证、学生证和有效身份证明，按适用正常运价的 60% 和 50% 计收（具体请参见各航空公司的相关业务规定）。

例如，广州—杭州的 Y 舱正常运价是 1550 元，则寒暑假期间教师凭教师证购票只需要支付 $1550 \times 60\%=930$ 元，学生凭学生证购票只需要支付 $1550 \times 50\%=775 \approx 780$ 元。

4. 季节票价

航空公司在旅游淡季向旅客提供的优惠票价，属于促销票价。

5. 其他特种票价

在经济舱正常票价的基础上对符合购票时限、旅客身份、航班时刻、季节浮动等限制条件的团体或单个旅客给予一定的优惠。限制条件详见各航空公司优惠运价文件。

（五）免票、优惠票

由承运人特殊批准的旅客，凭乘机优待证可以填开由该承运人承运的免票、优惠票。

货运包机押运人员凭包机货运单和包机单位介绍信可填开免费客票。在客票的票价计算栏内写明包机运输协议书号码。

航空公司常旅客可凭里程积分换取免票。

免费客票和优惠客票只是对客票价的免收或优惠，不涉及相当税费。

三、其他税费

民航国内旅客运输中，旅客除了要支付航空旅客运价以外，还需要按规定支付民航发展基金和燃油附加费。

（一）民航发展基金

民航发展基金属于政府性基金，税费代码为 CN，是为了取代原来对旅客征收的机场建设费以及对航空公司征收的民航基础设施建设基金，于 2012 年 4 月 1 日起开始征收。国内航线原则上每人次为 50 元人民币，国际航线为 90 元人民币（含旅游发展基金 20 元）。符合下列条件之一的航空旅客可以免征民航发展基金：持外交护照乘坐国际及地区航班出境的旅客；年龄在 12 周岁以下（含）的乘机儿童；乘坐国内支线航班的旅客。

（二）燃油附加费

燃油附加费是航空公司收取的反映燃油价格变化的附加费，随着国际油价的调整而不断调整其征收标准，税费代码为 YQ。目前，我国各航空公司燃油附加费的征收按 800 公里（含）以下航线和 800 公里以上航线两个标准征收。

婴儿旅客免征燃油附加费，儿童、革命伤残军人、因公致残人民警察按实际收取标准减半收取燃油附加费。

四、包机运输

（一）一般规定

（1）包机运输是承运人和包机单位单独签订运输合同的客运、货运或客货兼运的民航运输。

（2）承运人组织包机运输，必须根据客观实际需要、航空公司运力等主观力量妥善安排，尽力满足包机需求，确保飞行安全，合理、经济地安排包机运输。对于有重大政治影响的紧急包机任务，优先承担。

（3）必须合理、经济地安排包机的机型、数量及包机飞行的路线，以减轻包机单位的负担，避免浪费运力。

（4）在组织安排包机时，要考虑解决好在包机运输中有关运力、始发地和目的地的地面设施及地面运输服务等方面的问题。

（5）非固定航线的包机，只有在符合飞行安全的条件下方可接受。

（6）如包机在预订系统中显示（包销航班），航班不正常时的旅客处理与正常航班一致；包机不在预订系统中显示时，如果是由于承运人原因造成航班不正常，则由承运人承担责任；如果是由于包机人原因造成航班不正常，则由包机人承担责任。

（7）包机人应保证每个旅客都持有有效证件，包括护照、签证、卫生检疫证及其他必须证件；如因此出现差错而造成承运人蒙受经济损失，包机人承担责任。

（8）包机人应按合同条款所列的包机起飞时间，安排旅客提前一个半小时到达机场办理登机和出境手续；如发生旅客误机，其后果由包机人负责。

（9）承运人由于不可控制或不可抗拒的原因（如天气不适合飞行、战争或自然灾害等）而未能按预定时间飞行或未能履行合同时，承运人无须承担责任。

（二）受理包机的一般程序

（1）需要包机的单位，应凭单位介绍信或证明信事先同承运人联系，说明包机的任务性质、旅客人数和身份、包用的机型和架次、使用日期和航程等事项。如当地政府规定各单位包机须经有关部门批准，应附包机审批文电。

（2）经双方协商包机的运输条件后，签订《包机合同》。

（3）经航空公司有关部门对运力、机组配置、包机运行规范许可审定、包机运输经营许可审批、包机时刻申报及审批和地面服务工作进行妥善安排后，双方履行《包机合同》。

（三）包机运输契约和凭证

（1）包机人包机申请经承运人同意，双方签订有效合同。

（2）包机合同是航空公司与包机单位所签订的运输契约。

（3）航空公司与包机人都应严格履行包机合同规定的各自承担的任务和义务。

（4）航空公司凭包机合同，按飞行架次填写包机客票给包机人，作为乘坐飞机的运输凭证。

（5）航空公司应给乘坐包机的每位旅客填开一张客票，签注栏内填写包机合同的号码，“票价级别 / 客票类别”栏内写明“包机”，“票价”栏内填写“包机”字样。

（四）包机费用

包机费用由承运人与包机单位共同商议决定，一般包括包机费、调机费和留机费。

1. 包机费

包机费是根据包用机型的每公里费率和计费里程或包用机型的每小时费率和飞行时间计算后，取其高者。如每日飞行不足 1 小时，按该机型的 1 小时包机费率收取最低包机费。

2. 调机费

调机是指为执行包机任务而产生调用基地的飞机，由基地调往执行任务始发地的飞行。每飞行小时调机费按包机飞行小时标准费率的 50% 计算。如包机方单程包用飞机，其调机和包机航段的收费标准按包机收费标准的 150% 收取，其包机航段的回程和调机的回程不再收费。

3. 留机费

如包机单位要求在执行包机期间需作停留，在 1 小时内不收留机费。凡超过 1 小时，从第 2 小时起，每停留 1 小时（不足半小时的按 0.5 小时计算，超过半小时不足 1 小时的按 1 小时计算），按该机型的 1 小时包机收费标准的 20% 作为留机费。不是包机单位的原因需停留 1 小时以上，不收留机费。

案例分享 5–1

山航收取包机费合理吗？

项目小结

1. 从 20 世纪 90 年代以来，我国航空旅客运价经历了从计划经济向市场经济的转变。从政府指导价到市场调节价这一政策的转变，激发了市场活力，扩大了企业的价格自主权，充分发挥了对资源配置的决定性作用。运用价格机制促使航空运输企业开展公平竞争，从而促进了航空运输市场健康发展。

2. 民航国内旅客运输票价实行浮动幅度管理。票价上浮幅度最高不得超过基准价的 25%；票价下浮幅度，根据不同航线情况分别确定。

3. 运输价格形成方式包括三种：成本定价、需求定价以及综合两者的混合定价。实践中，政府加强基准价和幅度的管理，企业在幅度内根据成本或需求定价，最终实现公众利益和航空运输企业利益的"双赢"。

4. 国内运价有着比较复杂的差价体系，实际工作中，熟悉各种类别的票价规则十分重要。

思考与练习

1. 民航国内航空运输价格改革方案的具体内容有哪些？

2. 为什么多等级票价比单一票价对航空公司更有利？

3. 儿童和婴儿票价有哪些规定？

4. 旅客包机的费用如何计算?

5. 张先生夫妇携一对双胞胎婴儿，购买广州—上海经济舱机票，旅客购票之日的最低折扣为 8 折，请选择任意一个机票销售平台并查询即时的经济舱普通运价信息以及应该收取的税费项目，计算他们全家应付票款总额。

6. 某旅客计划乘坐经济舱由广州飞至武汉，在武汉停留几天后，再乘航班飞至兰州，购票之日最低折扣为广州—武汉 8 折，武汉—兰州 7 折，请选择任意一个机票销售平台并查询即时的经济舱普通运价信息以及应该收取的税费项目，计算该旅客应付票款总额。

7. 一名持革命残废军人证书的伤残人士和其夫人购买成都—北京机票，旅客购票之日的最低折扣为 6 折，请选择任意一个机票销售平台并查询即时的经济舱普通运价信息以及应该收取的税费项目，计算该旅客应付票款总额。

8. 一旅游团乘坐经济舱从上海浦东飞往西安，按规定享受 4 折优惠票价，其中包括 16 名成人、3 名儿童、1 名婴儿，请选择任意一个机票销售平台并查询即时的经济舱普通运价信息以及应该收取的税费项目，计算该团体旅客应付票款总额。

9. 某旅客携带一名 2010 年 5 月 5 日出生的小孩，购买 2022 年 4 月 30 日三亚到广州、5 月 8 日广州到北京的联程机票，请选择任意一个机票销售平台并查询即时的经济舱普通运价信息以及应该收取的税费项目，计算该团体旅客应付票款总额。

学习效果自测

扫描下方二维码，检测你的学习效果。

05

学习检测

实训与分享

以小组为单位，计划一次暑假出游计划，请选择一家航空公司官网以及任意一家第三方销售平台，查询并计算票价，比较销售价格以及销售决策的差异，结论以PPT方式展示分享。

项目六
国内客运销售

项目导读

本项目是国内民航旅客运输业务中最重要的内容。国内民航客运销售工作主要包括订座、出票、退票和客票变更。订座业务主要涉及订座系统的操作，应该由专门的课程来介绍；出票、退票、客票变更等有关客票的内容是本章重点。

学习目标

知识目标：了解民航国内旅客运输凭证的种类与意义；熟悉国内客票各栏目的含义与规定；熟悉不同情况下的退票规则；熟悉客票变更的具体形式与处理规则；理解航空公司处理各种与票务有关的规定。

技能目标：熟练掌握各类凭证的格式与填开方法；能依据相关业务规则正确进行相关的计算；能准确处理各种情况下的购票、退票、客票变更、客票换开、客票遗失等具体业务。

素质目标：培养良好的职业道德和认真负责的工作作风。

案例导入

机票有效期从出票日起算　消费者投诉航空公司未告知

消费者刘先生去年购买了一张某航空公司的机票，4 月 20 日从沈阳飞青岛，但是因为天气原因没有成行。当时刘先生咨询航空公司售票部门，告知客票一年内有效，期间可以改签一次；到了今年的 2 月 8 号，刘先生跟航空公司售票部门取得联系，得到的回答是当时是春运，4月末的最新计划还没出来，让刘先生过几天再联系。刘先生在3月17日再次和航空公司联系的时候，却被告知：刘先生的客票是去年2月28日购买的，根据航空公司的规定，客票是从出票日期算一年内有效，并不是按航班预定的时间算，所以客票作废了。后来经过双方多次的沟通协商，航空公司只同意退还刘先生机场建设费和燃油附加费。

刘先生认为航空公司关于机票的有效期从出票日起算的规定，属于霸王条款。

那么客票的有效期应该怎么计算呢？乘客购买机票时，航空公司应该尽到哪些告知义务呢？

任务一　了解民航国内运输凭证

民航旅客运输涉及许多凭证，其中最主要的凭证有“客票及行李票”“收费单”等，国际运输中还包括旅费证与预付票款通知。本节我们将介绍国内运输凭证。

一、国内客票及行李票

客票是指由承运人或承运人授权销售服务代理人填开的并赋予运输权利的电子客票或者被称为“客票及行李票”的航空旅客运输凭证，包括合同条款、声明、票联等内容。客票是旅客和航空公司之间签署的运输契约，是旅客办理乘机手续及托运行李的依据。旅客可以通过航空公司的官网、移动客户端、服务热线、或其授权的销售服务代理人售票处以及航空公司认可的其他渠道订座和购票。自2007年1月1日起，中国全面使用电子客票。

所谓电子客票实际是普通纸质机票的一种电子映象。纸质机票将相关信息打印在专门的机票上，而电子客票则将票面信息存储在订座系统中，可以像纸质客票一样执行出票、作废、退票、变更、签转等操作。

世界上第一张电子客票由美国西南航空公司于 1993 年率先推出，它的发展伴随着互联网技术的全球普及而不断提速。电子机票的出现顺应了信息时代的市场需求，已成为航空旅行电子商务化的重要标准之一。电子客票作为世界上最先进的机票形式，依托现代信息技术，实现无纸化、电子化的订票、结账和办理乘机手续等全过程，给旅客带来诸多便利以及为航空公司降低成本。

与传统纸制机票相比，电子票具有明显的优势。

（1）电子客票购票方便、快捷，只要登录互联网就能完成购票、签转、更改以及退票等功能，不受工作时间和地点的限制。

（2）办理登机手续更加便利。随着现代信息技术的提高和电子商务平台的进一步普及，可以在办公室或家里登录相关航空公司的网上值机平台，电子客票可以办理网上登机手续、打印登机牌；下载手机应用软件，也可以实现手机办理登机手续；如果是航空公司的会员旅客，通过航空公司呼叫平台，也可以按照有关的程序指令完成手机值机的手续；或者直接在机场候机楼的自助值机设备，直接打印登机牌。如果旅客有行李托运，凭借电子打印登机牌，到相关的人工柜台可以办理行李托运手续，方便旅客更好地规划自己的出行计划和安排。

（3）无须再担心客票遗失或未随身携带而造成无法办理乘机手续的问题，旅客只需要出示有效身份证明，就可以办理乘机手续，既方便了旅客又为航空公司降低了成本。

电子客票目前使用“航空运输电子客票行程单”作为旅客付款和报销的凭证，同时也起到提示旅客行程的作用，但不作为办理乘机手续和安全检查的必要凭证。

《航空运输电子客票行程单》（以下简称《行程单》）由国家税务总局监制并按照《中华人民共和国发票管理办法》纳入税务机关发票管理。旅客在购买电子客票时须注意以下事项：

（1）《行程单》为一人一单，遗失不补；

（2）《行程单》不能任意涂改，旅客应核对《行程单》上的姓名、证件号码等所列项目；

（3）《行程单》不作为登机凭证，但发生变更时旅客须出示《行程单》原件，退票时旅客必须凭《行程单》原件向原售票部门提出申请；

（4）旅客购买定期客票后未领取《行程单》，一旦又有需要，可以在客票全部航段使用后 30 天以内，向原出票单位申请领取；逾期则因民航系统限制，航空公司不负责提供；

（5）旅客购买不定期客票后未领取《行程单》，客票又未使用的，《行程单》在一年有效期内都可以打印一次。

（一）客票的类型

在航空运输市场发展过程中，根据客票使用媒介的不同，可以把客票分为纸质客票和电子客票。目前，随着现代信息技术的普及以及电子商务平台的广泛使用，国内国际航空旅行主要使用的是电子客票。因此根据旅客购票的渠道不同，客票可以分为航空公司客票和 BSP 客票。

1. 航空公司客票

航空公司客票是指在航空公司官网、售票处或销售服务热线购买的电子客票，电子客票票面注明“ARL”的字样，并且有明确的航空公司名称、客票结算代码。下图所示是纸质客票常见的航空公司客票样式。

图 6–1　航空公司纸质客票样本

2. BSP 客票

BSP（Billing and Settlement Plan），开账与结算计划，是国际航空运输协会（IATA）根据协会会员航空公司的要求，为适应国际航空运输的迅速发展，扩大销售网络和规范销售代理人的行为而建立的一种供销售代理人使用中性客票销售和结算的系统。该系统于 1971 年在日本建立，是一个比较先进和成熟、并已获得广泛使用的系统。BSP 的管理是按地区来划分的，目前，全球已有 140 多个国家或地区建立了这一系统，有 400 多家航空公司和 6.4 万家销售代理人加入了该系统。目前中国航空公司已全部加入 BSP 系统。

BSP客票也称中性客票，由代理人销售，并通过国际航协指定的数据处理中心和清算银行进行结算和付款，从而避免了以往航空公司和代理人之间多种票证、多头结算、多次付款的复杂状况，为航空公司和代理人节约了大量开支，提高了工作效率和服务质量。目前，BSP客票主要用于航空公司授权的销售服务代理人或者其他的第三方销售平台。

（二）电子客票新兴销售渠道

电子机票的出现顺应了信息时代的市场需求，已成为航空旅行电子商务化的重要标准之一。2000年3月，中国南方航空股份有限公司推出国内第一张电子客票（本票电子客票），就成为席卷国内各航空公司的新潮流。2003年，国内三大航空公司相继与中国航空信息股份有限公司合作推广电子客票系统，自此中国民航电子客票建设的局面得以全面打开。2004年9月1日，海南航空公司在国内率先推出BSP电子客票；2005年，三大航空公司加入了BSP电子客票系统；2007年年底，全球实现100%BSP电子客票。

从2006年年底电子客票全面实施以来，机票代理行业发生了一系列的巨变。而这种巨变是随着电子商务在机票行业产业链的深入而产生的。仅三年时间，机票销售的网上交易量及在线支付量每年都超过300%，呈几何倍迅猛增长，这是传统行业的经营手段完全不可想象和比拟的。

目前，航空机票销售主要存在航空公司直销和代理人分销两种渠道。基于电子客票工具利用互联网技术形成了一系列航空客票销售模式：

（1）以航空公司为代表的B2B（Business-to-Business）、B2C（Business-to-Customer）直销模式。B2B是由代理人的销售平台代理销售航空公司的客票，代理人直接与航空公司发生结算关系，航空公司需要支付代理人一定的代理费。B2C是指在航空公司官方网站上销售的客票，由旅客直接向航空公司支付购买，航空公司无须支付代理费。

（2）以携程、艺龙等为代表的OTA（OTA—Online Travel Agency）分销模式。

（3）以票盟、51BOOK等为代表的竞价平台模式。

（4）以去哪儿网、酷讯网等为代表的垂直搜索引擎模式。

（5）以淘宝网为代表的C2C（Consumer-to-Consumer）直销模式。C2C是

与第三方销售平台的合作，吸引不同的代理商和航空公司入驻，把互联网上的机票信息汇聚到一起，给消费者搭建一个快速寻找所需机票信息的平台，在保证服务质量的同时降低了运营成本，从而使机票价格比其他网站更低。

这些新型的营销模式都无一例外向传统机票代理商的关系营销模式发起了挑战。有些代理商与时俱进，参与并构建起了自己的新渠道，积极加入前面提到的（2）、（3）、（4）三种模式中来。事实上，竞价平台模式、垂直搜索引擎模式、C2C 直销模式的产品提供方大多是传统机票代理商，但是他们需要支付给信息技术提供商使用费。渠道的多样化和竞争的加剧带来了航空客运产品最终提供商——航空公司——对市场的控制力的显著提升，降低代理佣金费率是其对市场主导实力信心体现的行动。传统机票代理商陷入商业模式增长困局已是业内不争的事实。

（三）客票号码的构成

BSP 电子客票的号码由 14 位数字组成，前 3 个数字为出票航空公司的票证结算代号，出票航空公司通常因第一个航段的承运人而定，后 10 位数字为顺序号，最后 1 位数字为检查号。中国部分航空公司两字代码及票证结算代号见表 6-1：

表 6-1　国内部分航空公司的两字代码及票证结算代号

航空公司	两字代码	结算代号	航空公司	两字代码	结算代号
中国国际航空公司	CA	999	中国南方航空公司	CZ	784
中国东方航空公司	MU	781	海南航空公司	HU	880
上海航空公司	FM	774	深圳航空公司	ZH	479
厦门航空公司	MF	731	四川航空公司	3U	876
山东航空公司	SC	324	春秋航空公司	9C	786
东星航空公司	8C	883	鹰联航空	EU	811
祥鹏航空公司	8L	859	吉祥航空公司	HO	018
华夏航空公司	G5	987	金鹿航空公司	JD	234

（四）客票有效期

1. 一般规定

客票有效期是指旅客使用客票完成航空旅行的期限。旅客必须在有效期内完成客票上列明的全部航程。普通客票的有效期为一年，不论其为单程、来回程或环程，定期客票自旅行开始之日起，一年内运输有效。如果客票全部未使用或者不定期的客票，自填开客票之日起计算，一年内运输有效。特种客票或有特别折扣的普通客票的有效期，则应根据该票的相应规定计算。当一本客票中含有有效期比普通客票有效期短的优惠票价，如果这种优惠票价的规则未规定其有效期适用于整个航程，则这种较短的有效期仅适用于使用该优惠票价的航段。

若客票的第一航段已使用，则自旅行之日开始计算的一年有效期，对整本客票或连续客票有效，而不管以后改变航程或换开客票，原有效期不变。若原客票完全未使用，客票换开后，新客票的有效期自旅行开始之日计算，一年内运输有效，换开后的客票第一航段未使用的，或不定期客票自客票换开之日起计算，一年内运输有效。

客票有效期的计算，自旅行开始（或者填开客票）之日的次日零时起至有效期满之日的次日零时止。

2. 客票有效期的延长

持一本或一本以上连续客票的旅客，由于航空公司或者不可抗力的原因，造成旅客未能在客票有效期内旅行，其客票有效期将延长至航空公司能够按照该客票已付票价的舱位等级提供座位的最早航班为止。适用的情况列举如下：

（1）取消旅客已经订妥座位的航班；

（2）取消的航班约定经停地点中含有旅客的出发地点、目的地点或中途分程地点；

（3）未能在合理的时限内按照班期时刻进行飞行；

（4）造成旅客已订妥座位的航班衔接错失；

（5）更换了旅客的舱位等级；

（6）未能提供事先已定妥的座位；

（7）持普通票价客票或与普通票价客票有效期相同的优惠票价客票的旅客

未能在客票有效期内旅行，是由于航空公司在该旅客订座时未能提供该客票舱位等级的航班座位，其客票有效期可以延长至航空公司能够按照该客票已付票价的舱位等级提供座位的第一个航班为止。

（8）如旅客及其近亲属在旅行开始之前或旅途中死亡，在提供航空公司要求的死亡证明及近亲属证明后，该旅客及其近亲属的客票可予以更改（免收变更费用）或按照非自愿退票的规定办理退款。

视频微课 06

民航国内客票的辨读

二、航空运输电子客票行程单的辨读

电子客票由系统自动打印生成，内容和形式与纸质客票大同小异，目前能打印显示四个航班的信息。具体内容如图 6-2 所示：

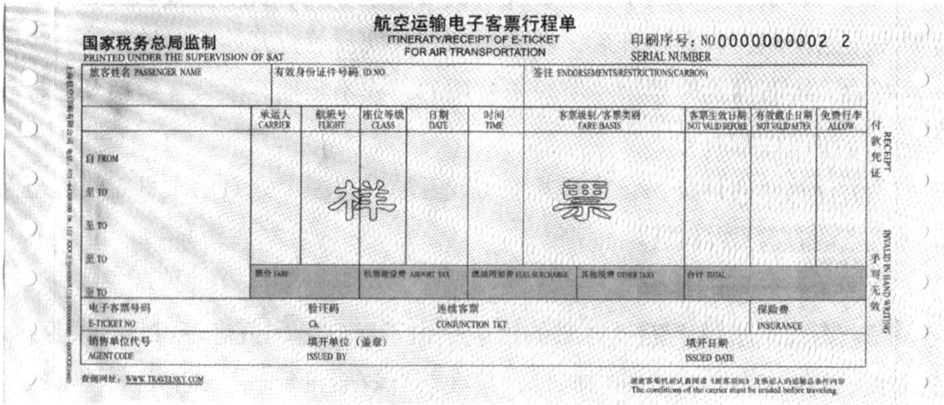

航空运输电子客票行程单
ITINERARY/RECEIPT OF E-TICKET FOR AIR TRANSPORTATION

国家税务总局监制
PRINTED UNDER THE SUPERVISION OF SAT

印刷序号：NO 0000000002 2
SERIAL NUMBER

旅客姓名 PASSENGER NAME | 有效身份证件号码 ID.NO. | 签注 ENDORSEMENTS/RESTRICTIONS(CARBON)

承运人 CARRIER | 航班号 FLIGHT | 座位等级 CLASS | 日期 DATE | 时间 TIME | 客票级别/客票类别 FARE BASIS | 客票生效日期 NOT VALID BEFORE | 有效截止日期 NOT VALID AFTER | 免费行李 ALLOW

自 FROM
至 TO
至 TO
至 TO
至 TO

样 票

票价 FARE | 机场建设费 AIRPORT TAX | 燃油附加费 FUEL SURCHARGE | 其他税费 OTHER TAXES | 合计 TOTAL

电子客票号码 E-TICKET NO | 验证码 CK | 连续客票 CONJUNCTION TKT | 保险费 INSURANCE

销售单位代号 AGENT CODE | 填开单位（盖章） ISSUED BY | 填开日期 ISSUED DATE

付款凭证 RECEIPT

手写无效 INVALID IN HAND WRITING

查询网址：WWW.TRAVELSKY.COM

The conditions of the carrier must be readed before traveling

图 6-2　航空运输电子客票行程单样票

1.“旅客姓名”栏（PASSENGER NAME）

按照旅客有效身份证件的信息打印旅客的全名。外国旅客姓名先写姓氏，其后画一斜线，再打印名字和称谓。例如：姓名为 Mr. Allen Smith，应打印 SMITH/ALLEN MR。如果名字不便使用或此栏无足够空间打印时，可用名的首字母代替。如：Mr. William Henry Harrison 可以打印为 HARRISON/W H MR。当姓氏中包含连字符或是复姓时，要去掉连字符或用空白间隔。此外，需要标明特殊用途的代号时，将代号打印在姓名后。常见的特殊用途代号见表 6-2。

表 6-2　常见特殊用途代号

代号	含义
INF	婴儿
CHD	儿童
STCR	使用担架的旅客
UM	12 周岁以下无人陪伴儿童
SP	病残旅客需要助手的，此代码可选择使用
CBBG	放入客舱的占座行李
COUR	商务信使
DIPL	外交信使
EXST	额外占座的旅客

2.“有效身份证件号码”（ID NO.）

根据旅客旅行所要求的有效身份证件打印证件号码。如果是国内旅行，年龄不足 16 岁的旅客，还没有申请办理居民身份证的，此栏打印出生年月日。

3.“自……至……”（FROM... TO...）

打印旅客的航程。在“自……”栏内打印始发城市名称，在“至……”栏内打印每一连续的转机点或目的地。当航程需要使用两本以上（含两本）序号相连的客票时，则将前一本客票的最后一个城市名称填入下一本客票的“自……”栏内。地名一律使用汉字全名，不得使用城市三字代码。当一个城市有多个机场时，为了防止混淆，还要在城市名称后标注机场三字代码。

4.“承运人”（CARRIER）

打印各航段上已经申请座位或订妥座位的承运人两字代号。不定期客票此栏可不填，但由于票价原因必须打印承运人时，填适用该票价的承运人两字代号。免票、优惠票等不定期客票必须打印承运人两字代号。

5.“航班号”（FLIGHT）

打印各航段已经申请座位或订妥座位的航班号。不定期客票此栏可不填，但由于票价原因必须打印航班号时，填适用该票价的航班号。

6.“座位等级”（CLASS）

打印各航段已经申请座位或订妥座位的舱位等级代号。不定期客票也必须打印舱位等级代号。舱位等级代号必须与票价一致。座位等级代号一般为头等舱“F”、公务舱“C”、经济舱“Y”，个别航空公司对优惠票或免票的座位等级代号规定为“Z”舱。实行多等级舱位管理的航空公司还另有规定，必须严格按照旅客所订的等级舱位打印此栏，部分航空公司经济舱折扣运价代号见表 6-3。

表 6-3　部分航空公司经济舱折扣运价代号

公司	全折	9.5 折	9 折	8.5 折	8 折	7.5 折	7 折	6.5 折	6 折
国航 CA	Y		B	H	K	L	M	N	Q
东航 MU	Y		B	E	H	L	M	N	R
南航 CZ	Y		T	K	H	M	G	S	L
上航 FM	Y	I	H	K	L	M	T	E	V
海航 HU	Y		B	H	K	L	M	N	Q
厦航 MF	Y		B	H	K	L	M	N	Q
山航 SC	Y	S	B	H	K	L	M	N	Q
深航 ZH	Y	R	G	K	H	T	Q	L	S

7. **“日期”（DATE）**

打印各航段已经申请座位或订妥座位的乘机日期和月份。一般而言，用阿拉伯数字表示日期后跟英文月份三字代码，如 01MAR。不定期客票可空着不填。

8. **“时间”（TIME）**

打印各航段已经申请座位或订妥座位的航班离站时间。时间用 24 小时制表示。例如，离站时间为上午 9 时 15 分，则表示为 0915。离站时间均为各始发地当地时间。不定期客票可空着不填。

9. **“客票级别 / 客票类别”（FARE BASIC）**

根据所购买客票的具体情况，打印客票的级别，一般包括服务等级、旅客类别、折扣率、有效期等方面的内容。比如 YCH50，表示购买的是“按成人票价 50% 支付的经济舱儿童票价”。

10. **“客票有效日期”和“有效截止日期”（“NOT VALID BEFORE” & “NOT VALID AFTER”）**

打印客票的有效期。对于有效期为一年的普通客票，可以不填。对于有效期不足一年的客票，根据票价使用条件的具体规定和要求，在“客票有效日期”栏打印客票开始生效的日期，以“数字 + 月份三字代码”的格式表示；在“有效截止日期”栏打印客票截止使用的日期，以“数字 + 月份三字代码”的格式表示。

11.“免费行李”（ALLOW ANCE）

根据旅客所持客票的服务等级打印规定的免费行李额。头等舱填“40KG”，公务舱填“30KG”，经济舱填“20KG”，婴儿票填没有免费行李额，打印“NIL”。付儿童票的旅客与成人享有相同的免费行李额。

12.“票价”（FARE）

打印全航程的票价总额。如果需要填开两本或两本以上客票，在每一本客票的“票价”栏内都要打印全航程的票价总额。在票价总额前加上人民币货币代号“CNY”。例如，CNY1200.00。国内运输票价总额以 10 元为进位单位，尾数四舍五入。国际运输票价总额以 10 元为进位单位，不足 10 元，按 10 元计算。

13.“机场建设费”（AIRPORT TAX）

按照规定，从中国境内机场乘机旅行的旅客，均须缴纳机场建设费，即“民航发展基金”。民航发展基金征收代号为“CN”。民航发展基金的收费标准：乘坐国内航班的旅客每人每次 50 元人民币；乘坐国际和香港、澳门地区航班的旅客每人每次 90 元人民币（含旅游发展基金）。民航发展基金在购票时与票款一并缴纳。目前，各公司的销售平台依然习惯用“机场建设费”的说法。

免收范围：乘坐国际及香港、澳门地区航班出境的持外交护照的旅客，年龄在 12 周岁（不含）以下的儿童和婴儿，乘坐国内支线航班的旅客，免收民航发展基金。

14.“燃油附加费”（FUEL SURCHARGE）

为了缓解油价上涨给航空公司带来的成本压力，目前我国允许航空公司收取燃油附加费，以航段为单位定额计收，燃油附加费在旅客购票时以税款方式与票价一并收取，税款代号为“YQ”，根据油价变动而有所调整。婴儿免收燃油附加费。

15.“其他费用”（OTHER TAXES）

目前在国内运输中，除了机场建设费和燃油附加费以外，没有征收其他的费用，所以基本空白。

16.“合计”（TOTAL）

将“票价”栏的金额加上“机场建设费”栏和“燃油附加费”栏的金额计得的总金额填入。在总金额的前面加上人民币货币代号“CNY”。如果需要填开两本或两本以上客票，在每一本客票的“总数”栏内都要打印。

17.“签注”（ENDORSEMENT/RESTRICTION（CARBON））

打印使用整本客票或某一乘机联需要特别注意的事项。签注的内容包括：

（1）若将客票的有关乘机联签转给其他承运人，应按照签转规定在本栏注明，并加盖签转印章；若客票不允许签转，应在本栏内注明“不得签转”字样；

（2）签注客票或运价使用的限制条件，如“不得退票”等字样；

（3）签注客票有效期的延长；

（4）签注申请定座情况；

（5）签注合并行李的人数。使用 PL 代号加旅客人数。

18.“电子客票号码”（E-TICKET NO.）

客票号码由航空公司结算代号和客票的序列号组成，前 3 个数字代表航空公司的结算代号，如国航为“999”，南航为“784”，东航为“781”等。一般而言，承运第一航段航班的航空公司为客票归属航空公司。

19.“验证码”（CH）

为了验证行程单的真假而设定的一个代码。

20.“连续客票”（CONNECTION TKT）

如果全航使用两本或两本以上客票，在每一本的这一栏内打印全部客票的所有客票号。具体打印方法是列明第一本客票的全部票号，然后加列其他各本客票的序号的最后两位数字，如“TKT781212345678/79”。

21.“保险费”（INSURANCE）

打印旅客在票价以外支付的保险费的费用。不包括机票本身所包含的强制保险部分。

22. “销售单位代号”（AGENT CODE）

打印销售单位的代号、终端 OFFICE 号及工作号。

23. “填开单位”（ISSUED BY）

打印销售单位的名称。

24. “填开日期”（ISSUED DATE）

打印出票日期。

三、收费单

航空公司的退票单、变更收费单以及误机收费单的格式一样，统称为收费单。收费单一式四联，由会计联、出票人联、结算联（或称换取服务联）及旅客联（或称报销联）组成，各联页的功能见表 6-4。

表 6-4 收费单的组成

<table>
<tr><th>票联名称</th><th>颜色</th><th>用途</th><th>留存部门</th><th>保存期</th></tr>
<tr><td>会计联</td><td>淡绿色</td><td>供本单所属航空公司财务部门记账之用</td><td>填制后，应随所收款项一并交本单所属航空公司财务部门</td><td rowspan="3">5 年</td></tr>
<tr><td>出票人联</td><td>粉红色</td><td>由填制部门用于记账、备查</td><td>填制后，由填制部门留存</td></tr>
<tr><td>结算联（换取服务联）</td><td>黄色</td><td>①收费时作为旅客运输凭证及航空公司之间的结算凭证
②退款时作为退款凭证和用于航空公司之间的结算</td><td>①由值机部门撕下，作为航空公司之间的开账结算的凭证
②退款时由填制部门撕下，向本单所属航空公司结算
如果本单所属航空公司即为本单的填制部门，而客票是由其授权代理人填开的，该航空公司可凭此联向其代理人收回所退客票的销售代理费</td></tr>
<tr><td>旅客联（报销联）</td><td>白色</td><td>①收费时作为旅客运输凭证和报销凭证
②退款时用于旅客报销之用</td><td>①旅客乘机时应出示此联，乘机后用于旅客报销
②退款时用于旅客报销</td><td>由旅客保存</td></tr>
</table>

收费单的样式如表 6-5 所示。

表 6-5　退票、误机、变更收费单

××航空公司

退票、误机、变更收费单　　　　编号：

<table>
<tr><th colspan="2">航空承运变更情况</th><th colspan="3">应收应退款</th></tr>
<tr><td>原承运航空公司</td><td></td><td rowspan="3">退票使用栏</td><td>客票价款</td><td></td></tr>
<tr><td>原客票号</td><td></td><td>应收退票费</td><td></td></tr>
<tr><td>原承运日期</td><td></td><td>实际退款</td><td></td></tr>
<tr><td>原航班号</td><td></td><td colspan="2">应收误机费</td><td></td></tr>
<tr><td>变更后承运航空公司</td><td></td><td colspan="2">应收变更费</td><td></td></tr>
<tr><td>变更后承运日期</td><td></td><td colspan="3" rowspan="3">加盖公章　　制单地点：
制单单位：</td></tr>
<tr><td>变更后航班号</td><td></td></tr>
<tr><td colspan="2">备注：</td></tr>
</table>

第四联　旅客联　报销联

制单日期：　　　　旅客姓名：　　　　经办人：

任务二　掌握电子客票的出票

一、出票流程

售票处开展电子客票销售，需要进行与电子客票销售相关的服务工作，包括出票、客票改期、改签、换开纸票、退票、打印电子客票 T4 联等。售票处可以根据实际情况采取以下工作流程：

1. 先付款后出票流程

（1）EC 建立打票机控制，TI、TO 打开输入输出状态；

（2）旅客填写购票单；

（3）查看旅客要求的电子客票航班是否有空余座位（AV 显示“E”为电子客票航班）；

（4）建立 PNR；

（5）营业员 CF 打印付款凭证（一式两份）并签字；

（6）旅客持 PNR 付款凭证付款；

（7）财务人员按照付款凭证钱款收钱，分别盖章，其中一联交旅客；

（8）旅客将盖章付款凭证交给出票人员；

（9）出票人员核对签字、盖章；

（10）RT：PNR，ETDZ：打票机号，出票并打印旅客联。

2. 先出票后付款流程

（1）建立打票机控制，进入输入输出状态；

（2）旅客填写购票单；

（3）查看旅客要求的电子客票航班是否有空余座位（AV 显示“E”为电子客票航班）；

（4）建立 PNR，输入 FN FC FP 等项后，出票并打印 T4 联 ETDZ：打票机号；

（5）挂起，使客票不能使用（如 TSS：CN/H56W3/S）；

（6）营业员打印付款凭证（CF：指令）并签字；

（7）旅客持 PNR 付款凭证付款；

（8）财务人员按照付款凭证钱款收钱，分别盖章，其中一联交旅客；

（9）旅客将盖章付款凭证交给出票人员；

（10）出票人员核对签字、盖章；

（11）解除挂起状态（如 TSS：CN/H56W3/B），客票恢复 OPEN FOR USE 状态。

二、操作指令

1. 航班信息查询及电子客票 PNR

AV 显示中，在航班舱位序列显示的前面有“E”标志的为电子客票航班。

举例：

（1）AV：TNATAO/25MAR

```
AV TNATAO/25MAR
25MAR05(FRI) TNATAO
1+ SC4602 TNATAO 1505 1545 737 0 S      Ⓔ YA SS BS HS KS
                         LS MS NS QS TS XS US ES IS OC WS VS GS
```

（2）建立 PNR

```
SD：1Y/RR1
NM：1 江航
CT：13501321422
SSR：FOID SC HK/NI110210197308219812
FN：FCNY480.00/SCNY480.00/C0.00/TCNY50.00CN
FC：TNA SC TAO 480.00Y CNY   480.00 END
FP：CASH，CNY      输入
>ETDZ：*2      在第 2 台打票机上出电子客票，并打印 T4 联
```

（3）出票后的 PNR

```
**ELECTRONIC TICKET PNR**
1. 江航 F7DLE/SC
2. SC4602 Y   FR25MAR   TNATAO RR1   1505 1545      E
3. 13501321422
4. T
5. SSR FOID SC HK1 NI110210197308219812/P1
6. SSR TKNE SC HK1 TNATAO 4602 Y25MAR 3241100000031/1/P1
7. FN/M/FCNY480.00/SCNY480.00/C0.00/XCNY50.00/TCNY50.00CN/ACNY530.00
8. TN/324-1100000031/P1
9. FP/CASH，CNY
10. SDH010
```

出票后，电子客票 PNR 中自动添加 SSR TKNE 项。电子客票 PNR 中，最重要的一项是 SSR TKNE 项，它是 PNR 和客票建立紧密联系的桥梁。

2. 打印付款凭证 CF

由于电子客票没有纸质票联，因此收费无法按照原有模式进行。提取 PNR 后，执行 CF：指令，可以打印出相关 PNR 及票款信息。

3. 打印报销凭证的方法

T4 联可以使用 ETERM 插件打印；指令打印（需申请 T4 打印机）格式如下：

根据票号打印旅客 T4 联　　　　　　>DETR：TN/3241100000031，R

根据 PNR 打印团体旅客 T4 联　　　>DETR：CN/F7DLE，R

根据 PNR 重复打印团体旅客 T4 联　>DETR：CN/F7DLE，R/N1

根据票号重复打印该旅客 T4 联　　>DETR：TN/3241100000031，R/N1

4. 电子客票的提取 DETR

DETR：指令用于显示电子客票、打印电子客票行程单及 T4 联。当超过一张客票记录满足 DETR：指令输入的查找内容时，系统将列出所有的有效的电子客票记录。如果只有一个符合的电子客票记录，系统显示这张电子客票的详细信息。

例如，按照 PNR 记录编号提取电子客票记录，指令格式：DETR：CN/PNR 记录编号。

5. 电子客票挂起 TSS

该指令的功能是，将电子客票 IMAGE 的状态改成 SUSPEND。这种状态下，值机、改签、作废三个操作将被禁止。可用于先出票后付款等情况，避免旅客未付款造成损失，有利于航空公司对电子客票的管理。

6. 加入电子客票备注 TRMK

TRMK：指令用于加入为电子客票记录输入自由格式的备注信息，保存在客票的历史部分。

7. 提取航班中电子客票旅客名单 ML

使用 ML：T1 指令可以提取指定航班的电子客票旅客名单，如，ML：T1/SC4602/25MAR（注：一般营业员的工作号没有此权限）。

8. 电子客票的作废 VT

旅客在出票过程中，如果姓名或其他内容输入错误，而导致客票无法使用时，当天开出的电子客票可以通过 VT 指令作废，再重新出一张电子客票。

指令格式为 VT：打票机号 / 起始票号 – 结束票号

举例：将 2 号打票机出的第 324-1100000001 到 324-1100000002 的 2 张票作废

VT：2/324-110000001-00002/ JVT4E

```
ISSUED BY:   AIR CHINA AIRLINES          ORG/DST: BJS/CAN       ISI: SITI      BSP-D
E/R:不得签转 变更退票收费
TOUR CODE:
PASSENGER: 张 希
EXCH:
CONJ TKT:
O FM:1PEK   CA   1305 V   25NOV   1616   OK   Y45            20K   OPEN FOR USE E
TO: CAN
      RL:BQH5E /51B80 1E
FC: BJS CA CAN770.00 CNY770.00END
FARE:      CNY 770.00 |FOP:  CHECK(CNY)
TAX:       CNY 50.00CN |OI:
TAX:       CNY 120.00YQ
TOTAL:   CNY 940.00    |TKTN: 999－6770202018
```

图 6–3　电子客票示例

电子客票与航空运输电子客票行程单相比，除了表达格式上有所区别以外，航程、航班、票价等基本信息是一致的。不过电子客票作为有效的运输凭证，同时也是航空公司对客票使用过程中各种情况的判断依据，有几项内容并没有出现在航空运输电子客票行程单上。

1. 航班信息对应的“OK”

“OK”在此表示客票的订座状态，表示“座位确认”。除此以外，这一栏的信息还包括“NS”，表示“婴儿不占座”，“SA”表示“利用空余座位”，“RQ”表示“座位已申请但未确定”。

2. 航班信息对应的“OPEN FOR USE”

这一栏表示“客票的使用状态”，可以有不同的表达内容，如下表所示：

状态码	释义
OPEN FOR USE	客票有效，未使用
CHECK-IN	已办理值机手续，准备登机
USED	客票已使用
REFUND	已退票
VOID	客票作废
SUSPENDED	系统处理（挂起），客票禁止使用

3. 运价计算栏“FC”

这一栏表示这本客票的票价计算，不包括税费的内容，也称为票价的“横式表达式”。国内票价计算就是简单的分段相加，因此这一栏的表示也是不同航段票价相加的结果。最后 END 表示票价计算结束。

任务三　掌握退票规定及不同类型退票的处理

旅客购票后，由于旅客原因或承运人原因，不能在客票有效期内完成部分航程或全部航程，而要求退还部分或全部未使用航段票款，称为退票。

知识拓展 6-1
《公共航空运输旅客服务管理规定》

退票分自愿退票和非自愿退票两种。自愿退票是指由于旅客原因造成购票后提出退票要求。非自愿退票指由于航班取消、提前、延误、航程改变、衔接错失以及部分不能提供原订座位等承运人原因造成旅客购票后提出退票要求。非自愿退票的原因还包括天气原因、政府原因和旅客健康状况（经医疗单位证明不能旅行）等原因。

一、退票的规定

（一）退票时限

旅客应在客票有效期内提出退票。过期不予办理。

（二）退票地点

自愿退票只限在原购票售票处或原购票销售代理人处办理。非自愿退票原则上在原购票售票处或原购票销售代理人处办理，特殊情况下可在航班始发地、终止旅行地的出票承运人处办理。持不定期票的旅客要求退票，应在客票有效期内到原购票地点办理。

（三）其他规定

（1）旅客应持有效身份证明，到指定的地点办理退票手续。

（2）退票只限退给客票上填明的旅客。如果票款不是由旅客本人支付，应按付款人的要求办理。

（3）革命伤残军人、持婴儿票的旅客要求退票，免收退票费。

（4）旅客在航班的经停地点自动终止旅行，则该航班未使用航段视作自动放弃，票款不退，但其他航班未使用航段的乘机联仍可用于运输或退票。

（5）退款在任何情况下不得超过旅客原付票款。退票费计算到元，元以下四舍五入。

（6）由于票价原因有特殊限制或规定的机票，不予办理退票；在客票的乘机联中注明“不得退票”的机票，不予办理退票。

（7）如果旅客购妥联程或回程的一本客票，要求退某一航段而保留其他航段时，全航程作退票处理，另购新票。

（8）购票时用现金，退票时也用现金；购票时用支票（旅行社可以使用支票），退票时也用支票（付支票税）。

（9）退票应填写收费单，BSP 客票还应填写 BSP 退款申请 / 授权书，用于结清航空公司和代理人的退款交易。

二、非自愿退票

（一）非自愿退票原因

（1）取消了旅客已预订的航班。

（2）取消航班约定的经停地点（含旅客的出发地、目的地、经停地）。

（3）未能在合理的时间内按照班机时刻进行飞行。

（4）造成旅客已预订过座位的航班衔接错失。

（5）更换了旅客的舱位等级（多退少不补）。

（6）未能提供已预订的座位。

（7）因病退票。

案例分享 6-1

疫情下的机票“退改”困惑

（二）非自愿退票办理的规定

（1）退票均不收取退票费。

（2）客票全部未使用，退还全部原付票款。

（3）客票部分已使用，退还未使用航段票款。

（4）若班机在非规定的航站降落，旅客要求退票，原则上退降落站至旅客目的地的票款，但退款金额以不超过原付票款为限。

（5）因健康原因经医疗单位证实不适宜乘机而要求退票，此种退票虽属旅客本人原因，但不是旅客的意愿，所以仍属于非自愿退票，按照非自愿退票的规定办理。如果病情突然发生，或在航班经停站临时发生病情，一时无法取得医疗证明，也必须经承运人认可后才能办理。患病旅客的陪伴人员要求退票，按患病旅客退票规定办理。

（三）非自愿退票示例

例 1：西安—北京，航班 CA1204，备降太原，旅客要求退票。西安—北京 1050.00 元，西安—太原 660.00 元，太原—北京 590.00 元，应退多少？

分析：航班备降，属非自愿退票，不收退票手续费，应退还 590.00 元。

例 2：旅客购买了上海—西安的机票，航班经停郑州，由于飞机机械故障取消飞行，旅客要求退票。上海—西安 1260.00 元，上海—郑州 800.00 元，郑州—西安 500.00 元。

分析：飞机机械故障，属非自愿退票，不收退票手续费，应退 500.00 元。

例 3：旅客刘红于 8 月 2 日在北京购买了国航 9992223456783 号客票，详情如下：

城市及代码	承运人	航班号	等级	日期	时间	定座情况	客票类别
北京 PEK	CA	1215	Y	20SEP	0735	OK	Y
西安 SIA	MU	2591	Y	21SEP	0820	OK	Y
上海 SHA							

全程票价：CNY2310.00，其中北京—西安：CNY1050.00，西安—上海：CNY1260.00。由于天气原因，西安—上海的航班备降大同，旅客在大同要求

退票，退还旅客多少钱？大同—上海 CNY1450.00。

分析：由于旅客在客票上未列明的备降机场（即中途站大同）终止旅行，应退还大同至客票上列明的目的地上海的全部票款，免收退票费。但所退金额不得高于旅客原付的西安—上海的票款。由于大同—上海票价高于旅客原付的西安—上海的票价，故应退还给旅客 CNY1260.00。

退票单填制如表 6-6 所示。

表 6-6 退票、误机、变更收费单

× × 航空公司

退票、误机、变更收费单　　　　编号：

航空承运变更情况		应收应退款		
原承运航空公司	CA	退票使用栏	客票价款	2310−1050=1260.00 元
原客票号	9992223456783		应收退票费	______元
原承运日期	21SEP		实际退款	CNY1260.00 元
原航班号	MU2591	应收误机费		______元
变更后承运航空公司	MU	应收变更费		______元
变更后承运日期	20SEP	制单地点：大同		
变更后航班号	MU2591	加盖公章		
备注：付款方式 CASH，原航程“北京—西安—上海”因航班备降大同，旅客要求非自愿退票		制单单位：大同机场 地面服务站		

旅客联

报销联

制单日期：2019 年 8 月 20 日　　旅客姓名：刘红　　经办人：肖宁

三、自愿退票

由于旅客本人原因，包括旅客未能及时出示有效身份证件、旅客违反国家和承运人有关规定而被拒绝乘机，以及旅客不能在客票有效期内完成部分或全部航程而要求退票，称为自愿退票。

（一）自愿退票办理的规定

自愿退票情况下，航空公司向旅客收取退票费，退票费以票面价格为基准按承运人有关规定计收。自愿退票计算原则：

（1）客票全部未使用，扣除相应航段明折明扣舱位的退票费后，余额退还旅客。

（2）客票已部分使用，扣除客票已使用航段明折明扣舱位票价和未使用航段明折明扣舱位的退票费后，余额退还旅客。

（二）各主要航空公司有关退票手续费收取的规定

目前，退票手续费的收费标准各个航空公司都有各自的规定和要求，原则上都与旅客所购客票的舱位等级以及提出退票的时间有关。同一个航空公司在不同时期退票手续费的收费规定也会有所不同。下面表 6-7、表 6-8 和表 6-9 列举了我国三大航空公司关于退票手续费收取的规定，以供学习参考。实际销售过程具体的收费规定直接咨询相关航空公司。

表 6-7　中国国际航空公司自愿退票手续费的收费规定

服务等级	舱位代码	航班起飞前 30 天（720 小时）（含）之前	航班起飞前 30 天（不含）至 14 天（336 小时）（含）	航班起飞前 14 天（336 小时）（不含）至 4 小时（含）	航班起飞前 4 小时（不含）至航班起飞后
头等舱	F	免费	5%	5%	10%
	A	5%	5%	10%	20%
公务舱	J	免费	5%	5%	10%
	C/D/Z/R	5%	5%	10%	20%
超级经济舱	G	免费	5%	10%	20%
	E	10%	15%	20%	30%
经济舱	Y	免费	5%	10%	20%
	B/M/U	10%	15%	20%	30%
	H/Q/V	10%	25%	30%	40%
	W/S	20%	45%	50%	100%
	T/L/P/N/K	30%	60%	90%	100%

表 6–8　中国南方航空公司自愿退票手续费的收费规定

服务等级	舱位代码	航班预计离站时间前 168 小时（含）前	航班预计离站时间前 48 小时（含）前	航班预计离站时间前 4 小时（含）前	航班预计离站时间前 4 小时（不含）后
头等舱	F	5%	5%	5%	10%
公务舱	J	5%	5%	5%	10%
	C	5%	10%	20%	25%
	D/I	5%	15%	25%	30%
明珠经济舱	W	5%	5%	10%	20%
	S	10%	15%	30%	40%
经济舱	Y	5%	5%	10%	20%
	B/M/H	10%	15%	30%	40%
	U/A/L	10%	25%	40%	50%
	E/V/Z/T/N/R	20%	40%	70%	90%
	T/L/P/N/K	30%	60%	90%	100%

表 6–9　中国东方航空公司自愿退票手续费的收费规定

服务等级	舱位代码	航班规定离站时间 7 天之前	航班规定离站时间前 7 天（含）至航班规定离站时间前 48 小时	航班规定离站时间前 48 小时（含）至航班规定离站时间前 4 小时	航班规定离站时间前 4 小时（含）至航班起飞后
头等舱	F	5%	5%	5%	10%
	U	5%	5%	5%	10%
公务舱	J	5%	5%	5%	10%
	C/D/Q/I	5%	10%	25%	30%
超级经济舱	W	5%	5%	10%	20%
	P	10%	15%	30%	40%
经济舱	Y	5%	5%	10%	20%
	B	5%	5%	10%	20%
	M/E	10%	15%	30%	40%
	K/L/N	10%	20%	40%	50%
	R/S	20%	30%	70%	90%
	V/T/Z/H	40%	60%	90%	100%

另外，关于儿童、婴儿、革命伤残军人、因公致残人民警察优惠票价退票规定如下：

（1）婴儿按成人适用普通票价的 10% 计收，办理自愿退票时，免收手续费；

（2）儿童按成人适用普通票价的 50% 计收，办理自愿退票时其规定与相同舱位成人退票规定一致；

（3）革命伤残军人和因公致残人民警察凭有效身份证件，按成人适用普通票价的 50% 计收，自愿退票时，免收手续费；

（4）购买上述优惠票价以外其他票价的婴儿、儿童、革命伤残军人和因公致残人民警察客票，须按照其他票价的退改手续费标准执行。

（三）自愿退票举例

例 1：某旅客全程使用南航航班旅行，航程为 XMN—CAN—KMG，其中 XMN—CAN 购买 A 舱（六五折），旅行日期为 10 月 12 日，起飞时间 10:30，CAN—KMG 购买 E 舱（五折），旅行日期为 10 月 16 日，起飞时间为 18:10，旅客到了广州以后中断旅行，并于 10 月 15 日 12:00 提出退票，请问应收多少退票手续费？ XMN—CAN 经济舱运价为 1390.00 元，CAN—KMG 经济舱运价为 1800.00 元。

分析：旅客到达广州后提出退票，已经完成的航段费用不需要考虑。根据南航的规定，旅客提出退票是在航班预计离站时间前 48 小时以内、4 小时以前，退票手续费按实际支付票面价的 70% 计收。因此：

1800.00 × 50%=CNY900.00

900.00 × 70%=CNY630.00

应收取的退票手续费为人民币 630.00 元。

例 2：某旅客旅行的航程为 SHA—SIA—URC，上海—西安由东航承运，L 舱，航班预计起飞时间为 3 月 3 日 08:30，西安—乌鲁木齐由南航承运,L 舱，航班预计起飞时间为 3 月 5 日 11:20。旅客于 3 月 2 日 14:30 提出退票，应收多少退票手续费？旅客实际支付的运价为 SHA—SIA 1000.00 元，SIA—URC 1450.00 元。

分析：旅客在旅行前提出退票，分别考虑东航和南航对退票手续费的收费规定。

SHA—SIA：1000.00 × 40%=400.00 元

SIA—URC：1450.00×25%=362.50≈363.00 元

退票费合计：400.00+363.00=763.00 元

任务四　掌握客票变更的分类和处理

旅客购妥定期客票后，改变客票未使用部分的航程、日期、承运人、票价级别等统称为客票变更。旅客客票发生变更涉及处理、签转、换开等多个环节。

一、自愿变更和非自愿变更

（一）自愿变更

由于旅客原因需要改变航程、航班、乘机日期、时间、座位等级或乘机人，均属自愿变更（经医疗单位证明旅客因病要求变更的除外）。

（二）非自愿变更

由于天气、空中交通管制、机务维护、航班调配、航班取消、提前、延误、航程改变或承运人未能向旅客提供已经订妥的座位（包括舱位等级），或未能在旅客的中途分程地点或目的地停留，或造成旅客已经订妥座位的航班衔接错失，旅客要求变更客票的，均属于非自愿变更。

二、客票变更的一般规定

要求变更的客票必须在客票有效期内并且客票乘机联为未使用状态；要求变更的客票不得违反票价限制条件；变更航程或乘机人，均应按退票处理，重新购票；变更承运人，按客票签转有关规定处理；客票变更后，客票的有效期仍按原客票出票日期或开始旅行日期计算；要求变更航班、乘机日期、航程，必须在原定航班离站时间前提出，承运人可按有关规定给予办理。

旅客购票后，如从较低舱位等级变更为较高舱位等级，或从较低票价变更为较高票价，需支付票价价差；如从较高舱位等级变更为较低舱位等级或从较高票价变更为较低票价，则按自愿退票处理。

三、客票变更的处理

案例分享 6-2

无理扣除高额费用

（一）自愿变更的处理

1. 变更航班和乘机日期

目前各公司对自愿变更的处理规定各有差异，一般如旅客提出变更的时间较早或购买的是正常客票可免费变更。

2. 变更舱位等级

承运人及其销售代理人应在航班有可利用座位和时间的条件下予以积极办理，通常票款的差额多退少补。

3. 变更手续费的收费规定

下面表 6-10、表 6-11 和表 6-12 列举了我国三大航空公司关于客票变更手续费收取的规定，以供学习参考。实际的收费规定直接咨询相关航空公司。

表 6-10　中国南方航空公司客票自愿变更手续费的收费规定

服务等级	舱位代码	航班预计离站时间前 168 小时（含）前	航班预计离站时间前 48 小时（含）前	航班预计离站时间前 4 小时（含）前	航班预计离站时间前 4 小时（不含）后
头等舱	F	免费	5%	5%	10%
公务舱	J	免费	5%	5%	10%
	C	5%	10%	10%	15%
	D/I	5%	10%	15%	20%
明珠经济舱	W	免费	5%	5%	10%
	S	5%	10%	20%	30%
经济舱	Y	免费	5%	5%	10%
	B/M/H	5%	10%	20%	30%
	U/A/L	5%	20%	30%	40%
	E/V/Z/T/N/R	10%	30%	50%	70%

表 6-11　中国国际航空公司客票自愿变更手续费的收费规定

服务等级	舱位代码	航班起飞前 30 天（720 小时）（含）之前	航班起飞前 30 天（不含）至 14 天（336 小时）（含）	航班起飞前 14 天（336 小时）（不含）至 4 小时（含）	航班起飞前 4 小时（不含）至航班起飞后
头等舱	F	免费	免费	免费	10%
	A	免费	免费	5%	10%
公务舱	J	免费	免费	免费	10%
	C/D/Z/R	免费	免费	5%	10%
超级经济舱	G	免费	累计免费三次，第四次起每次收 5%		10%
	E	免费	5%	10%	20%
经济舱	Y	免费	累计免费三次，第四次起每次收 5%		10%
	B/M/U	免费	5%	10%	20%
	H/Q/V	免费	15%	20%	30%
	W/S	10%	25%	30%	40%
	T/L/P/N/K	20%	35%	40%	50%

表 6-12　中国东方航空公司客票自愿变更手续费的收费规定

服务等级	舱位代码	航班规定离站时间 7 天之前	航班规定离站时间前 7 天（含）至航班规定离站时间前 48 小时	航班规定离站时间前 48 小时（含）至航班规定离站时间前 4 小时	航班规定离站时间前 4 小时（含）至航班起飞后
头等舱	F	免费	5%	5%	10%
	U	免费	5%	5%	10%
公务舱	J	免费	5%	5%	10%
	C/D/Q/I	5%	10%	20%	25%
超级经济舱	W	免费	5%	5%	10%
	P	5%	10%	25%	35%
经济舱	Y	免费	5%	5%	10%
	B	免费	5%	5%	10%
	M/E	5%	10%	25%	35%
	K/L/N	5%	15%	30%	40%
	R/S	10%	20%	50%	70%
	V/T/Z/H	20%	30%	50%	70%

另外，儿童、婴儿、革命伤残军人、因公致残人民警察优惠票价自愿变更的规定如下：

（1）婴儿按成人适用普通票价的10%计收，允许自愿签转，办理自愿变更时，免收手续费。

（2）儿童按成人适用普通票价的50%计收，允许自愿签转，办理自愿变更时，免收手续费。

（3）革命伤残军人和因公致残人民警察凭有效身份证件，按成人适用普通票价的50%计收，允许自愿签转，办理自愿变更时，免收手续费。

（4）购买上述优惠票价以外其他票价的婴儿、儿童、革命伤残军人和因公致残人民警察客票，须按照其他票价的自愿变更手续费标准执行。

（二）非自愿变更的处理

1. 变更航班、乘机日期

承运人尽快安排后续航班。征得旅客及有关承运人的同意后，办理签转手续。

2. 变更舱位等级

承运人尽快安排后续航班，费用的差额多退少不补。

四、客票签转（变更承运人）

旅客购票后，如要求改变原客票的指定承运人，称为客票签转。

旅客自愿要求改变承运人，在符合下列全部条件的情况下，承运人可以予以签转：（1）旅客的客票无签转限制；（2）旅客未在航班规定的离站时间前72小时以内改变过航班、日期；（3）旅客应在航班规定离站时间24小时以前提出；（4）新承运人与原承运人有票证结算关系且新承运人的航班有可利用座位。

上述签转如未经承运人特别授权，承运人的销售代理不得为旅客办理签转。

任务五　团体旅客客票的处理

团体旅客是指同一组织的人数在 10 人以上（含 10 人），航程、乘机日期、航班相同，并支付相同团体票价的旅客。购买婴儿、儿童及其特种客票的旅客不得计算在团体人数内。

一、团体旅客订座

团体旅客应按照承运人规定在航班规定起飞日前提出订座，订座时应提供团体名称、航班号、日期、舱位等级。所有开放航班对旅游部门都接受订座。如需要增加航班、包机、更改机型等，应向承运人有关生产部门申请。

当承运人尚未证实团体旅客所需要的航班座位时，订座部门或销售代理人不得在后续的订座中分散地索要所需座位。

已订妥座位的团体旅客应在承运人规定或预先约定的时限内购票，否则原订座位不予保留。大多数航空公司依据不同航线的销售情况设定了团体旅客预订和出票的时间限制。

二、团体旅客购票

团体中的每一位旅客均应单独填开一本客票。

团体客票除应按一般客票填写规定填写以外，还应遵循以下规定：签注栏填写团体人数、团号和票价类别；票价级别栏填写出票代号。

三、团体旅客客票变更

团体旅客购票后，如自愿要求改变舱位等级，经承运人同意后方可办理，票款差额多退少补。

团体旅客自愿要求变更航班、日期，应按自愿退票办理。

团体旅客中部分旅客自愿变更，造成继续旅行的旅客不足 10 人，则已不具备团体旅客应享有的优惠条件，继续旅行的旅客应补付普通票价和原付团体票价的差额，换开新客票。

团体旅客非自愿或团体旅客中部分成员因病要求变更，如有医疗单位证明，按非自愿变更处理。

四、团体旅客退票

（一）团体旅客自愿退票

团体旅客购票后自愿要求退票，按承运人有关规定收取退票费。

1. 整团自愿退票的一般规定

（1）在航班规定离港 72 小时（含）以前，收取客票价的 10% 的退票费；

（2）在航班规定离港前 72 小时以内至规定离港前一天中午 12:00（含）以前，收取客票价 30% 的退票费；

（3）在航班离港前一天中午 12:00 以后至航班规定离港时间以前，收取客票价 50% 的退票费；

（4）持联程、来回程客票的团体旅客要求退票，分别按上述三条规定收取各航段的退票费；

（5）在航班规定离站时间以后，客票作废，票款不退。

2. 部分成员自愿退票的一般规定

（1）如乘机的旅客人数不少于该团体票价规定的最低团体人数，按上述整团自愿退票规定收取部分成员的退票费，其余旅客继续乘机。

（2）如乘机旅客人数少于规定的最低团体人数，按下列规定办理：

如果客票全部未使用，应将团体旅客原付折扣票价总金额扣除剩下的乘机旅客按当时开放的散客票价计算的票款总金额后，再扣除按团体旅客自愿退票的规定应收取的退票费，差额多退少不补，并为继续乘机的旅客重新填开客票。即：应退或应补金额 = 原付票款总额 − 退票手续费 − 剩余旅客按当时开放的散客票价的票款。

如客票部分未使用，应将团体旅客原付折扣票价总金额扣除该团体使用航段的票款后，再扣除乘机旅客按当时开放的散客票价计算的未使用航段票款总金额及团体旅客自愿退票所规定的退票费，票款的差额多退少不补。即：应退或应补金额 = 原付票款 - 已使用航段票款 - 剩下旅客按当时开放的散客票价计算的未使用航段票款 - 退票费。

例：有一个 15 人的旅行团，乘坐 3 月 20 日上海—北京航班，时间是 12:00，单人正常票价 1000 元，该团可以享受 8 折优惠，3 月 19 日下午 13:00，有 6 人要求自愿退票。问应退给旅客多少？若有 4 人自愿退票呢？

分析：

若 6 人退票，剩下的旅客人数不足团体最低人数——10 人。

原付票款总额 =1000 × 0.8 × 15=12 000 元

旅客在航班离港前一天中午 12:00 以后至航班规定离港时间以前提出退票，费率为 50%。

退票手续费 =1000 × 0.8 × 50% × 6=2400 元

剩余旅客按当时开放的散客票价的票款 =1000 × 9=9000 元

应退或应补金额 =12 000 - 2400 - 9000=600 元，即退回旅客 600 元。

若 4 人退票，剩余旅客人数超过了团体最低人数。

该 4 人原付票款总额 =1000 × 0.8 × 4=3200 元

退票手续费 =1000 × 0.8 × 50% × 4=1600 元

应退金额 =3200 - 1600=1600 元，即退回旅客 1600 元。

（二）团体非自愿退票

团体旅客非自愿退票或团体旅客中的部分成员因病要求退票，应按照个人旅客退票的规定办理，不收取退票费。

案例分享 6-3

“打折机票不可退换”合法合理吗?

五、团体旅客误机

对于团体旅客误机的处理，各承运人规定不同。有的规定团体旅客误机，客票作废，票款不退；也有规定误机发生在航班规定离站时间以前，收取客票价 50% 的误机费，误机发生在航班规定离站时间以后，客票作废，票款不退。

项目小结

1. 航空运输使用的客票、收费单等运输凭证是有价票证，必须妥善管理。

2. 客票可以分为纸质客票和电子客票两种，纸质客票又包括航空公司客票和 BSP 客票，目前实践中主要使用纸质 BSP 客票和电子客票，电子客票即将替代纸质客票。

3. 电子客票的内容和形式与纸质客票大同小异，要了解客票各栏目的具体规定，掌握电子客票的出票流程及操作指令。

4. 退票、客票变更有自愿和非自愿的区别，两种情况下的处理规则不同；运价改革后，各航空公司的退票、客票变更处理规则可能有区别，实际工作中要依据航空公司的具体规定操作。

5. 团体旅客的订座、购票、退票、变更、误机等情况的处理不同于散客，处理规则有共性之处，但实践中要参考各航空公司的具体规定。

思考与练习

1. BSP 客票跟航空公司客票相比，有哪些优越性？

2. 电子客票与纸质客票相比有哪些特点？

3. 航空公司退票、误机、变更收费单由哪些联页组成？各联页的作用如何？

4. 国内旅客李强购买上海虹桥机场至广州机票一张，航班号为 MU5301，4 月 25 日上午 10:00 起飞，座位等级为 Y，全票价为 1950 元，订座记录编号为 JGF4H，订座情况为 OK，付款方式为现金，民航发展基金每人每次按 50 元收取，然后附加费每人每次按 120 元收取，请根据条件填开一本电子客票。

5. 王先生乘坐深圳到大连的航班，经停郑州，购买的是经济舱全价票，深圳到大连的 Y 舱运价为 2460 元，深圳到郑州的 Y 舱运价是 2360 元，郑州到大连的 Y 舱运价为 960 元。如果在郑州经停时，王先生想去游览少林寺而放弃飞行，应该如何处理？如果在经停地点，因为天气原因航班取消，王先生要求退票，应该如何处理？

学习效果自测

扫描下方二维码，检测你的学习效果。

06

学习检测

实训与分享

以小组为单位，每位同学计划一次国内的出行，可以是一个航段也可以是多个航段，查询具体的航班、票价以及使用条件等各种相关信息，完成一本完整的电子客票，小组内分享，并对小组其他同学的客票进行评分。

项目七 旅客运送

项目导读

旅客在完成订座与购票之后，会在约定的时间前往指定机场乘机，对承运人来讲就进入了旅客运送过程。这一过程中承运人如何合理有效地组织旅客运输工作，运输过程中如何处理各类特殊旅客，怎样解决运输过程中出现的各种不正常情况是本项目探讨的重点。

学习目标

知识目标：熟悉国内旅客运送的基本流程；了解旅客运送的一般规定和基本要求；熟悉不同类型的特殊旅客及其运输要求；理解并掌握处理各种情况下的旅客运输不正常的规定。

技能目标：掌握旅客运送现场的基本工作要求和工作流程，熟悉旅客运送岗位工作；按照规定现场正确处理各种特殊旅客的运输问题；熟练掌握对旅客误机、漏乘、错乘等常见旅客运输不正常情况的处理。

素质目标：培养良好的沟通技巧和细致、周到、全面、体贴的服务态度。

案例导入

暖心陪伴！东航广东分公司保障一名无陪轮椅旅客出行

无人陪伴通过轮椅出行也能坐飞机吗？2022 年 11 月 21 日，东航广东分公司就保障了这样一名旅客。

这天中午，得知MU5737（昆明—广州）航班有一名无人陪伴的轮椅旅客后，航班乘务长立即组织乘务组就服务保障工作做好分配，并提醒安全服务注意事项。14时10分，地服工作人员将轮椅旅客推至登机口。乘务长发现该旅客双腿萎缩完全不能站立行走，于是立刻上前，在另外两位乘务员的协助下，用双臂紧紧环绕抱紧旅客，轻轻地将旅客从通用轮椅抱至客舱窄体轮椅，在将旅客平稳推至客舱前排宽敞座位旁后，再次小心翼翼地将旅客抱至座位，帮助旅客调整好坐姿及双腿的位置。旅客入座后，乘务组为旅客做了单独的安全服务介绍，详细为旅客讲解乘机注意事项。飞机起飞后，乘务组轮流观察旅客状态，为旅客调整坐姿、添加热水、拿取个人用品。飞机落地后，乘务组立即确认好旅客下机升降车和轮椅的到位情况，提前为旅客取下行李，地服工作人员在将轮椅送达后，乘务组再次合力将旅客从座位平稳抱至客舱轮椅，帮助旅客离开飞机。

“没想到独自出门乘机能得到如此周到的照顾，之前的诸多担心都是多余的，感谢你们，你们辛苦了。”下飞机前，旅客对乘务组的细心服务表达了自己的称赞与认可。

（资料来源：民航资源网.）

任务一　掌握旅客运送的有关规定

一、旅客运送的基本流程

（一）国内出发流程

1. 行李托运、换登机牌

到达机场后，旅客凭有效身份证明到出发大厅指定的航空公司值机柜台或自助值机柜台办理乘机和行李交运手续，领取登机牌。飞机离站前30分钟停止办理乘机手续。

2. 安全检查

通过安全检查时，旅客应首先向工作人员出示登机牌和有效证件。为了飞行安全，旅客及随身携带的行李物品必须接受安全检查。行李物品要做 X 光机检查，旅客要走金属探测器门。

3. 候机及登机

旅客可以根据登机牌上的登机口号码到相应候机区休息候机。通常情况下，将在航班起飞前约 30 分钟开始登机，旅客应留意广播提示和航班信息显示。

（二）国内到达流程

1. 领取交运行李

到达目的地后，旅客应确认航班号，到相应的行李传送带领取交运行李。行李多时，使用行李手推车比较方便。“红帽子”可为旅客提供行李搬运服务。

2. 进入到达大厅

到达大厅接客处设有市区各大宾馆接待柜台和公交售票柜台。出租车和公交巴士站台位于国内到达出口处。

二、旅客运送的一般规定

旅客应当在航空公司规定的时限内到达机场，凭本人有效身份证件按时办理客票查验、托运行李、领取登机牌等乘机手续。

如旅客未能按时到达航空公司的办理乘机手续的柜台，或未能出示其有效身份证件，或未能做好旅行准备，航空公司为不延误航班可取消旅客已订妥的座位。对旅客由此所产生的损失和费用，航空公司不承担责任。

航空公司开始办理航班乘机手续的时间一般不迟于客票上列明的航班离站时间前 90 分钟，停止办理乘机手续的时间为航班离站时间前 30 分钟。航空公司应将上述时间以适当方式告知旅客。

航空公司及地面服务代理人应按时开放乘机登记处，快速、准确地办理乘机登记手续。

乘机前，旅客及其行李和免费随身携带物品必须经过安全检查。

三、查验客票

查验客票具有合法性、有效性和正确性等特征。

查验客票的合法性包括：客票与本空运企业有相互代理关系或财务结算关系；客票乘机联符合签转规定。

查验客票的有效性包括：实际航段和承运人与票证上一致；客票在有效期内。

查验客票的正确性包括：实际承运航段与乘机联上标示的一致；实际承运人与乘机联一致；运价正确，与座位等级、航程、折扣、特种票价一致；客票上所用代号正确。

旅客乘坐飞机必须交验有效客票，承运人自办理乘机手续直到到达目的地的这段时间里，都有权查验旅客的客票。

四、安排座位的基本要求

为了提高客运服务质量、保证航班正点和确保飞行安全，根据飞机客舱座位布局、旅客订座情况和飞机载重平衡的要求，预先安排座位，以使旅客登机入座时有良好的秩序。旅客乘坐飞机必须严格按照登机牌的座位号登机、对号入座。安排座位应尽可能满足旅客的要求。座位安排的具体要求如下：

安排座位应符合飞机载重平衡的要求。

严格按照旅客客票的座位等级安排座位。

伤病残旅客、行动不便的旅客、儿童、孕妇和携带婴儿的旅客不得安排在靠近客舱出口处的座位。

重要旅客和需要特殊照顾的旅客一般安排在客舱前部靠近乘务员的座位，以便于乘务员提供服务。

团体旅客、同行旅客和需要相互照顾的旅客的座位尽可能安排在一起。

携带外交信袋的外交信使、押运货物的押运员的座位应安排在客舱门附近，以便于上、下飞机。

不同政治态度和不同宗教信仰的旅客不要安排在一起。

国际航班国内段载运国内旅客时，应将国内旅客的座位与国际旅客的座位分开安排。对有中途站的航班安排座位时，应给中途站预留适当的座位。

知识拓展 7-1

旅客“黑名单”

五、载运限制

（一）拒绝运输

承运人根据自己合理的判断，认为有下列情况之一时，可以决定对任何旅客拒绝运输或拒绝续程运输（包括要求中途下机）或取消已订妥的座位：

（1）为了保证安全。

（2）为了遵守我国的法律、政府规定和行政命令。

（3）旅客的行为、精神或健康状况需要承运人给予特殊照顾，或对其他旅客会造成不适或反感，或者对其本人、其他旅客或财物可能造成任何危害及危险。

（4）旅客不遵守承运人的规定，或不听从承运人的安排和劝导。

（5）有特殊恶臭、外形怪异或有特殊怪癖，可能对其他旅客造成不良影响者。

（6）患有传染性疾病者。

（7）可能对其他旅客及其自身造成危害。

案例分享 7-1

航班拒载有没有法律依据?

（二）不予载运

当飞机载重量或座位不足时，承运人有权根据自己合理的判断决定不予载运任何旅客、行李和其他物品。

（三）有条件载运

无成人陪伴儿童、病残旅客、婴儿、孕妇、醉酒旅客、盲人和犯人等特殊旅客，只有在符合承运人规定的运输条件下，并经承运人同意方予载运。

（四）载运限制的补偿

（1）根据上述规定被拒绝运输和拒绝续程运输（包括要求中途下机）或取

消已订妥座位的任何旅客，承运人不给予该旅客赔偿，只限按照非自愿退票规定办理退票。

（2）由于座位超售而不予载运的旅客，承运人按照有关超售补偿规定予以经济补偿，经济补偿应参照有关承运人具体规定办理。

任务二　掌握特殊旅客运输的处理

特殊旅客是指在运输过程中，需要承运人给予特别礼遇或特别照顾的旅客。

特殊旅客包括重要旅客、病残旅客、婴儿、无成人陪伴儿童、孕妇、老年旅客、醉酒旅客以及犯人。

特殊旅客必须在订座时提出申请，只有在符合航空公司规定的条件下，经航空公司预先同意并在必要时做出安排后方可接受乘机。

由于特殊旅客需要特殊的照顾和服务，可能会影响对同一航班其他旅客的服务，因此每一航班对接受的各类特殊旅客（除重要旅客外）应有数量限制，对特殊旅客接受人数的控制由航班的控制部门负责。

一、重要旅客

（一）重要旅客的范围

1. 最重要旅客（VVIP）

（1）中共中央总书记；中央政治局常委、委员、候补委员；国家主席、副主席；全国人大常委会委员长、副委员长；国务院总理、副总理、国务委员；全国政协主席、副主席；中央军委主席、副主席；最高人民法院院长、最高人民检察院检察长。

（2）国家元首、政府首脑、议会议长及副议长、联合国秘书长。

2. 重要旅客（VIP）

（1）省部级（含副职）党政负责人、在职军级少将（含）以上军队领导；国家武警、公安消防部队主要领导；香港、澳门特别行政区政府首席执行领导。

（2）外国政府部长（含副职）、国际组织（包括联合国、国际民航组织）的领导、外国大使和公使级外交使节。

（3）由省部级（含）以上单位或我国驻外使领馆提出要求按 VIP 接待的客人。

（4）著名科学家、中国科学院院士、社会活动家、社会上具有重要影响的人士。

3. 工商界重要旅客（CIP）

（1）工商业、经济和金融界等重要、有影响的人士。

（2）重要的旅游业领导人。

（3）国际空运企业组织、重要的空运企业负责人等。

（二）重要旅客的订座和售票

1. 辨明身份

凭工作证或军官证辨明重要旅客身份，职务与级别有差异时，以比较高身份者为选。

2. 订座

详细问清职务、级别和所需提供的特殊服务，在有关订座记录中注明，并做好保密工作。重要旅客及随从人员在同一售票处办理。VIP 及随从人员的订座情况一定为“OK”状态。VIP 的职务、级别及随行人员的相关情况要在 OSI 项中注明。

3. 出票

除按规定打印客票外，在重要旅客的姓名后加注“VIP”字样（CIP 旅客名字后不加“CIP”字样），客票内所填项目应与订座记录逐一核对，并交值班主任检查，确保航班号、日期、起飞时间正确无误。

4. 传送重要旅客运输信息

（1）重要旅客的购票手续办理完毕后，在重要旅客的订座记录中用 OSI

项注明重要旅客身份，通常座位控制部门要在航班起飞前一天下午4时（各航空公司有各自的规定时间）前将重要旅客的姓名、职务、随行人数、乘机日期、航班、起飞时间、订座舱位、PNR代码、目的地、特殊服务要求和需要的特殊设备等用传真或电报的方式通知公司的航班生产调度、运行管理部门和始发站当地航班运行管理部门。

（2）如旅客的身份要求保密或身份不明，则在职务项注明“旅客身份保密”或“身份不明”。发完通知后，应与收文单位电话联系；在确认对方已收到通知后，将对方的电话、受话人和收到的时间记录在传真或电报上。

（3）重要旅客取消旅行或变更航班、日期，办理变更的售票部门或重要旅客上机地点的运输业务部门应及时在计算机预订系统中取消或变更有关信息，或拍发变更电报通知有关航站的运输业务部门。

（4）航空公司的航班生产调度、运行管理部门在接到售票部门报告的重要旅客情况后，要逐项做好记录，并编制次日航班重要旅客乘机名单，报送管理局、航空公司、机场值班领导和有关部门。临时收到重要旅客信息应及时补充通知。

（5）始发站的航班运行管理部门在航班起飞后，应立即拍发特殊旅客（重要旅客）电报或传真，将重要旅客乘坐的航班、日期、飞机号码、重要旅客人数、姓名、行李件数和舱位等内容通知有关经停站和到达站的重要旅客服务部门。

二、病残旅客

由于身体或精神的缺陷或病态，在航空旅行中，不能自行照料自己的旅途生活，需由他人帮助照料的旅客为病残旅客。病残旅客一般可以分为以下几种：①身体患病旅客；②盲人旅客；③精神病患者；④担架旅客；⑤肢体伤残旅客；⑥轮椅旅客；⑦需使用机上氧气设备的旅客。有先天性残疾的人，如先天性跛足等，不归入病残旅客的范围。

病残旅客运输应填写《特殊旅客运输申请表》，并由旅客签字。如本人书写困难，可请其家属或监护人代签。同时还应提供适于乘机的《诊断证明书》，《诊断证明书》须由县、市级以上医疗单位提供，经医生签字及医疗单位盖章有效。《诊断证明书》在航班起飞前 96 小时内填开的方为有效；病情严重的旅客，在航班起飞前 48 小时内填开有效。

《特殊旅客运输申请表》和《诊断证明书》均一式两份，一份交旅客办理值机手续；一份由售票处留存并传真至值机、运行控制部及现场留存。

（一）伤病旅客

（1）传染病患者及精神病患者或健康状况可能危及自身或影响其他旅客安全的旅客，承运人不予承运。

（2）年迈的老人，虽然身体并未患病，但在航空旅行中需要他人帮助，应给予适当的照顾，并视为伤病旅客。

（3）带有先天残疾，已习惯于自己生活的人，如腿部残疾者、聋哑人等不应视为伤病旅客。

（4）伤病旅客乘机原则上需要由合适的人员陪同，最好是医生或护理人员。除精神病患者与传染病患者外，伤病旅客符合下列条件，经旅客申请并获同意，也可以单独旅行。具体包括以下几种情况：经医生证明病人可以单独旅行，并在旅行途中及上、下飞机时旅客能够照料自己；病情不十分严重，不致出现危险；病人已适应自己行动不便的状况，而且伤病在近期内不致恶化。

（二）轮椅旅客

1. 轮椅旅客种类

轮椅旅客分为三种不同的情况，并用下列代号表示：

（1）WCHR 指旅客能够自行上、下飞机，并且在机舱内可以自己走到自己的座位上去。

（2）WCHS 指旅客不能自行上、下飞机，但在机舱内能够自己走到自己的座位上去。

（3）WCHC 指旅客完全不能自己行动，需要别人扶着或抬着才能进到机舱内的座位上去。

2. 购票

（1）售票员应详细询问旅客或其代理人有关旅客的伤残情况，以便确定旅客类型，并由旅客或其代理人签字确认。售票员需报相关部门，经相关部门同意后方可售票。

（2）残疾旅客需多占座位时，应按实际占用座位数购票。但在飞行途中，临时因病需多占座位，如有空余座位可以提供，不需要补票。

（三）担架旅客

1. 运输条件

（1）同一航班上无其他担架旅客。

（2）担架旅客有适于乘机的医疗《诊断证明书》。

（3）有书面保证。

（4）有一名医生或护士陪同；如让其他人陪同，则必须经过医生的同意；陪同者是指在紧急情况下完全可以帮助担架旅客的人。

（5）担架旅客应在航班规定离站时间 48 小时前提出申请。

（6）担架旅客一般不办理联程航班业务。

2. 购票

（1）票价。担架旅客的票价由担架旅客的个人票价和担架附加票价两个部分组成。

个人票价按一个人经济舱的公布正常票价计收，不得使用特殊票价或折扣票价（儿童折扣除外）。

担架附加票价不论安放担架需占用的座位数多少，均按下列办法计收：对旅客使用担架的航段，加收 5 个成人单程经济舱公布正常票价；如旅客取消旅行，担架附加票价全退；每一陪伴人员，根据实际占用座位等级，按头等、商务或经济舱票价计收。

（2）出票。担架旅客客票须在旅客姓名后加 STCR；在票价计算栏内分别列出担架旅客个人票价及担架附加票价，并注明“STCR”字样；担架旅客的免费行李额为 120 公斤，陪伴人员的免费行李额则按所付票价的座位等级计算。

知识拓展 7–2

导盲犬

（四）盲人旅客

盲人是指有双目失明缺陷的旅客，不是指眼睛有疾病的旅客；对眼睛有疾病的旅客，应按伤病旅客办理。

（1）有成人陪伴同行的盲人旅客按一般旅客接受运输。

（2）有导盲犬引路的盲人旅客携带导盲犬，应按下列规定办理。

①导盲犬是指盲人旅客在旅途中依靠其引路用的并经过特别训练的狗。

②盲人旅客携带的导盲犬，必须在申请订座时提出。经过航空公司同意后，盲人方可携带导盲犬登机。如为联程运输，应取得相关承运人的同意方可受理。

③符合航空公司运输条件的导盲犬可以由盲人旅客免费携带并带入客舱运输，或单独装进货舱运输。

案例分享 7–2

航班中的“特殊旅客”

④盲人旅客携带的导盲犬应具备必要的检疫注射证明和检疫证明书。盲人旅客在申请订座时，应出示此种证明。携带导盲犬的盲人旅客所提供的有关证件经查验符合要求后，经运行控制部门同意后，方能办理订座手续。

（3）无成人或无导盲犬陪伴的盲人旅客，应按下列规定办理

①无成人或无导盲犬陪伴的盲人旅客必须自己能够走动，有照料自己的能力；在进食时，不需要其他人帮助。

②无成人陪伴的盲人旅客乘机，在始发站应由家属或其照料人陪送到上机地点；在到达站，应由盲人旅客的家属或其照料人前往下机地点迎接。

③在联程运输时，应征得各相关承运人的同意。

④检查盲人旅客的情况，并注意该盲人旅客除双目失明外是否患有其他疾病。如果发现有其他疾病，应向其说明，按伤病旅客办理。无成人陪伴的盲人旅客，一般应避免安排在比较拥挤的航班上。

（五）病残旅客的人数限制

由于病残旅客需要特殊的服务和照顾，所以每一个航班载运此类旅客的数量应有限制，以免影响对其他旅客的服务。每一个航班对各类病残旅客的数量限制如下（残疾人运动会等特殊期间除外）：

（1）盲人或聋哑旅客限两名；

（2）担架旅客仅限一名；

（3）对不同的轮椅旅客有不同的人数限制，WCHC 和 / 或 WCHS 共两名，WCHR 的接收人数不限；

（4）除非经过航空公司特殊批准，病残旅客限制数量原则上不能叠加，同

时出现两类或以上的旅客时，以限制数量最少的为准。例如，如果航班上接收了担架旅客，则不能再接收轮椅旅客或盲人旅客等其他病残旅客。

三、无成人陪伴儿童

（一）范围

年龄在5周岁以上，12周岁以下，没有年满18周岁且有民事行为能力的成人陪伴，单独乘机的儿童为无成人陪伴儿童。不足5周岁的无成人陪伴的儿童，原则上不予承运。

（二）运输条件

无成人陪伴儿童符合下列条件者，方能接受运输：

（1）无成人陪伴儿童应由儿童的父母或监护人陪送到上机地点并在儿童的转机地点、下机地点安排人予以迎接和照料。

（2）无成人陪伴儿童的承运必须在运输始发站预先向航空公司的售票部门提出，如是联程运输，需得到转机航站的证实。

（3）运输的全航程包括两个或两个以上航班时，不论是由同一空运企业或由不同的空运企业承运，在航班衔接站，应由儿童的父母或监护人安排人予以接送和照料，并应提供接送人的姓名、电话和地址。

（4）儿童父母或监护人应向航空公司提供在航班到达站或衔接站安排的接送人的姓名、联系地址、电话，经核实后方可接受。

（5）无成人陪伴儿童应尽量安排在直达航班上运输；如需联程运输时，应尽量安排在衔接时间较短的联程航班上，并取得相关承运人的同意。

（6）无成人陪伴儿童需另派服务员随机陪伴时，应由座位控制部门预留座位。

（7）为了便于服务，航空公司在给无成人陪伴儿童出票时，同时应填妥“无成人陪伴儿童文件袋”，并将“文件袋”和标志牌发给儿童。在儿童乘机时，标志牌应挂在儿童的胸前。文件袋给儿童存放各种运输凭证（客票和行李票）、无成人陪伴儿童运输申请书以及有关的身份证件等。

（8）由于承运人对无成人陪伴儿童负有责任并须提供特殊服务和照顾，同时对同一航班的其他旅客会有一定的影响，所以每一航班运送的无成人陪伴儿童数量有一定的限制（见表 7-1）。

表 7-1　某航空公司各机型对无人陪伴儿童的数量限制

机型	舱位		
	F	C	Y
B-777A	------	不接受	8 人
B-777B	不接受	不接受	6 人
B787	不接受	不接受	6 人
B-737	------	------	5 人
A330	------	不接受	6 人
A-320	------	不接受	5 人
A-321	不接受	------	5 人
E190	------	不接受	3 人
ATR-72/EMB145	------	------	1 人

（三）票价

（1）无成人陪伴儿童的票价按相应的儿童票价计收费用，可单独占一个座位。

（2）无成人陪伴儿童的父母或监护人，如要求航空公司另派服务员随机陪伴儿童旅行，应预先提出，经承运人同意后，方能接受；另派服务员随机陪伴的儿童，票价按相应儿童票价的两倍收取。

（3）超过 12 周岁的未成年旅客要求航空公司另派服务员随机陪伴时，除旅客按成人正常票价收费外，还应加收成人正常票价 50% 的服务费用。

（4）如无成人陪伴儿童在航班衔接地点雇用当地服务人员照料时，所需的服务费用，按该服务部门的规定收取。

四、孕妇

由于在高空飞行中，空气中氧气成分相对减少，气压降低，因此孕妇运输有一定的限制条件。

（一）运输条件

（1）怀孕 32 周或不足 32 周的孕妇，除医生诊断不宜乘机者外，可按一般旅客运输。

（2）怀孕超过 32 周的孕妇乘机，应提供包括下列内容的医生诊断证明，内容包括：旅客姓名、年龄；怀孕时期；旅行的航程和日期；是否适宜乘机；在机上是否需要提供其他特殊照料。上述诊断证明书应于旅客乘机前 72 小时内填开，并经县级（含）以上医疗单位盖章和医生签字方可生效。

（3）怀孕超过 36 周，或预产期不确定，但已知为多胎分娩或预计有分娩并发症者不予接受运输。

（二）相关手续

（1）接受怀孕 32 周以上至 36 周以下的孕妇订座，旅客应填写《特殊旅客（孕妇）运输申请表》，并提供《诊断证明书》一式两份。一份交旅客办理值机手续；一份由售票处留存并传真至值机、运行控制部及现场留存。

（2）在 PNR 和订座电报中的 SSR 项目内应注明孕妇旅客的怀孕期或需要提供的特殊照料项目。

五、老年旅客

案例分享 7–3

上航 FM9229 航班悉心服务特殊旅客

老年旅客指年龄超过 60 岁的男性或年龄超过 55 岁的女性申请按老年接待的旅客。年满 60 周岁（含）的旅客，如果身体健康状况良好，可按普通旅客承运。年龄超过 70 岁的老年旅客乘机必须出具《健康证明书》。各航空公司对此的年龄限制不尽相同。老年旅客在始发站及目的站应有人接送。

六、醉酒旅客

案例分享 7–4

乘机前切莫贪杯

因受到酒精、麻醉品或其他毒品的侵害并处于醉酒状态而给其他旅客带来不愉快、造成不良影响的人，属于醉酒旅客。航空公司有权不予承运。

旅客是否属于醉酒旅客，航空公司有权根据旅客的外形、言谈、举止自行合理判断决定。

在旅客上机地点，对于酒后闹事或可能影响其他旅客旅途生活的醉酒旅客，航空公司有权拒绝其乘机。

在飞行途中，如果发现旅客处于醉态，不适于旅行或妨碍其他旅客的旅行时，机长有权令其在下一个经停点下机。

上述酒醉旅客被拒绝乘机，需要退票时，按自愿退票有关规定处理。

七、犯人

（一）承运条件

（1）公安机关押解犯人或犯罪嫌疑人，一般不准乘坐民航班机。

（2）押解重要犯人要从严控制，确有特殊情况，须经地、市（含地、市）以上公安机关领导批准，并向当地民航公安机关通报案犯的情况和准备采取的安全措施，经同意后持地、市以上公安机关购票证明和押解人员身份证办理手续。

（3）运输犯人或犯罪嫌疑人只限在运输始发地申请办理票务手续；犯人或犯罪嫌疑人不得与重要旅客同机运输。

（4）每一航班仅接受一名犯人或犯罪嫌疑人运输申请。在候机和飞行过程中，押解警力人数应为犯人的2~3倍，并对犯人或犯罪嫌疑人负全部责任。

（二）运输注意事项

（1）航空公司要对押解工作积极配合，航班机组要落实机上安全措施。

（2）押解人员乘机时不得携带武器，内紧外松。

（3）对犯人或犯罪嫌疑人，押解人员不得提供含酒精的饮料。

（4）押解人员和犯人或犯罪嫌疑人必须提前登机，并安排在客舱尾部的三人座，让被押解人员坐中间座位；他们的座位不能靠近或正对任何出口，不能在机翼上方的舷窗出口旁；到达目的地后最后下机。

任务三　掌握旅客运输不正常的处理

视频微课07

运输不正常的处理

航班正常是指飞机在班期时刻表上公布的离站时间前关好机门，并在公布的离站时间后15分钟内起飞，又在公布的到达站正常着陆的航班；反之，则为航班不正常。造成旅客运输不正常有旅客方面的因素，也有非旅客方面的因素。

一、非旅客方面的因素

（一）承运人原因

承运人原因造成的旅客运输不正常包括航班提前起飞、延误、取消、合并、加降、备降和飞越等不正常情况。

由于机务维护、航班调配、商务、机组等承运人原因，造成航班在始发地延误或取消，承运人应当向旅客免费提供餐食和住宿等服务。航班延误2小时以上，原则上每8小时免费提供一次饮料。正值用餐时间应免费提供餐食。航班延误时间比较长或过夜，应免费安排住宿。

（二）非承运人原因

由于天气、突发事件、空中交通管制、安检以及旅客等非承运人原因，造成航班在始发站延误或取消，承运人可协助旅客安排餐食和住宿，费用应由旅客自理。

航班在经停地延误或取消，无论何种原因，承运人应负责向旅客免费提供膳宿服务。航班延误或取消时，承运人应及时将航班延误或取消等信息通知旅客，做好解释工作，提供良好服务，并按规定依照旅客的要求，做好后续航班座位安排和退票工作。

二、旅客方面的因素

（一）旅客误机

在旅客运输不正常现象中，旅客误机是最常见的。误机是指旅客未按规定时间办妥登机手续或因旅行证件不符合规定而未能乘机。旅客如发生误机，最迟应在该航班离站后的次日中午 12 点（含）以前，到当地下列地点之一办理误机确认：（1）乘机机场的承运人乘机登记处；（2）航空公司售票处；（3）航空公司地面服务代理人售票处；（4）原购票地点。

旅客误机后，如要求改乘后续航班，在后续航班有空余座位的情况下，承运人应积极予以安排，不收误机费。

旅客误机后，如要求退票，承运人按规定可以收取相应的退票手续费。

（二）漏乘

漏乘指旅客在航班始发站办理乘机手续后或在经停站过站时，未搭乘上指定的航班。发生旅客漏乘应首先查明漏乘原因，根据不同的漏乘原因进行处理。

（1）由于旅客原因造成漏乘：发生在航班始发站，按误机有关规定处理，即旅客可办理改乘后续航班，也可以办理退票。发生在中途站，不得改乘后续航班，按旅客自动终止旅行处理，该航班未使用的航段的票款不退。

知识拓展 7–3

“人脸生物识别 +AI”助力深圳机场率先推出登机口智慧寻人服务

（2）由于承运人原因造成漏乘：承运人应尽早安排旅客乘坐后续航班，并按航班不正常的相关规定，承担漏乘旅客等候后续航班期间的膳宿费用。

（三）错乘

错乘指旅客乘坐了不是客票的适用乘机联上列明的运输地点的航班。

（1）由于旅客原因错乘：在始发站发现错乘，承运人应安排错乘旅客搭乘飞往旅客客票乘机联上列明地点的最早航班，票款不补不退。在中途站发现旅客错乘，应中止其旅行，承运人应安排错乘旅客搭乘飞往旅客客票上列明的目的地的直达航班，票款不补不退。

（2）由于承运人原因错乘：承运人应向旅客赔礼道歉，妥善安排旅客，并应承担错乘旅客在等候后续航班期间的膳宿费用。在始发站发现旅客错乘，承运人应安排错乘旅客搭乘最早飞往旅客客票上列明地点的最早航班。如旅客要求退票，按非自愿退票处理。在中途站发现旅客错乘，应中止其旅行，承运人应尽可能安排错乘旅客搭乘飞往旅客客票上列明的目的地的直达航班。如旅客要求退票，按非自愿退票处理，退还自错乘地点至旅客客票上列明的目的地的票款。但是，任何情况下退款都不得超过旅客实付票款。

思考与练习

1. 国内旅客运送的基本流程是怎样的？
2. 航班座位安排有哪些基本要求？
3. 查验客票应该注意哪些问题？
4. 载运限制有哪几种情况？
5. 病残旅客有哪几种类型？运输时应该注意哪些问题？
6. 旅客误机、漏乘、错乘三者之间有何区别？
7. 处理旅客误机有哪些规定？

学习效果自测

扫描下方二维码，检测你的学习效果。

07

学习检测

实训与分享

以 4~5 人小组为单位进行角色扮演，任意选择一个特殊旅客服务场景，分别扮演服务人员、特殊旅客、随行人员或普通旅客等不同角色进行模拟演绎，当一个小组在演绎时，其他小组分别指定一人进行点评。各个小组轮流进行。

项目八
行李运输

项目导读

行李运输是旅客运输工作的组成部分，它是随着旅客运输的产生而产生的，在旅客运输中占据非常重要的地位。旅客旅行是否成功，往往还取决于旅客所携带的行李物品运输的完好性和准时性。行李不仅本身有价值，而且关系到旅客旅行任务的完成和生活的需要。

学习目标

知识目标：了解行李的种类与范围；熟悉行李逾重的收费方法；明确行李的收运、保管与交付等一系列流程的业务规定；理解各种情况下行李运输不正常的处理规则。

技能目标：掌握各类行李的重量、体积规定；了解各类行李免费行李额的大小，能熟练进行逾重行李费的计算与收取，掌握逾重行李票的填开方法；能熟练处理行李的收运、保管与交付工作；能正确处理行李运输中出现的问题。

素质目标：培养安全至上的服务理念和诚恳礼貌的服务态度。

案例导入

悉心服务　错运行李完璧归赵

某年9月6日，CA1111航班旅客赖先生从吉隆坡经北京转机到达呼和浩特后发现一件行李未同机到达，旅客非常焦急。行李查询员马上询问了旅客行李的详细信息，并多次与北京行李查询部门联系，却始终未找到行李下落。为了缓解旅客的焦虑情绪，行李查询员为旅客填写不正常行李运输事故记录单后，请旅客先回住处休息，并承诺找到行李后，将第一时间通知旅客，并亲自将行李送至旅客手中。多次尝试查找后，在 WT（WORLDTRACER，全球行李查询系统）系统中进行了行李匹配，发现有十多件行李与此件少收行李相似，其中乌鲁木齐一件多收行李最为雷同，行李箱上所拴挂的旅客名签、电话以及箱子品牌完全一致！行查员迅速与乌鲁木齐取得联系，经确认该行李确为赖先生的行李，是吉隆坡地服为旅客办理值机手续时错输了航班，致使行李直接被运到了乌鲁木齐。晚上 10 时许，此件错运行李终于在呼和浩特徐徐落地。行查员火速将行李找到的消息告知旅客，并第一时间将行李送交至旅客手中。

（资料来源：民航资源网）

任务一　了解行李运输的一般规定

旅客在旅行中携带的适量物品和个人财物称作行李。

行李运输工作的好坏直接影响到旅客旅行、飞行安全、航班正常和服务质量。行李运输差错事故所引起的赔偿会给航空公司带来经济损失，也有损航空公司的声誉，甚至造成严重的政治影响。随着客运量逐年上升，加强行李运输管理、预防行李运输差错事故的发生，已成为提高航空客运质量的重要环节。

视频微课 08

国内行李及行李运费

一、行李的种类与范围

（一）行李的种类

根据运输责任，承运人承运的行李可分为以下几类：

1. 托运行李（CHECKED BAGGAGE）

托运行李是指已经填开客票和行李票并由旅客交由承运人负责照管和运输

的行李。此类行李将被计重并贴上行李牌放置于航空器的行李舱或货舱中，旅客无法接触到。承运人在收运行李时，必须在客票的行李栏内填写托运行李的件数及重量，在客票上将贴上“行李牌识别联”以给旅客作为认领行李用。根据IATA运输规定，托运行李的重量每件不能超过50公斤，体积每件不能超过40厘米 ×60厘米 ×100厘米。超过上述规定的行李，须事先征得承运人的同意才能托运。

2. 自理行李（UNCHECKED BAGGAGE）

自理行李是指经承运人同意由旅客自行负责照管的行李。如易碎物品、贵重物品、外交信袋等特殊物品可以作为自理行李由旅客带入客舱内。每一旅客携带自理行李的重量一般不能超过10公斤，体积每件不能超过20厘米 ×40厘米 ×55厘米，并要求能放入行李架内或座位底下，不妨碍客舱服务和旅客活动。经承运人同意的自理行李应与托运行李合并计重，交由旅客带入客舱自行照管，并在行李上拴挂自理行李牌。

3. 随身携带物品（CARRY ON/CABIN BAGGAGE）

随身携带物品是指经承运人同意由旅客自行携带进入客舱的小件物品。随身携带物品有别于自理行李，是旅客在旅途中所需要或使用而携带的个人物品，如：一定量食品、书报、照相机、大衣等。随身携带物品的重量，每位旅客以5公斤为限，此重量不计入旅客的免费行李额内。每件随身携带物品的体积不得超过20厘米 ×40厘米 ×55厘米。持F舱客票的旅客，每人可随身携带两件物品；持C舱或Y舱客票的旅客，每人只能随身携带一件物品。超过上述重量、体积或件数限制的随身携带物品，应作为托运行李托运。

（二）行李的范围

案例分享 8-1

行李延误导致商业合作终止

（1）旅客在旅行中为了穿着、使用、舒适或方便的需要而携带的物品和其他个人财物，可作为行李运输。

（2）重要文件和资料、证券、货币、汇票、珠宝、贵重金属及其制品、银制品、贵重物品、古玩字画、易碎品和易损坏物品、易腐物品、样品、旅行证件等需要专人照管的物品，不得作为托运行李或夹带入行李内托运。

（3）国家规定的禁运物品（枪支、军械、警械、管制刀具）、危险物品、有异味或容易污染飞机的其他物品，不得托运。

（4）航空限运物品、管制刀具以外的利器、钝器应放入托运行李。

二、行李运费

知识拓展 8–1

行李托运不再“一刀切”
辅助性航空服务全新增长
机会逐渐开启

（一）免费行李额

机票的价格中，不仅包括运输旅客的费用，还包括运输旅客所携带的行李的费用，也就是旅客在乘坐飞机的时候可以免费携带一定重量的行李。旅客付的费用决定了旅客乘坐的座位等级和可免费携带的行李数量和重量。所付票价越高，可乘坐的座位越好，可享受的免费运输的行李越多。这种根据旅客所付票价、乘坐舱位等级和旅客乘坐的航线而享受的可免费运输的行李重量或件数就叫作免费行李额。声明价值行李不计入免费行李额内。

（1）凡持成人或儿童票的旅客，每人免费行李额：头等舱为 40 公斤，公务舱 30 公斤，经济舱为 20 公斤。持婴儿票的旅客无免费行李额。

（2）行李重量超过免费行李额时，其逾重部分，应按规定收取逾重行李费。

（3）持免费客票旅客的免费行李额，按其身份享受所持客票的舱位而定。

（4）到达站相同的同行旅客，免费行李额可合并计算。

（5）构成国际运输的国内航段，每位旅客的免费行李额按适用的国际航线免费行李额计算。

（二）逾重行李及逾重行李费

1. 逾重行李费的计算

旅客所携带的托运行李和自理行李超过其票价所享受的免费行李额的部分叫作逾重行李。逾重行李应按照有关规定计费并向旅客收取。这种费用叫作逾重行李费，并且需要填开逾重行李票。

在国内运输中，逾重行李重量以公斤为单位，不足一公斤时尾数四舍五入；逾重行李费费率按填开逾重行李票之日所适用的公布直达单程成人正常经济舱票价的 1.5% 计算，保留两位小数；运费以元为单位，元以下四舍五入；每张逾重行李收据最低限额为人民币 1 元。

例如，某旅客乘坐 MU5305 航班从上海至广州，该旅客持 F 舱客票，托运行李 61 公斤。上海至广州的 Y 舱票价为 1950 元人民币。计算逾重行李费。

解：逾重行李费率 =Y 舱票价 ×1.5%=1950×1.5%=29.25（元）

该旅客所持 F 舱客票免费行李额为 40 公斤

逾重行李重量 =61－40=21（公斤）

逾重行李费 =21×29.25=614.25 元 =614（元）

2. 逾重行李票

逾重行李票是收取逾重行李费的依据，是一种有价票证，也是承运人之间的结算凭证。它由财务联、出票人联、运输联和旅客联构成。财务联为财务结算用；出票人联为出票人存查用；运输联为运输逾重行李及航空公司之间结算用；旅客联为旅客提取逾重行李和报销凭证。逾重行李票在填开完毕交给旅客之前应撕下财务联和出票人联，旅客持逾重行李票办理逾重行李托运手续时，工作人员撕下逾重行李票的运输联作为凭证。

国内逾重行李票的式样，以东方航空公司为例（如表 8–1 所示）。

表 8–1　中国东方航空公司国内逾重行李票

<table>
<tr><td colspan="8">中国东方航空公司
逾重行李票
EXCESS BAGGAGE TICKET
旅客姓名：张三　　　　客票号码：7811742461234
NAME OF PASSENGER　　　　TICKET</td></tr>
<tr><td>航段
SECTOR</td><td>承运人
CARRIER</td><td>航班号
FLIGHT NO.</td><td>重量
WEIGHT</td><td>费率 / 公斤
RATE/KG</td><td>运费金额
CHARGE</td><td>声明价值
附加费
DECLARED
VALUE</td><td>合计收费
TOTAL</td></tr>
<tr><td>自 / 至
FROM/TO
上海—广州</td><td>MU</td><td>5305</td><td>21</td><td>16.50</td><td>347</td><td>/</td><td>347</td></tr>
<tr><td>日期
DATE</td><td>16MAR03</td><td>经手人
ISSUED BY</td><td>刘童</td><td>盖章
SIGNATURE</td><td></td><td></td><td></td></tr>
</table>

三、行李的声明价值

根据航空公司运输规定，旅客的托运行李在运输过程中发生损坏、丢失时，承运人按照每公斤最高赔偿限额赔偿。当旅客的托运行李每公斤实际价值超过承运人规定的每公斤最高赔偿限额时，旅客有权要求更高的赔偿，但必须在托运行李时办理行李声明价值，并付清声明价值附加费。办理过声明价值的行李，如在运输过程中由于承运人的原因造成损失，承运人应按照旅客的声明价值赔偿。

（一）声明价值行李运输的规定

（1）属国内运输的托运行李每公斤价值超过人民币 100 元时或属国际运输的托运行李每公斤价值超过 20 美元时，可办理行李的声明价值。承运人应按旅客声明价值中超过最高赔偿限额部分价值的 5‰，收取声明附加费。计算公式如下：

声明价值附加费 =［旅客的声明价值 –（规定每公斤限额即 100 元 × 办理声明价值行李的重量）］× 5‰。

（2）声明价值附加费以元为单位，不足元者应进整为元。

（3）当旅客申报价值为外币时，应按当日中国银行公布的买入价折算成人民币。

（4）每一位旅客的行李声明价值最高限额为人民币 8000 元，托运行李的声明价值不能超过行李本身的实际价值。如承运人对旅客的声明价值有异议，而旅客拒绝接受检查，承运人有权拒绝收运。

（5）自理行李、随身携带物品不办理声明价值。

（6）声明价值行李的计费重量为公斤，不足公斤者应进整，但实际重量应保留至小数点后一位。

（7）办理声明价值的行李重量不计入免费行李额，应另外收费，即办理声明价值的行李应按照逾重行李收取逾重行李费。

例如：旅客自上海至北京旅行，申报一件行李，价值为 6000 元人民币，重量为 10 公斤。上海—北京经济舱客票票价为 1790 元。计算逾重行李费和声明价值附加费。

解：声明价值附加费 =（6000−100×10）×5‰=25（元）

逾重行李费 =10×1790×1.5‰=268.50（元），应收 269 元

共计收费 =25+269=294（元）

（二）运输声明价值行李的注意事项

（1）办理声明价值的行李必须与旅客同机运出。

（2）在载重平衡表备注栏内须注明办理声明价值的行李件数、重量、行李牌号码和装舱位置。

（3）运出时应发电报通知到达站。

任务二　掌握行李的收运、保管与交付

一、行李的收运

（一）行李收运的要求

（1）承运人一般应在航班离站当日办理乘机手续时收运行李，如团体旅客的行李过多，或因其他原因需要提前托运时，可与旅客约定时间、地点收运。

（2）旅客必须凭有效客票托运行李，托运行李的目的地应该与客票所列明的经停地或目的地相同。

（3）清除托运行李上的旧行李牌。

（4）检查行李的包装、体积和重量是否符合要求。如不符合要求，应请旅客改善包装；如因时间或条件限制无法改善包装，旅客坚持要求运输，可视具体情况决定可否收运。收运时应拴挂免除责任行李牌，免除相应的运输责任。

（5）超过免费行李额的行李，应收取逾重行李运费，并填开逾重行李票。

（6）行李过磅应准确，以免影响飞机的载重平衡。随身携带物品不能计入

旅客的免费行李额之内。

（7）托运行李的件数、重量，应准确地填入旅客客票的相应栏中，以明确责任。

（8）每件托运行李都必须拴挂行李牌，并将其中的识别联交给旅客。

（9）经承运人同意的自理行李应与托运行李合并计重后，交由旅客带入客舱自行照管，并在行李上拴挂自理行李牌。

（二）行李收运的注意事项

案例分享 8-2

“行李”引发“洛克比空难”

（1）了解行李的内容是否属于行李的范围，行李内有无夹带禁运、限制携带物品或危险物品。

（2）了解行李是否属于声明价值行李，是否应请旅客办理声明价值行李运输手续。

（3）托运行李必须经过行李安全检查后方可收运。

（4）乘坐国际航班的旅客，其托运行李必须事先办妥海关手续方可收运。

（5）旅客的托运行李一般应随旅客同机运出，如果逾重行李过多，受载量条件的限制无法做到同机运出，应向旅客说明，在后续班机上运出，并将行李重量、件数、行李牌号发电报通知到达站。

（6）不属于行李范围内的物品，应按货物托运，不能作为托运行李。

（三）行李牌及行李标贴

1. 行李牌（Baggage Tag）

行李牌是承运人运输行李的凭证，也是旅客领取行李的凭证之一。从行李牌的用途可分为直达运输行李牌和联程运输行李牌两种。从它的式样又分为粘贴式和拴挂式。粘贴式的行李牌是目前承运人使用最多的一种，它具有防止行李牌脱落的功能。为了防止行李运输差错和方便寻找行李，一些承运人还将粘贴式行李牌的联数增至五联。

第一联：粘贴在托运行李把手上，便于识别。

第二联：粘贴在行李包装上，当第一联灭失时用以核查行李。

第三联：粘贴在撕下的乘机联上，以备个别旅客由于某种原因没有登机，迅速找出旅客的托运行李牌号码，通知装卸人员将其托运行李卸下。

第四联：粘贴在客票旅客联上，供旅客在到达站领取托运行李时用。

第五联：粘贴在装运该件行李的集装箱上，供拉卸行李时准确、快速地找出该件行李。

2. 行李标贴

（1）为便于在运输过程中行李牌脱落后能迅速查找，在收运行李时，凡无行李牌者，要求旅客填写行李牌，贴挂在行李上，免费提供给旅客使用。

（2）为保证行李的顺利运输，对使用木箱、纸箱包装的行李或其他类似货物包装的行李，应加贴有“行李”字样的标贴，以防装卸时与货物混淆而发生差错。

（3）重要旅客及其随行人员的交运行李，除拴挂行李牌外，还要拴挂“重要旅客”标志牌。如同一班机上有两个以上不同单位的重要旅客时，应拴挂不同颜色的“重要旅客”标志牌以示区别。对挂有“重要旅客”标志牌的行李，要严加保管，后装先卸，保证运输质量。

（4）为了保证团体旅客行李运输的安全迅速，对团体旅客交运的行李，除拴挂行李牌外，另外加挂（贴）“团体旅客”标志牌。同一班机上有两个以上团体旅客时，应挂不同颜色的“团体旅客”标志牌。

（5）头等舱旅客或重要旅客不愿显露其身份的，以及立即换乘其他航班联程旅客交运的行李，除拴挂行李牌外，还应拴挂“装舱门”行李牌，对挂有此行李牌的行李，应装在舱门口，后装先卸，以保证运输质量。

二、行李的保管

（一）基本规定

（1）客运工作人员与行李保管人员、装卸工，要建立交接制度。行李收运后，如数量不符或行李损坏，要查清和做记录。发现无行李牌的行李，客运工作人员要会同行李保管员查清后方能运出，并记录清楚。

（2）由于班机取消，当日不能装机发运的行李，必须注意保管，防止丢失和损坏。如果装机后班机取消，一般应将行李卸下后妥善保管。

（3）凡货运工作与行李保管装卸工作分开的航站，对行李保管要建立一套完整的工作制度。要有行李保管员和仓库，不得将行李随意放在候机室、办公室等没有保管条件的地方。

（4）在行李保管期间需要检查行李的内容时，应请示值班领导，会同公安部门进行检查。

（5）行李收运后，如发现有松散，捆绑不牢等情况，应及时整修。必要时，可找旅客共同整修。

（二）行李免费保管期限与保管费

（1）与旅客同机到达的行李，旅客应在当日提取。行李到达的当日不收取保管费，如旅客未提取，应自行李到达的次日起核收行李保管费。

（2）未与旅客同机到达的行李，自承运人发出到达通知的次日起，免费保管 3 天，逾期核收行李保管费。

（3）由于承运人原因造成行李延误到达，在行李到达后，承运人及其代理人免费保管。

（4）无法交付的行李自到达的次日起，超过 90 天仍无人领取时，承运人可做如下处理：

①做好行李内容的清点工作；

②编制“无人领取行李 / 物品登记表”，上报有关部门；

③会同海关分别按无价移交物品和有价移交物品处理给有关部门。

三、行李的交付

旅客的行李在到达目的地机场后，旅客须凭借行李牌领取自己的行李，在领取的时候，须注意以下几方面：

正确核对，防止错发。交付行李时，必须收回行李牌识别联与行李上拴挂的行李牌核对号码，必要时查验客票。若旅客未立即领取行李，承运人及其代理人可按规定从行李到达的次日起向旅客收取行李保管费。对于旅客行李中的易腐品，有权在行李到达 24 小时后进行处理。

凭行李牌的识别联交付行李，对于领取行李的人是否确系旅客本人，以及由此造成的损失及费用，不承担责任。

旅客行李延误到达，立即通知旅客领取，也可直接送达旅客。

交付行李时，应请旅客查看行李是否完好无损；如发现有损缺，应立即会同旅客检查，并填制事故记录，凭事故记录予以处理，如没有提出异议，即为托运行李已完好交付。

如旅客遗失行李牌的识别联，应立即挂失。旅客要求提取行李，应提供足够的证明，经认可，并在领取行李时出具收据后，将行李交付旅客。如在旅客声明挂失前已被冒领，承运人不承担责任。

任务三　掌握行李运输不正常的处理

行李运输不正常是指在行李的运输过程中，由于承运人工作失误造成的行李运输差错或行李运输事故，如行李迟运、错运（少收、多收）、漏卸、错发、损坏、遗失等。行李运输发生不正常情况时，应及时、迅速、认真、妥善地处理，尽量避免或减少因行李不正常运输造成的损失，挽回影响，并应填写行李不正常运输登记表，见表 8-2。

表 8-2　行李不正常运输登记表

______年____月

航班 / 日期	颜色 / 形状	不正常原因	处理结果	备　注

各个航空公司都有专门的处理行李不正常运输工作的部门，同时航空公司还设立专门的行李查询中心，以协助各地查询、处理本航空公司行李查询工作和行李赔偿工作。

一、迟运行李

（一）迟运行李的定义

迟运行李（DELAYED BAGGAGE）指本次航班在始发站应予载运而未能运出的行李。迟运行李一般是行李漏装、行李牌脱落不能辨认行李的目的地，或由于飞机载量不足造成行李无法随旅客同机运出。迟运行李不包括旅客的逾重行李由于飞机载量原因而被安排在后续航班运出的托运行李。

（二）迟运行李的处理

案例分享 8-3

克服外界不利因素
提升服务意识

1. 收到迟运行李的处理程序

（1）在“迟运行李登记表”上编号、登记。

（2）安排后续航班和日期，并拍发行李运送电报给行李目的站或有关转运站，以便在航班到达时及时通知旅客，避免不必要的查询。

（3）若由于行李牌脱落无法确定行李的目的站而造成迟运，应向当日从本站起飞的所有航班和航班的中途站、目的站按多收行李（OHD）电报格式发报查询，在得到有关站的电报确认后，再将行李运出，运出前拍发行李运送电报。

（4）迟运行李运出前，应填写和拴挂速运行李牌（EXPEDITED），按运送电报的航班日期将迟运行李运往行李的到达站。

（5）代理其他承运人代理迟运行李时，应通知该航空公司驻本站代表。

2. 收到迟运行李后的处理

目的站收到迟运行李后，应立即通知旅客提取，并电告行李发运站迟运行李已收到或已交付。如旅客要求，可将行李运送到其驻地，地面交通费由责任站承担。

3. 行李转运站的处理

如迟运行李中途须转运，转运站收到行李后，应立即按运送电报或迟运行李牌上所到期的航班号、日期转运。

4. 到达站对迟运行李的处理

收到迟运行李后，立即通知旅客提取。迟运行李提取后，将收到日期和交付日期用电报通知迟运行李的始发站和中转站。

知识拓展 8-2

手机端便可追踪托运行李行踪 东航启用国内首个 RFID 行李全程跟踪系统

二、少收行李

（一）少收行李的定义

少收行李（MISSING BAGGAGE）指由于运输差错，使得航班到达后，目的地航站无法按规定的时间和行李数目向旅客交付应该同机运达，或下落不明尚待查找的行李。

行李少收的原因可能有：

（1）由于始发站行李漏装、行李错装或行李牌脱落、无法辨认行李的目的地而没有装上飞机；

（2）中途站错卸行李；

（3）到达站漏卸行李或行李与货物混淆被卸到仓库或其他地方等。

（二）少收行李的处理

1. 查验旅客的客票、登机牌、逾重行李票和行李牌领取联

通过查验客票了解旅客的姓名，旅客的航班行程路线、舱位，相关航程托运行李件数、重量、机票票号。如果涉及日后的赔偿问题，还应该复印旅客的客票留存。

通过查验旅客的登机牌了解旅客实际搭乘航班，如果有任何变更，则应该留存该登机牌。通过查验逾重行李票了解旅客为这次行程支付逾重行李的重量和声明价值费，在哪段航程中支付了逾重行李费。要掌握逾重行李票票号，如果涉及日后的赔偿问题，应该复印逾重行李票留存。

通过查验旅客的行李牌了解旅客的姓名是否与行李牌姓名相符，了解旅客的运输路线，包括航班、航程、日期、目的地，也可以了解行李的件数和重量。

2. 了解少收行李的形状和制作材料特征

如是联程行李，还应向旅客询问行李的转运情况，最后看见行李的地点，是否已向联程站提出查询。

3. 查看多收行李记录，外站发来的多收行李和运送行李电报

4. 按照行李查找地点查找行李

查看行李到达大厅与行李传送带周围有无遗留行李；通知行李装卸队检查货舱、集装箱内（必要时还可检查客舱）是否有漏卸行李，并检查行李仓库；向货运仓库询问是否误将行李卸到货物仓库内，必要时向海关查询；沿到达行李的运输路线查找。

5. 填写“行李不正常运输事故记录 PIR”及“少收行李处理登记表”

三、多收行李

（一）多收行李及其分类

多收行李（FOUND AND UNCLAIMED BAGGAGE）指在本次航班到达 24 小时，行李交付工作结束后仍无人认领的行李。出现多收行李的原因有以下原因：其他站错运至本站；中途站漏卸；行李牌在运输中脱落；行李牌挂错等。

多收行李分为以下几类：挂有非本站行李牌，错运到本站的行李；挂有本站行李牌，行李交付工作结束后仍无人认领的行李；没有挂任何行李牌的行李，分为知道到达站航班号的无牌行李和不知道到达站航班号的无牌行李。

（二）多收行李的处理

1. 多收挂有非本站行李牌的行李

（1）在多收行李报告表上编号、登记。登记时仔细查看行李外包装是否完整无损，有无上锁；行李上有旅客姓名、地址、电话号码，应尽量详细做好记录。同时，对破损和无锁的行李进行包扎或上铅封后过磅称重，并做好记录。将多收行李登记表与少收行李登记表上记录的情况进行对照分析，从中找出少收行李。

（2）填写并拴挂速运行李牌，保留原行李牌。

（3）飞机到达后两小时内发出多收行李电报 OHD，电报按“行李运输事故记录”有色部分的顺序拍发。

（4）选择合理的路线，以最快的航班把行李运送至原行李牌上的目的站。

（5）向行李目的站、始发站、有关中转站发运送行李电报。

（6）如本站没有至行李目的站的航班，也无法通知其他航班中转，应将行李退回原发运站。

2. 多收无人认领和无行李牌行李的处理

如果在本站出现了无人认领的行李或者没有行李牌的行李，则处理的程序如下：

（1）在多收行李报告表上登记、编号。

（2）查看行李上的旅客姓名、地址标贴 / 牌或其他能识别旅客姓名、地址的标志和行李的颜色、类型等。必要时，经领导同意后，可以开启包装查看行李内物（必须两人以上在场），以便从中得到有关线索，设法与旅客本人或单位有关人员联系。

（3）核对其他站发来的少收行李电报。

（4）如暂时无法找到失主，应填写“多收行李报告表”和“行李运输事故记录”，登记运达航班号、日期、行李颜色、形状、行李的内容等，并拴挂多收行李记录卡、过磅入库。

（5）在航班到达后 4 小时发多收行李电报，最晚不能超过飞机到达后第二天中午 12:00 前，电报发给运达航班的始发站，中途站或终点站。若行李在 72 小时后无人认领，则向有关航站和行李查询中心拍发 SHL（STILL HOLD）电报，电报格式和内容与 OHD 电报相同。

（6）如果从行李外表和行李内容上查到失主的姓名和地址，应去函与失主联系，并请旅客提供以下情况：航空公司、航班号、日期；行李颜色、类型和行李物品；是否属于托运行李；是否已向承运人报失，在哪里报失的。如经联系多收行李实属该旅客所有，请旅客认领。

（7）将多收的行李存放在行李库房内，妥善保管。从开始保管之日起，超过 90 天，可按无法交付行李处理。

（8）找到失主，应立即通知失主前来领取。若查明失主在外站，按速运行李的运送方法运出。

（9）其他承运人航班运来的无主行李，可以移交给该承运人处理。

四、破损行李、内物短少行李

（一）定义

旅客托运的行李在储存、运输过程中，因行李的外部受到损伤或行李的形状发生改变，而使行李的外包装 / 内装物品受到损伤，称为行李破损（DPR：Damage）。

行李内物短少是指旅客的托运行李由于破损或其他原因而造成行李内物部分物品的遗失。

行李破损分为明显破损和不明显破损。明显破损是指行李外包装有明显的破损痕迹或外包装变形。不明显破损是指行李外包装完好或看不出有破损的迹象，但内物受到损伤。

发生行李破损，应立即查明行李破损的原因，明确责任。如果属于在运输过程中的正常现象，应向旅客解释，因为在正常的行李运输过程中，行李箱包也会受到一定损耗，例如轻微的摩擦、凹陷或表面沾染少量的污垢等。这些轻微擦碰，承运人不负运输责任。

（二）行李破损的处理

1. 装卸时行李破损的处理

在装卸或传送行李时发生或发现行李破损，应会同行李装卸人员，按照规定填制行李装卸事故签证，并采取必要的补救措施。如果发现出港行李破损，一般要求将破损行李修整，符合运输条件后方能运出。如果一时无法运输，在运出时，应拍发行李破损（DMG）电报，通知行李目的站或 / 和有关中转站。

2. 提取时行李破损的处理

（1）旅客提取行李时提出其行李损坏，应立即会同旅客检查行李的外包装和内包装的损坏情况，并尽可能明确是承运人的责任，还是旅客的责任，检查内容包括：

①有无人为开、撬现象，破损痕迹的新旧；

②行李本身包装是否符合运输规定；

③整件行李的重量是否超过其包装所能承受的负荷；

④有无拴挂“免除责任行李牌”。

必要时可将破损行李过秤，核对旅客客票上填列的托运行李重量与实际重量是否相符，以确定行李的内容是否短缺。

（2）行李破损属承运人的责任时，应会同旅客填制“破损行李记录表”（PIR）一式三份，一份交旅客收执，作为赔偿的依据；一份留受理部门存查；一份随行李索赔单交财务部门。

（3）如行李外包装完好无缺，除旅客提出证明系承运人过失造成的外，对旅客向承运人提出的行李内装物品因破损而遭受损失的声明，可不予受理。

（4）挂有“免除责任行李牌”的行李发生破损时，应查看免除责任行李牌上打“×”的项目，如属免除承运人的责任的项目，可不负破损责任。

（5）如果代理其他承运人处理行李破损时，应请该承运人驻本场代表在“破损行李记录表”上签字，将“破损行李记录表”交该承运人代表直接处理。

五、无人认领行李

（一）无人认领行李的定义

无人认领行李是指多收行李，包括旅客遗失的自理行李、手提行李和安全限制物品，经多方查询仍无法找到失主，保管期超过规定时限的行李物品。

无人认领行李从开始保管之日起计算，超过 90 天，可作为逾期无人认领行李。

（二）无人认领行李的处理

处理逾期无人认领行李和物品的工作，由当地行李查询部门负责，在处理前应做好清点，编制“无人认领行李 / 物品登记表”，经上级有关部门批准后，按以下规定进行处理：

（1）无价移交物品。军用品向当地军管部门移交；违禁品向当地公安部门移交；历史文物、珍贵图书向当地文化部门移交；海关监管物品向海关移交；金银珠宝向中国人民银行移交。

（2）有价移交物品。生产资料交当地有关物资部门处理；生活资料交当地商业部门付款收购；粮食、植物油料交当地粮食部门付款收购。

（3）鲜活、易腐或其他保管有困难的物品、报经上级批准处理。

（4）处理所得款项，应先扣除行李保管费，处理费用，付关税，余款交财务部门保管。如旅客在处理之日起 30 天内，前来认领行李，在提供适当证明并经承运人确认后，可将余款交还失主，否则余款上交国库。

（5）属于运输事故，并已由承运人赔偿的行李，其变卖款全部归承运人所有。

项目小结

1. 根据运输责任，承运人承运的行李可分为托运行李、自理行李和随身携带物品，每类行李的体积与重量要求均不同。

2. 旅客所携带的托运行李和自理行李超过其票价所享受的免费行李额的部分叫作逾重行李。逾重行李费费率按填开逾重行李票之日所适用的公布直达单程成人正常经济舱票价的 1.5% 计算，保留两位小数。

3. 国内运输的托运行李每公斤价值超过人民币 100 元可办理行李的声明价值。承运人应按旅客声明价值中超过最高赔偿限额部分价值的 5‰，收取声明附加费。

4. 明确行李的收运、保管与交付环节的要求和注意事项有助于做好行李运输工作。

5. 行李运输不正常包括迟运行李、少收行李、多收行李、破损行李、内物短少行李、无人认领行李等情况。每种情况下的处理规定各不相同。

思考与练习

1. 什么是免费行李额？具体标准是什么？

2. 旅客的旅程为 SHA$\overset{F}{\text{—}}$TAO$\overset{Y}{\text{—}}$PEK，全程携带行李重量 50 公斤，计

算逾重行李费。

3. 行李的收运有哪些要求?

4. 行李的保管有哪些基本规定?

5. 迟运行李的处理程序如何?

6. 发生行李破损该如何处理?

学习效果自测

扫描下方二维码,检测你的学习效果。

08

学习检测

实训与分享

以小组为单位,收集整理航空旅客运送过程中出现的行李运输不正常服务案例,也可以是自己亲身经历的案例,试着用所学的理论知识分析判断并提出解决办法,以 PPT 方式展示分享。

项目九
责任与赔偿

项目导读

航空公司与旅客之间以客票为运输合同，相互约定由航空公司向旅客提供安全、准时、舒适的空中运输服务。旅客为此支付较其他运输方式更为昂贵的代价，航空公司则承担相应的运输责任与赔偿义务。本章将从航班延误、旅客人身伤害、行李赔偿等角度探讨承运人的责任与赔偿义务，同时介绍商业保险在航空运输领域的运用。

学习目标

知识目标： 了解航班延误的原因；理解航班延误责任认定和损失赔偿范围；了解国内航空旅客人身损害赔偿法律制度沿革；掌握旅客人身伤害的赔偿责任限额；理解行李运输的赔偿责任；理解航空旅客人身意外伤害保险等商业险种对航空运输保险的意义。

技能目标： 理解《航班延误经济补偿指导意见》和各航空公司关于航班延误的赔偿规定；明确航空公司旅客人身伤害的赔偿责任；能处理行李运输过程中出现的一般赔偿问题；熟悉航空旅客人身意外伤害保险等商业险种的销售和推广工作。

素质目标： 牢固树立持续的安全理念和精益求精的职业精神。

案例导入

航班延误该赔偿吗？

某架执行深圳至重庆、深圳至南京航班的飞机，在重庆由于天气原因造成飞机无法返回深圳，如此造成原计划 15: 30 从深圳去南京的旅客无法成行。由于运力紧张，航空公司也无备份运力可以调整，这样从深圳去南京的旅客一直被延误到当天 22: 35 才从深圳起飞。航空公司对一些住在南京近郊的旅客给予了一定补偿，一些旅客认为只赔偿住宿费是不够的，因为贻误商机给他们造成了很大损失，其他没有得到补偿的旅客更是认为航空公司此举有失公平，还有旅客提出了精神损害赔偿等。对这些要求，航空公司认为没有赔偿义务。那么这些旅客的要求是否应该获得法律支持呢？

任务一　了解航班延误的责任与赔偿

随着我国经济的发展，以飞机作为交通工具的人越来越多，从而因航班延误而发生的纠纷也越来越多。其实，航班延误不仅是国内民航界面临的难题，在全球民航业内也普遍存在。根据美国运输部的统计数据，2006 年美国机场的 710 万次商业航班中有 5.6%，即近 40 万次航班的起飞误点时间在 30 分钟到 1 小时之间。其中有近 6 万次航班在滑行道上滞留长达 2 小时；有超过 1000 次航班发生的延误时间至少在 3 小时以上；有 36 架飞机的滞留时间在 5 小时以上。中国民用航空局公布的统计数据表明，2019 年全国客运航空平均航班正常率为 81.65%。

一、航班延误的原因

航班延误的原因是多样性的，根据民航运行保障情况，民航局在制定航班界定的过程中，一共有 11 种原因来界定责任。

1. 天气原因

因天气原因造成航班延误是人力不可抗拒的因素，也比较容易得到旅客的理解，具体包括：(1) 天气条件低于机场最低的运行标准；(2) 因天气原因临时增减燃油和装卸货物，比如说遇到高热、高温天气，拉货、卸货；(3) 天气原因造成机场和航路通信、导航设施损坏，跑道积水、积雪、结冰；(4) 航空器进行除冰、除雪检查或者是等待除冰、除雪；(5) 为避开天气而改变航路；(6) 因高空异风造成实际运行时间超过标准航段的运行时间；(7) 天气原因造成航班合并、取消、返航、备降；(8) 天气原因造成空管和机场保障能力下降等导致航班延误。

2. 航空公司原因

航空公司的计划、运行保障、空勤组、工程机务、公司销售、地面服务、食品供应、货物运输、后勤保障、代理机构等造成航班延误，都算航空公司的原因。

3. 空中管制原因

空中管制部门的人为差错、设备故障、未及时提供或提供有误的气象和航行情报的服务信息以及实际运行超过空管保障能力造成的航班延误，均算空中管制原因。

4. 空域活动原因

由于军航的战斗出航、训练、转场、演习、科研等项目的限制，禁止航班飞行，造成民航保障能力下降，导致航班延误，算作空域活动原因。

5. 航班时刻安排原因

超过机场规定的小时安排容量导致的航班延误，算作航班时刻安排原因。

6. 机场原因

主要是机场的设施设备故障，安检口开放不及时，过安检缓慢，运行信息发布不及时，跑道、滑行道等保障设施施工等造成的航班延误，算作机场原因。

7. 油料原因

油料公司未及时供油或者是油的品质不合格，加油的设施、设备故障，加油时损坏飞机等造成的航班延误；或者加油的过程中，飞机碰着飞机了、加油的车碰着飞机了，都属于油料原因。

8. 旅客原因

航空公司已经准备好等待旅客，但旅客晚到，或旅客的登机手续不符合规定，或丢失登机牌，需重新办理登机手续；旅客拒绝登机或霸占飞机；旅客已登机但因为身体原因或者突发紧急情况要下飞机，需重新进行客舱及行李舱的安全检查；旅客在飞机上突发疾病或在分娩，飞机需要紧急备降等，因这些原因造成航班延误的，都属于旅客原因。

9. 联检单位原因

这主要涉及国际航班，边防、海关、检疫未及时为旅客办理通关手续，旅客晚登机；或者联检的人员不充足，旅客航班比较集中，旅客因为长时间的联检等候造成的航班延误。

10. 离港系统原因

离港系统故障，造成不能办理登机手续的，或者有时候整个机场系统故障或瘫痪，造成航班延误。

11. 公共安全原因

因举办大型活动或者是发生突发事件，造成保障能力下降和安全时间过长的，如：重大活动，像奥运会、阅兵等重大活动的保障，这是国家的行为，民航要保障；航班遭到劫持、爆炸威胁，发生可能影响飞行安全的事件；机场周边燃放烟花，导致能见度下降；发现不明飞行物，如无人机、气球、风筝等；发生地震、海啸等自然灾害；发生类似非典等的传染性疾病等，造成航班延误，都算作公共安全原因。

二、航班延误带来的诸多问题

1. 影响民航的社会形象和声誉

目前航班不正常已成为投诉的重点，每一次严重的航班延误都会引起消费者对民航的激烈责问，航班延误多，服务质量差，大大影响了民航的社会形象和声誉。

2. 对航空安全造成潜在的威胁

首先，航班延误造成空勤人员当日值勤时间延长，甚至超过了规定的值勤时间，导致空勤人员疲劳。其次，航班是连续运行的，前一航班的延误会造成后续航班的连锁延误，甚至迫使后续航班跨零点飞行，打乱了空勤人员的作息时间。第三，空勤人员面对不明真相的旅客辱骂，甚至是殴打，同时还须付出额外的精力去应对和处理少数旅客拒下飞机、拒绝登机、阻挠其他旅客登机、强占登机口等问题，要承受比平常更大的精神压力，容易导致判断失误和操纵错误，对航空安全造成潜在的威胁。大面积和长时间的航班延误，致使航班运行现场的运行人员焦虑、紧张和疲劳，以致在处理安全等具体问题时，容易产生侥幸心理，比如：明知天气不够标准或飞机有故障而放行或接收飞机等。航班延误还造成过站时间不足，面对正点的压力，机务人员只有采取缩短检查时间，减少维修项目的方法对飞机进行检查，不利于飞行安全。

3. 给航空公司经营带来了困难

处理延误的航班给航空公司带来额外的成本，据统计占到成本的2%~3%，2002 年全国航班延误 9 万多小时，处理航班延误成本高达 21 亿元。民航局《航班延误经济补偿指导意见》推出后，旅客一遇到航班延误，不分原因全都要求航空公司给予“赔偿”，导致后续更多航班和更长时间的延误，进一步加重了成本，致使航空公司一方面为减少成本而降低服务，另一方面采取扩大航班延误面，增加延误航班量来缩短已延误航班的时间，控制延误时间不超过规定的补偿时间，最终使得航班陷入恶性循环。

三、航空公司应尽的义务

根据现行法律，在发生延误后，航空公司的义务主要有以下三个方面：

1. 告知义务

航空公司应当向旅客及时告知有关不能正常运输的重要事由和安全运输应当注意的事项。航班延误或取消时，承运人应迅速及时将航班延误或取消等信息通知旅客，做好解释工作。

2. 补救义务

航空公司应当按照客票载明的时间和班次运输旅客。因承运人原因造成延长运输的，应当根据旅客的要求安排改乘其他班次或者退票。

3. 对旅客的损害赔偿义务

对旅客因延误造成的损失予以赔偿。2017 年 1 月 1 日起实施的、由交通运输部公布的《航班正常管理规定》(交通运输部令2016年第56号)(以下简称《规定》)明确指出：由天气、突发事件、空中交通管制、安检以及旅客等非承运人自身原因导致的航班延误或取消，航空公司应协助旅客安排餐食和住宿，费用由旅客自理。《规定》同时指出，旅客在三种情况下享受免费食宿服务：一是由于机务维护、航班调配、机组等承运人自身原因，造成航班在始发地出港延误或者取消；二是国内航班在经停地延误或者取消；三是国内航班发生备降。

四、责任认定和损失赔偿范围

（一）责任认定

一旦发生延误，航空公司是否必须承担责任呢？这要根据造成延误的原因而定，不能一概而论。

1. 航空公司自身的原因造成的延误

应该说，由于航空公司自己的原因导致的航班延误，毫无疑问，航空公司应承担责任。但是，哪些行为可以归属于航空公司自己的原因呢？通常的判断标准是，这些行为是否是航空公司自己完全可以控制的行为。现行法律法规将机务维护、航班调配、商务、机组等原因引起的航班延误认定为由航空公司自己所造成的原因。对此，航空公司应承担责任。现行法律法规的依据是《中国民用航空旅客、行李国内运输规则》和《中华人民共和国民用航空法》(以下简称《客规》和《民用航空法》)。《客规》规定，在由于上述原因造成延误的情况下，航空公司应当向旅客提供餐食或住宿等服务；《民用航空法》规定，旅客、行李或者货物在航空运输中因延误造成的损失，航空公司应当承担责任。在责任的承担上，首先需要明确的一点是，航空公司承担的是违约责任。具体如何承担责任，我国《民用航空法》仅做了原则规定，这样，只能根据《合同法》，参照《客规》的规定执行。《合同法》规定的承担方式有以下几种：

(1) 继续履行。在发生延误后，如旅客愿意，航空公司应当继续履行运输义务。这在《客规》中有明确体现，即航班取消、提前、延误、航程改变或不能提供原定座位时，承运人(航空公司)应优先安排旅客乘坐后续航班或签转其他承运人的航班。

（2）采取补救措施。航班延误或取消时，航空公司应根据旅客的要求，安排后续航班或给旅客退票。

（3）赔偿损失。如旅客证明自己确实因航班延误遭受了财产损失，则航空公司应予赔偿。

2. 非航空公司原因造成的延误

非航空公司原因造成的延误，航空公司不承担责任。这些原因包括天气、突发事件、空中交通管制、安全检查等。这些原因是航空公司无法控制的。《客规》规定，由于上述原因造成延误时，航空公司应协助旅客安排餐食和住宿，费用可由旅客自理。《民用航空法》规定，航空公司如能证明航空公司自己或它的代理人为了避免损失的发生，已经采取一切必要措施或者不可能采取此种措施的，不承担责任。但是，航空公司违约责任的免除，并没有免除法律规定的航空公司应尽的义务。即便是在这种情况下，航空公司仍然负有告知义务和补救义务。

（二）损失赔偿范围

1. 赔偿损失的前提

航班延误并非一定引发赔偿问题，只有在因航班延误而给旅客造成“实际的财产损失”时，航空公司才承担赔偿责任。

2. 我国航空公司的通常做法

损失赔偿范围事先可以由旅客与航空公司商定，也可以由法律规定。实践中，很少有旅客与航空公司事先商定损失赔偿范围的。而我国的《民用航空法》也没有具体的规定，为此，2004 年 6 月 26 日，民航局出台《航班延误经济补偿指导意见》，主要内容如下：

（1）航空公司因自身原因造成航班延误标准分为两个，一个是延误 4 小时以上、8 小时以内；另一个是延误超过 8 小时以上。这两种情况，航空公司要对旅客进行经济补偿。

（2）补偿方式可以通过现金、购票折扣和返还里程等方式予以兑现。

（3）在航班延误的情况下，为了不再造成新的延误，经济补偿一般不在机场现场进行，航空公司可以采用登记、信函等方式进行。

（4）机场应该制止旅客在航班延误后，采取“罢乘”“占机”等方式影响航班的正常飞行。

民航局表示，具体补偿标准和补偿方案由各航空公司自行制定。目前，我国航空公司通常采取的做法是，承担旅客因航班延误造成的食宿费用、转机增加的费用、退票费用等。有些航空公司还给旅客一定的补偿。确有其他损失的，在旅客举证属实后承担赔偿责任。

知识拓展 9–1

深航关于航班延误现金补偿实施办法

在实践中，存在一种错误的看法，即有的旅客认为因航班延误导致其错过了重大商机等获得经济利益的机会而要求航空公司赔偿损失。对此，我国《合同法》做了明确规定，即“当事人一方不履行合同义务或者履行合同义务不符合约定，给对方造成损失的，损失赔偿额应当相当于因违约所造成的损失，包括合同履行后可以获得的利益，但不得超过违反合同一方订立合同时预见到或者应当预见到的因违反合同可能造成的损失”。我国合同法以“可预见性”标准限制了赔偿范围的任意扩大。“可预见性”应以一般社会常识为预见标准，航空公司自然无法预见众多的旅客贻误了怎样的商机。因此，因飞机延误贻误了商机而造成的损失一般不予赔偿。

任务二　了解旅客人身伤害的责任与赔偿

一、国内航空旅客人身损害赔偿法律制度沿革

（一）《飞机旅客意外伤害强制保险条例》

该条例是 1951 年 4 月 14 日由政务院财政经济委员会发布，1989 年 2 月 20 日失效。条例规定，凡在中华人民共和国境内持票搭乘飞机之旅客，均应依照条例的规定，向中国人民保险公司投保飞机旅客意外伤害保险，保险费包含于票价之内，按基本票价的 5‰ 收取，保险金 150 万元，折合 1955 年新

币 1500 元。根据此规定，在新中国成立初期，通过规定强制保险，保险公司以意外伤害保险金的形式来承担旅客因意外事故而受到的伤害，航空公司不再承担赔偿责任。1982 年 4 月广西桂林空难发生后，经国务院批准，在原保险金 1500 元的基础上，再给付慰问金 1500 元，对生前供养 2 人者，再给其家属补助金 1000 元；供养 3 人以上者给 2000 元。赔偿金总额以每旅客 5000 元为限。对港、澳地区和外国旅客参照 1955 年《海牙议定书》，赔偿 20 000 美元。1988 年 1 月 18 日重庆空难发生后，又将保险金和补助金调整为 8000 元。

（二）《国内航空运输旅客身体损害赔偿暂行规定》

该条例于 1989 年 2 月 20 日由国务院颁布，1989 年 5 月 1 日起施行。《飞机旅客意外伤害强制保险条例》同时废止。按照该规定，承运人对每名旅客的最高赔偿金额为人民币 2 万元。另外，旅客可以自行决定向保险公司投保航空运输人身意外伤害险。同时我们注意到，在这个《暂行规定》中，已明确提到承担赔偿责任的主体是承运人即航空公司，而不是保险公司，并且保险金额的给付，不得免除或减少承运人应当承担的赔偿金额。这应该是我国第一部关于航空运输损害赔偿的法律制度。

（三）国务院关于修改《国内航空运输旅客身体损害赔偿暂行规定》的决定

该暂行规定于 1993 年 12 月 13 日由国务院颁布，即国务院第 132 号令（下文简称国务院第 132 号令）。1994 年 1 月 1 日起实施。修改后的承运人对每名旅客的最高赔偿金额为人民币 7 万元。

（四）《中华人民共和国民用航空法》

《中华人民共和国民用航空法》于 1995 年 10 月 30 日由全国人大常委会颁布，自 1996 年 3 月 1 日起施行。该法对于承运人的赔偿责任限额，只在第一百二十八条第一款做了规定，即：“国内航空承运人的赔偿责任限额由国务院民用航空主管部门制定，报国务院批准后公布执行。”但民航主管部门并没有依据此条制定规定，一直沿用国务院第 132 号令。

（五）《国内航空运输承运人赔偿责任限额规定》

2006年1月29日，中国民用航空总局令第164号《国内航空运输承运人赔偿责任限额规定》经国务院批准并予以发布，自2006年3月28日起施行。按照《国务院关于〈国内航空运输承运人赔偿责任限额规定〉的批复》（国函〔2006〕8号），1989年2月20日国务院发布、1993年11月29日国务院修订后重新发布的《国内航空运输旅客身体损害赔偿暂行规定》，自《国内航空运输承运人赔偿责任限额规定》施行之日起同时废止。《国内航空运输承运人赔偿责任限额规定》把对每名旅客的赔偿责任限额提高到人民币40万元。

二、承运人对旅客人身损害赔偿的责任期间

我国《民用航空法》第一百二十四条规定：因发生在民用航空器上或者在旅客上、下民用航空器过程中的事件，造成旅客人身伤亡的，承运人应当承担责任；但是，旅客的人身伤亡完全是由于旅客本人的健康状况造成的，承运人不承担责任。从用语上看，本条是参照《华沙公约》《蒙特利尔公约》的规定制定的。

（一）"上航空器的过程中"的界定

旅客在民用航空器上的全部期间为承运人责任期间的主要构成部分。承运人责任期间是以是否存在航空风险为标准来确定的。旅客自登机后直至其下飞机，一般来说，只要该航空器处于飞行中，旅客就面临着各种各样的与航空活动（或者称为飞行活动）有关的风险，如航空器与航空器相撞、航空器与地面障碍物相撞、航空器出现机械故障而导致坠毁以及航空器在空中发生剧烈颠簸等，即比较容易受伤或者死亡。因此，旅客在民用航空器上的全部期间为承运人的责任期间。旅客的登机过程是承运人责任期间的一个组成部分。登机过程，即旅客"上民用航空器的过程"，是指旅客办理登机手续后至进入民用航空器之前因登机活动而处于承运人照管之下的期间。登机过程有四个要件：

（1）从时间上看，登机过程是旅客已经办理登机手续但尚未进入民用航空器的一段时间。

（2）从旅客所从事的活动看，旅客正在进行登机活动。

（3）从旅客与承运人的关系看，旅客正处于承运人的照管之下。

（4）从旅客所处的地点看，旅客正处于登机区域，即从候机地点到民用航空器的地段，一般包括运输区域（飞机运行区域）、停机坪和飞机的停放地点。

判断旅客是否在“上民用航空器的过程中”，应同时考虑上述四个因素。旅客办理登机手续后坐在候机楼候机的期间不是登机的过程，因为旅客并未开始登机活动，也未处于承运人照管之下，其所处的地点也不是登机途中。相反，旅客走上舷梯至进入民用航空器的过程则是登机过程。因为，无论是从时间、地点看，还是从旅客所从事的活动以及旅客与承运人的关系看，这个过程都符合登机过程的要件。

（二）“下航空器的过程中”的界定

旅客的下机过程，即“下民用航空器的过程”，也是承运人责任期间的组成部分。下机过程，是指旅客走出民用航空器后到达民用机场的建筑的安全地带前，因下机活动而处于承运人照管之下的期间。下机过程也具有四大要件：

（1）从时间上看，下机过程是指旅客从飞机上下来走进机场建筑安全地带的一段时间。

（2）从旅客所从事的活动看，旅客正在进行下机活动。

（3）从旅客与承运人的关系看，旅客正处于承运人的照管之下。

（4）从旅客所处的地点看，旅客处于下机区域，即从候机地点到民用航空器的地段，一般来讲，下机区域也是指飞机的运行区域、停机坪或飞机的停放地点。

同样的，判断旅客是否在“下民用航空器的过程中”，也必须同时考虑上述四个因素。

三、归责原则

我国《民用航空法》第一百二十四条：因发生在民用航空器上或者在旅客上、下民用航空器过程中的事件，造成旅客人身伤亡的，承运人应当承担责任；但是，旅客的人身伤亡完全是由于旅客本人的健康状况造成的，承运人不承担责任。

第一百二十七条第一款是关于航空承运人免责的规定：在旅客、行李运输中，经承运人证明，损失是由索赔人的过错造成或者促成的，应当根据造成或者促成此种损失的过错的程度，相应免除或者减轻承运人的责任。旅客以外的其他人就旅客死亡或者受伤提出赔偿请求时，经承运人证明，死亡或者受伤是旅客本人的过错造成或者促成的，同样应当根据造成或者促成此种损失的过错的程度，相应免除或者减轻承运人的责任。

将这两款规定结合起来看，在航空运输中造成旅客的人身伤害或死亡，我国《民用航空法》采用的归责原则是无过错原则，虽然第一百二十七条第一款中承运人得以证明旅客有过错而免责或部分免责，但承运人无法通过证明自己主观没有过错免责，所以承运人在旅客人身赔偿中承担的依然是无过错责任而不是过错推定责任。

四、赔偿责任限额

我国《民用航空法》第一百二十八条规定国内航空运输承运人的赔偿责任限额由国务院民用航空主管部门制定，报国务院批准后公布执行。

自 2006 年 3 月 28 日起，《国内航空运输承运人赔偿责任限额规定》开始实施，就是说在此之后的国内航空运输中发生的人身损害赔偿的限额将适用该规定，即赔偿的最高额为每人 40 万元人民币。

在《民用航空法》实施至今的近 10 年内，作为国务院民用航空主管部门的民用航空总局，迟迟未依法制定相应的规定。2000 年武汉空难、2002 年大连空难和 2004 年包头空难对遇难旅客的赔偿额度都不一样，如武汉空难对遇难旅客的人身赔偿费用主要由三部分构成：一是身体损害赔偿费 7 万元；二是充分考虑到 1993 年以来物价指数实际情况，每名遇难者赔偿额再增加 4.45 万元；三是参照劳动部 1996 年颁布的丧葬费标准和武汉市职工 1999 年平均工资标准，按 6 个月平均工资计算，给每名遇难者 3600 元丧葬费。另外，为感谢遇难者家属对事故调查处理工作的支持和理解，在遇难者家属签署赔付协议并同意火化遗体的基础上，另适当增加补偿费，最高为 3000 元。又如包头空难，2004 年 11 月 21 日，东航由包头飞往上海 MU5210 航班起飞不到 1 分钟就在机场附近南海公园坠落，机上旅客共 48 人全部罹难。理赔过程中，东航参照

1993 年国务院颁布的第 132 号令，“民用航空运输旅客伤亡赔偿的最高限额为 7 万元整”的规定，并称“考虑到消费价格总指数的变化，在上述法定赔偿限额的基础上再增加 7 万元，共计 14 万元”进行赔偿。

从以上案例不难看出，正是因为国务院第 132 号令与社会经济发展不相适应，因此，在处理空难赔偿上，带来了以下一些问题。

一是损害了法律的权威和尊严，使法律在百姓心目中大打折扣。虽然承运人赔偿的依据是第 132 号令，但在某种程度上是脱离了该规定，并没有完全依据该规定，这从大连和包头两次空难的赔偿数额的计算方法中反映出来。而社会各界对第 132 号令效力的质疑就是最好的证明。

二是损害了承运人的利益，并且在一定程度上使承运人的声誉也受到影响。现在的实际情况是，在发生空难后，承运人根据物价上涨指数上浮赔偿数额，但这种做法遭到了遇难者家属的质疑，认为没有法律依据，拒绝接受赔偿，甚至诉诸法院，为此承运人还支付了相当数量的诉讼费，从而使空难赔偿久拖不决，在相当程度上损害了航空承运人的利益，也使承运人在社会公众面前的形象受损。

三是遇难者的权利得不到全面的保护。虽然根据物价指数上浮了赔偿额，但这一数额与社会经济水平不相适应，使遇难者的权利得不到有效的救济。继续沿用 1993 年国务院第 132 号令作为赔偿依据，对当事人明显不公。在某种程度上，第 132 号令已形同虚设。今年 3 月 28 日开始生效实施的《国内航空运输承运人赔偿责任限额规定》将赔偿限额提高到了 40 万元人民币，暂时缓解了这一矛盾。

任务三 了解行李运输的责任与赔偿

行李的运输是旅客运输不可缺少的部分，每名旅客在旅行中都会携带或多或少的行李。由于行李本身所具有的多、杂、碎等特点，以及处理环节较多，在运输过程中发生破损、遗失、被盗以及延误几乎是不可避免的，这就必然涉及行李的赔偿问题。

一、行李赔偿责任划分

（一）承运人责任

（1）旅客交运的行李在运输过程中发生丢失、破损、短少或延误等差错事故，承运人应负赔偿责任。

（2）如果丢失的行李只是全部交运行李的一部分，不管其丢失的价值如何，只能按该部分丢失的重量在全部行李重量中的比例承担责任。如果行李部分破损，应赔偿破损部分的价值和修理费。

（3）承运人交付行李时，如果旅客没有对行李的完好提出异议，并未填写“行李运输事故记录”或“破损行李记录”民航不负赔偿责任。

（4）对于逾重行李的逾重部分，如未付逾重行李费，承运人对该部分不负赔偿责任。私自带上飞机的捎带物品，无论发生丢失或破损，承运人一律不负任何责任。

（二）除外责任

由下列情况造成行李的损失，除能证明是民航的过失外，民航不负赔偿责任：

（1）因自然灾害或其他无法控制的原因。

（2）包装方法或容器质量不良，但从外部无法观察发现。

（3）行李本身的缺陷或内部物品所造成的变质、减量、破损、毁灭等。

（4）包装完整，封志无异而内件短少、破损。

（5）旅客的自理行李和手提行李。

（三）旅客的责任

（1）旅客未遵守国家的法律、政府规章、命令及民航运输的有关规定。

（2）行李内装有按规定不能夹带的运输物品。

（3）由于旅客原因，造成民航或其他旅客的损失，应由造成损失的旅客负责。

二、赔偿限额

（1）旅客的托运行李全部或部分损坏、丢失，赔偿金额每公斤不超过人民币 100 元。如行李的价值每公斤低于 100 元时，按实际价值赔偿，已收逾重行李费退还（注：外包装破损的行李重量，按除去行李内容物后的外包装重量计算）。

（2）丢失行李是全部行李的一部分，按丢失的实际重量承担赔偿责任。若无法确定丢失行李的重量，每一旅客的丢失行李最多只能按该旅客享受的免费行李额赔偿（注：重要文件和资料、外交信袋、证券货币、汇票、贵重物品、易碎易腐物品，以及其他需专人照管的物品夹入行李内托运，若一旦遗失或损坏，承运人按一般托运行李承担赔偿责任）。

（3）旅客的丢失行李如已办理行李声明价值，应按声明价值赔偿，声明价值附加费不退，行李的声明价值高于实际价值时，应按实际价值赔偿。

（4）行李部分破损时，按行李折旧后的价值赔偿或负担修理费用。

（5）由于发生在上、下航空器期间或航空器上的事件造成旅客的自理行李和随身携带物品丢失，承运人承担的最高赔偿金额每位旅客不超过人民币 3000 元。

（6）构成国际运输的国内航段，行李赔偿按适用的国际运输行李赔偿规定办理。计件至免费行李额运输的航段，除交付逾重行李费之外，每件行李的赔偿额以 32 公斤为限。

（7）已赔偿的旅客丢失行李找到后，承运人应迅速通知旅客领取，旅客应将自己的行李取回，退回全部赔款，临时生活用品补偿费不退，发现旅客有明显的欺诈行为，承运人应追回全部赔款。

（8）行李赔偿时，对赔偿行李收取的逾重行李费应退还旅客，声明价值附加费不退。

（9）软质行李箱包类

①软质行李箱包是指人造革、纺织材料、皮革制作的行李箱包；

②软质行李箱包附设的锁、搭扣、手柄、滑轮、牵拉带、提带因装卸原因造成损坏、缝合线脱线，应尽可能修复；无法修复的，同意赔偿或报销修理费用，其最高限额为人民币 30 元；

③软质行李箱包因装卸原因造成行李箱包表面擦伤或挤压变形，根据损伤情况，其最高限额为人民币 100 元；

④软质行李箱包因装卸原因造成撕裂达到穿透程度，最高赔偿限额为人民币 200 元或报销修理费用，最高限额为人民币 300 元。

（10）硬质行李箱包

①硬质行李箱包附设的锁、搭扣、手柄、滑轮、牵拉带、提带因装卸原因造成损坏或丢失，应尽可能修配，无法修配的，最高赔偿限额为人民币 50 元；

②硬质行李箱包因装卸原因造成行李箱包表面擦伤，根据擦伤面积赔偿，其最高限额为人民币 100 元；

③硬质行李箱包因装卸原因造成行李箱包被挤压变形或表面凹陷，最高赔偿限额为人民币 100 元；

④硬质行李箱包因装卸原因造成行李箱包表面破裂达到穿透程度，最高赔偿限额为人民币 400 元，或报销修理费，最高限额为人民币 500 元。

（11）纸箱、木质行李箱、藤质行李箱及其他。

①纸箱行李不符合航空运输行李包装的要求，纸箱发生损坏，不予赔偿；

②木质行李箱和藤质行李箱发生破损，只有断裂无法使用时，最高赔偿限额为人民币 50 元。

（12）托运行李在运输过程中发生污损，造成行李内物或行李箱表面污损，按污损物的重量根据每公斤最高赔偿限额赔偿。

（13）破损 / 报废

①托运行李的行李箱包在运输过程中发生破损，不能继续使用，如需购买新行李箱包，应凭购箱发票及破损行李箱包报销。软质行李箱包报销的最高限额为人民币 500 元；

②对于价值较高的软、硬箱包破损的赔偿（高于以上各条款的），可以按破损空箱原值按使用年限折旧后赔偿，但必须请示当日值班领导同意后执行；

③最高赔偿限额均不得高于破损行李的原实际价值。

三、临时生活日用品补偿费

（1）旅客乘坐本公司航班，其托运行李未能与旅客同机到达，造成旅客旅途生活不便，应给予旅客临时生活日用品补偿费。

（2）下列情况，航空公司不提供日用品补偿费：

①旅客乘坐航空公司航班到达本站，但行李在外站已遗失且在本站申报遗失前，行李并非该航空公司承运；

②行李用当天的后续航班运达；

③行李贴挂有免除责任行李牌，其免责项目为“旅客晚交运行李”；

④逾重行李因载量不足而被撤下；

⑤ 旅客的永久或长期地址为托运行李的目的地。

（3）适当的临时生活用品补偿费一次性发给旅客，目前国内航线一次性赔偿人民币 100 元，国际航线根据舱位等级，一般为人民币 300~500 元。

（4）“临时生活日用品付款单”一式三联，一联为会计联，送交财务；二联为存根联，附在“行李运输差错记录”上，以便赔偿时参考；三联为旅客联，由旅客收执。

（5）支付临时生活日用品补偿费后，如旅客行李未能找到而需进行赔偿，该补偿费将作为本公司对行李赔偿的一部分，从赔偿金额中扣除。如行李找到，旅客无须退回补偿费。

四、索赔和诉讼

（一）赔偿要求的提出和处理

（1）托运行李发生损坏或者延误，旅客应当在发生损坏或者延误后立即向承运人提出异议，至少应当在下列情况规定期间内提出异议，否则丧失索赔权。

（2）旅客领取了托运行李后，若发现托运行李发生损坏的，最迟应当在实际收到托运行李之日起 7 天内提出。

（3）托运行李发生延误的，最迟应当在托运行李交付旅客之日起 21 日内提出。

（4）由于航空公司责任造成旅客行李丢失、破损等，旅客必须在该行李应当交付之日起的 7 天之内，凭“行李运输事故记录”或“破损行李记录”向受理站提出索赔要求。如旅客已离开受理站，由受理站将有关资料和处理意见委托距旅客所在地最近的民航站处理。

（5）受理站在接到旅客的行李索赔要求时，应于 3 天内查明情况和原因，7 天内决定是否赔偿，并将处理意见答复旅客。如受他站委托处理旅客索赔要求时，须在 3 天之内将委托站办理赔偿的决定答复旅客。

（6）收到国际航班旅客的行李赔偿要求时，应立即查找。21 天仍查找不到时，如手续完备，可按有关规定赔偿。

案例分享 9-1

被"减肥"的行李

（7）托运行李发生损失或延误的，如有索赔要求，索赔人应当在发现损失后向航空公司或地面服务代理人行李查询部门书面提出异议。

（8）航空公司不受理旅客本人以外的其他人的索赔，除非索赔人已取得旅客本人签名的授权书。

（9）行李索赔可在行李的始发站、目的站办理。始发站办理赔偿时，必须得到目的站授权或证实并确信在目的站未做赔偿，方可办理。旅客如对航空公司的赔偿有不同意见，可在受理点、办理地点或航空公司法定所在地点提出诉讼。

（10）关于赔偿责任的诉讼时效期间为 2 年，应从飞机到达目的地点之日起，或从飞机应当到达目的地点之日起，或从运输终止之日起计算，否则自动丧失任何损失的诉讼权。

（二）行李赔偿受理

1. 受理要求

受理赔偿时，应核实航空公司有无运输责任。航空公司无运输责任的，应及时答复旅客，说明不予赔偿的理由和根据，退还旅客所有有关票证和文件。航空公司有运输责任的，如旅客有索赔要求，应为旅客（包括折扣票旅客）办理赔偿。

2. 受理依据

受理赔偿时，应备齐所需文件和资料。根据航空公司行李赔偿规定提出赔偿意见并与旅客协商，确定赔偿金额。经审批后，为旅客办理行李赔偿手续。办理程序填写"行李赔偿费收据"，并将旅客联交予旅客。收回旅客的"行李运输差错记录”。旅客已交付逾重行李费的，应将赔偿重量的逾重行李费退还旅客。对于投保的行李，航空公司只承担一般行李的赔偿责任。航空公司航班行李不正常运输责任赔偿费用由航空公司承担，但是由地面服务代理机场的工作人员故意或明知可能造成损失而轻率的行为造成的，应由代理机构承担。

3. 审批权限

（1）行李破损在500元以内的赔偿，由行李查询部门（外站由地面服务代理方行李查询部门领导）批准。

（2）在规定免费行李额内的赔偿，由航空公司机场商务办（外站由协议授权的地面服务代理机场行李查询部门领导）批准。

（3）超过上述限额和范围的赔偿，由航空公司市场销售部批准。

4. 赔偿费用的承担和结算

（1）行李的赔偿费用（包括赔款、修理费、损坏补偿费、交付行李运输费、临时生活补偿费）均由承运人承担，破损行李的残值等类款项归航空公司所有。

（2）如属其他承运责任而受理航站垫付的赔偿，由受理航站于每月月底向航空公司结算。

（3）赔偿费用结算时，附以下材料（原件或复印件均可）：“旅客行李索赔单”“丢失行李调查表”证明行李内容和价值的有关材料；“行李运输事故记录或破损行李记录”“行李装卸事故签证”“行李领取凭证”“逾限行李收据”“行李赔偿费收据”及往来电报。国内航班的赔偿结算币种为人民币。

任务四　了解航空保险

一、航空保险的种类

航空保险大体分为以下几种：飞机机体损失物的保险；对乘客及其行李等的损失赔偿责任保险；对飞机以外的第三者的损失赔偿责任保险；对空运货物

的损失赔偿责任保险；有关机场设施及业务的损失赔偿责任保险；对飞机保管者的委托飞机的损失赔偿责任保险；飞机制造者、修理者的产品责任保险；飞行员、乘务员、乘客等搭乘飞机中受伤害的伤害保险。

二、航空旅客人身意外伤害保险

知识拓展 9-2

航班延误险

从航空旅客的角度，航空保险一般是指乘客搭乘飞机过程中受伤害的伤害保险，即航空旅客人身意外伤害保险，以下简称“航意险”。它是保险公司为航空旅客专门设计的一种针对性很强的商业险种。

（一）航意险的保险期间

航意险的保险期间包括以下两种情况：首先，自被保险人持合同约定航班班机的有效机票到达机场通过安全检查时始，至被保险人抵达目的港走出所乘航班班机的舱门时止。其次，被保险人改乘等效航班，合同继续有效，保险期间自被保险人乘等效航班班机通过安全检查时始，至被保险人抵达目的港走出所乘等效航班班机的舱门时止。

（二）航意险的保险责任

航意险的保险责任是被保险乘客在登机、飞机滑行、飞行、着陆过程中，即在保险期限内因飞机意外事故遭到人身伤害导致身故或残疾时，由保险公司按照保险条款所载明的保险金额给付身故保险金，或按身体残疾所对应的给付比例给付残疾保险金。保险金额按份计算，每份保险金额为人民币 40 万元。同一被保险人最高保险金额为人民币 200 万元。保险费由投保人在订立合同时一次交清，每份保险费为人民币 20 元。

现行的国内航空旅客人身意外伤害保险是“双向保险制”。旅客可以自行决定向保险公司投保航意险。此项保险金额的给付，不得免除或减少承运人应当承担的赔偿责任。

航意险的格式见下表。

航空旅客意外伤害保险单

AVIATION PASSENGER ACCIDENT INSURANCE FORM

保单号：　　　　　　　　　　　　　　　　　　　　　　　　密码：

被保险人姓名 NAME OF INSURED	被保险人身份证件号码 ID CARD NO.
航班号 FLIGHT NO.	乘机日 DATE
保险金额　　大写金额 INSURED AMOUNT　RMB-Y	保险费　　大写金额 PREMIUM　　RMB-Y
受益人是被保险人：　□配偶　□子女　□父母　□其他 ______ THE OBLIGEE IS THE INSURED'S　SPOUSE　CHILDREN　PARENTS　OTHERS 受益人姓名： NAME OF INSURED 地址： ADDRESS	 邮编：

联系电话：　　　　　　　　盖章：　　　　　　　　签字及日期：
TEL　　　　　　　　　　　SEAL　　　　　　　　　SIGNATURE & DATE

为了打破以前航意险单险种的垄断局面，为消费者提供更多的保障选择，中国保监会在推进航意险改革时，明确提出鼓励保险公司开发航意险替代产品，各家保险公司陆续开发了交通工具意外伤害保险等产品。这些保险产品相对于“一个航次 20 块钱保 40 万元”的航意险，保险期限更长，价格更低，可以为保险期间内多次乘坐航班提供保障，包含了对飞机等多种交通工具的意外伤害保险责任，成为航意险的替代产品。航意险替代产品丰富了旅客的航空风险保障选择，促进了航意险市场的健康发展。

案例分享 9-2

航班延误保险赔偿

知识拓展 9-3

国内航空运输承运人赔偿责任限额规定

项目小结

1. 航班延误赔偿是目前困扰国内民航界的一大难题，民航局出台的《航班延误经济补偿指导意见》试图从制度上解决这一问题，但要真正落实起来还需要航空公司处理航班延误赔偿的细则。

2. 2006 年，《国内航空运输承运人赔偿责任限额规定》把对每名旅客的赔偿责任限额提高到人民币 40 万元。

3. 对每名旅客随身携带物品的赔偿责任限额为人民币 3000 元；对旅客托运的行李和对运输的货物的赔偿责任限额，为每公斤人民币 100 元。

4. 航意险每份保险金额为人民币 40 万元，同一被保险人最高保险金额为人民币 200 万元，保险费由投保人在订立合同时一次交清，每份保险费为人民币 20 元。

5. 为了打破以前航意险单险种的垄断局面，保监会鼓励保险公司开发航意险替代产品，这丰富了旅客的航空风险保障选择，促进了航意险市场的健康发展。

思考与练习

1.《航班延误经济补偿指导意见》主要内容有哪些？

2. 简述国内航空旅客人身损害赔偿法律制度沿革。

3.《国内航空运输承运人赔偿责任限额规定》对旅客人身伤害和行李运输赔偿的规定有何主要变化？

4. 行李赔偿责任是如何划分的？

5. 简述航空旅客人身意外伤害保险的保险期间和保险责任。

学习效果自测

扫描下方二维码，检测你的学习效果。

09

学习检测

实训与分享

以小组为单位，每个小组成员分享自己在旅行中购买旅游保险或者索赔的经历。

附录一

上海航空公司
SHANGHAI AIRLINES
旅客行李索赔单
CLAIM FORM
DAMAGE OR LOSS OF PASSENGER BAGGAGE

<table>
<tr><td colspan="6">旅客姓名
Passenger's name</td></tr>
<tr><td colspan="6">地址
Address</td></tr>
<tr><td colspan="6">工作单位
Profession Service</td></tr>
<tr><td colspan="6">客单、行李牌
Ticket and Tag No.</td></tr>
<tr><td>航 班 号
Flight No.</td><td>月
Month</td><td>日
Date</td><td>航 班 号
Flight No.</td><td>月
Month</td><td>日
Date</td></tr>
<tr><td colspan="6">发生事故的日期和地点
Date and Place of Occurence</td></tr>
<tr><td colspan="6">损失或遗失的主要情况
Details of Damage or Loss</td></tr>
<tr><td colspan="2">件　数
No.of Piece</td><td colspan="2">重量
Weight</td><td colspan="2">声明价值
Declared Value</td></tr>
<tr><td colspan="6">行李内容
List of Contents</td></tr>
<tr><td colspan="6">索赔金额
Amount Claimed</td></tr>
<tr><td colspan="2">索赔人签字或盖章
Signature of Claimant</td><td colspan="2">日期
Date</td><td colspan="2">地点
Place</td></tr>
</table>

附录二

破损行李记录
DAMAGED BAGGAGE REPORT（DBR）

<table>
<tr><td colspan="4">编号
REFERENCE NO.LLCA</td><td>破损行李件数
PIECE OF DAMAGED BAG</td><td>旅客姓名
PASSENGER'S NAME</td><td>称呼
TITLE</td></tr>
<tr><td colspan="4">旅客航程 PASSENGER'S ITINERARY</td><td colspan="3" rowspan="3">旅客临时住址及电话号码
PASSENGER'S TEMPORARY ADDRESS AND PHONE NO.</td></tr>
<tr><td>航空公司
AIRLINE</td><td>航班号
FLT NO.</td><td>月 / 日
MONTH/ DATE</td><td>自 至
FROM TO</td></tr>
<tr><td></td><td></td><td></td><td></td></tr>
<tr><td></td><td></td><td></td><td></td><td colspan="3" rowspan="2">旅客永久住址及电话号码
PASSENGER'S PERMANANT ADDRESS AND PHONE NO.</td></tr>
<tr><td></td><td></td><td></td><td></td></tr>
<tr><td colspan="4" rowspan="3">声明价值
EXCESS VALUATION PURCHASED □未付 NO
□已付 YES 金额 THE SUM OF</td><td colspan="3">以前报告过 PREVIOUSLY REPORTED
□没有 NO □已报告过 YES 在 AT______</td></tr>
<tr><td colspan="3">客票号 TICKET NO.</td></tr>
<tr><td colspan="3">声明价值票 EXCESS VALUATION TICKET NO.</td></tr>
<tr><td colspan="4">索赔内容 CONTENT CLAIM 1___ 4___
□有 YES 如有，列出清单和破损情况 2___ 5___
IF YES, LIST ITEMS AND DESCRIBE DAMAGE
□无 NO >--> 3___ 6___</td><td colspan="2">现款支付 CASH SETTLEMENT ACCEPTED
□已接收 YES □未接收 NO</td><td>借用箱提供
LOANER BAG PROVIDED
□已借 YES
□未借 NO</td></tr>
<tr><td>行李牌号码
BAGG. TAGS SERIAL NO.</td><td>行李类型和颜色
BAGG. TYPE AND COLOUR</td><td>质地
MATERIAL</td><td>商标
BRAND NAME</td><td>购买日期
DATE OF PURCHASE</td><td>价值
PURCHASE VALUE</td><td>现在价值
PRESENT VALUE</td></tr>
<tr><td></td><td></td><td></td><td></td><td></td><td></td><td></td></tr>
<tr><td></td><td></td><td></td><td></td><td></td><td></td><td></td></tr>
<tr><td colspan="4">破损说明
DESCRIBE DAMAGE</td><td colspan="3" rowspan="5">在图表上标出破损部位
MARK DAMAGED AREA ON DIAGRAMS</td></tr>
<tr><td colspan="4"></td></tr>
<tr><td colspan="4">破损原因——如果知道
CAUSE OF DAMAGE—IF KNOW</td></tr>
<tr><td colspan="4"></td></tr>
<tr><td colspan="4">经手人姓名及电话号码
CAAC OFFICIAL'S NAME & PHONE NO.</td></tr>
<tr><td colspan="4">旅客签字
PASSENGER'S SIGNATURE</td><td colspan="3"></td></tr>
</table>

当您乘坐上航航班时您的行李发生了破损，为此我们深表歉意。

PLEASE ACCEPT OUR SINCERE APOLOGIES FOR THE DAMAGE TO YOUR BAGGAGE WHILE YOU WERE A PASSENGER ON SAL FLIGHT.

上航感谢您的光临，我们期望您今后能愉快地乘坐上航旅行。

SAL APPRECIATE YOUR PATRONAGE ON OUR FLIGHT AND LOOK FORWARD TO YOUR FUTURE TRAVEL WITH SAL UNDER HAPPIER CIRCUMSTANCE.

请注意：本表格不涉及购买新的行李，购买新的行李必须得到上航工作人员的特别允许。

PLEASE NOTE：PURCHASE OF REPLACEMENT BAGGAGE IS NOT COVERED BY THIS FORM AND MUST BE SPECIFICALLY AUTHORIZED BY SAL AGENT.

附录三

临时生活日用品付款单

RECEIPT FOR ACCOMODATION FOR DAILY NECESSITIES

PIR No.
编号

Reference No.LLCA

兹有我（签名人）在乘坐 ______________ 航班旅行时未收到我的交运行李，愿接受承运人支付的如下金额以购买临时生活必需品。我理解并同意将来如找不到我的行李，如下金额将计算入承运人对我的赔偿款项内。

I, the undersigned, received from the carrier, the following sum for the Purchase of temporary Necessary Personal items due to the non-delivery of my checked baggage during the course of my travel on Flight __________, it is understood and agreed that above payment will be applied and credited to any future adjustment made to me by the carrier, in the event that my baggage is not located.

旅客姓名
Passenger's name______________

客票号码
Ticket form and serial No.____________

地址
Address____

航班 / 日期
Flight/Date____

行李牌号码
Bagg.Tag serial No.____

金额
The sum of____

旅客签字
Passenger's signature________________________

日期
Date______________________

经手人
Prepared by________________________

批准人签字
Approved by______________________

第三篇

民航国际旅客运输实务

项目十 国际航空法

项目导读

在第一篇中，我们介绍了协调和管理国际航空运输的两大国际机构ICAO和IATA。本项目简要介绍国际航空法体系及其代表法，民航运输业务的多边管理和双边管理的规定，以及《服务贸易总协定》和《民用航空器贸易协定》。

学习目标

知识目标： 了解国际航空法体系及其代表法；了解《芝加哥公约》和《华沙公约》的主要内容；了解《服务贸易总协定》和《民用航空器贸易协定》。

技能目标： 熟悉《芝加哥公约》的核心内容；能运用《华沙公约》的有关赔偿条款解答国际航空运输中遇到的赔偿问题；理解民用航空器贸易协定的规定。

素质目标： 守住法律底线，坚定安全至上的主人翁责任感。

案例导入

国际性空难赔偿遵循的法律依据

美国当地时间2013年7月6日11时28分（北京时间7日凌晨2时28分），一架韩国韩亚航空公司的波音777型客机在美国旧金山国际机场着陆时失事，事故造成两名女性中国公民遇难、180多人入院接受治疗。在此次韩亚空难中遇难的中国乘客家属及受伤乘客，诉讼可以在中国、美国和韩国三地法院中选择，而适用法律则可在中国、美国、韩国和《蒙特利尔公约》中选择其一来作为赔偿的依据。有“跨国空难索赔第一人”之称的著名律师郝俊波表示：根据其在美国的诉讼经验，除去保险赔付，每个罹难者家属的获赔金额应该至少在150万美元。而在韩国，出现空难航空公司最少赔偿遗属约人民币130万元。中日韩三地诉讼，获赔最多相差22倍。

那么有哪些法律规则约束国际运输活动呢？

任务一　了解国际民用航空法

航空活动从一开始就需要一定程度的法律规则来进行约束，因为航空运输不仅对旅客和机组成员具有危害性，而且对地面人员和一般公众也具有极大的危害性。因此当蒙特哥费尔兄弟成功地进行了热气球的升空和飞行后，法国政府在1784年4月23日颁布了治安法令，规定没有得到许可，气球不得飞行。

随着航空运输的发展，尤其是第一次世界大战后的1919年年初，欧洲各国之间的国际定期航行已经建立起来，制定一个国际层次的法律框架成为必然。1919年的巴黎和会特别讨论了民用航空的国际规则并签订了第一个国际民用航空运输规则的基础性文件，这就是历史上的第一部国际航空法典《巴黎公约》。

一、国际航空运输的公法规则与《芝加哥公约》

国际航空运输公法是国家之间关于规范国际航空运输活动的法律，其渊源主要是1944年的《芝加哥公约》、双边航空运输协定以及相关的国内立法。国际公法所规范的是国家与国家、国家与航空承运人以及有关国际机构之间的法律关系。

《芝加哥公约》的全称是《国际民用航空公约》，1944年12月7日签订于芝加哥，并于1947年4月4日正式生效，是国际航空公法的基础和宪章性文件。鉴于目前已有150多个国家批准或加入了这个公约，它制定的法律原则和规则已具有普遍国际法效力。

《芝加哥公约》共96条，按其内容可归纳为以下几个主要的方面。

1. 主权原则

公约第一条即主权原则，它规定："每一个缔约国对其领土之上的空气空间具有完全的和排他的主权。"主权原则的另一个表现是将本国领土范围内的两个地点之间的航空营运权保留给本国，即"国内载运权"（cabotage）。"缔约各国有权拒绝准许其他缔约国的航空器为取酬或出租在其领土内载运乘客、邮件和货物前往其领土内另一地点。缔约各国承允不缔结任何协议在排他的基础上特准任何其他国家或任何其他国家的空运企业享有任何此项特权，也不向任何其他国家取得任何此项排他的特权。"

2. 航空器及其国籍原则

航空器及其国籍原则是《芝加哥公约》的另一个基本原则，该公约的许多条款都是直接或间接地在这个概念的基础上做出规定或表述的，离开航空器的国籍，这些条款就难以理解或表述。"航空器具有登记的国家的国籍"，"航空器在一个以上国家登记不得认为有效，但其登记可以由一国转移到另一国"，"航空器在任何缔约国登记或转移登记，应按该国的法律和规章办理"等都是有关航空器国籍原则的描述。

3. 统一规则与方便航行

《芝加哥公约》根据主权原则在规定一系列国家权利的同时，也规定了一系列相应的国家义务。从这个意义上说，这些义务也是对各国主权权利的制约，并在此基础上力求统一国际规则，方便国际航行。

4. 航空事故调查

航空事故调查不仅关系到验查航空设备和技术上的缺陷，改进航空安全的重大问题，而且也是民事责任和刑事责任取证和确定的基础或根据，因此涉及空中交通管制部门、飞机制造人与维修人员、机场及气象部门以及航空法中的《华沙公约》《罗马公约》等诸多方面的重要法律问题。第二十六条规定："一缔约国的航空器如在另一缔约国的领土内失事，致有死亡或严重伤害或表明航空器或航行设施有重大技术缺陷时，失事所在地国家应在该国法律许可的范围内，依照国际民用航空组织建议的程序，着手调查失事情况。航空器登记国应有机会能派观察员在调查时到场，而主持调查的国家，应将关于此事的报告及调查结果。通知航空器登记国。”

5. 遇难救助

公约第二十五条规定：“缔约各国承允对在其领土内遇险的航空器，在其认为可行的情况下，采取援助措施，并在本国当局管制下准许该航空器所有人或该航空器登记国的当局采取情况所需的援助措施。缔约各国在搜寻失踪的航空器时，应按照本公约随时建议的各种协同措施方面进行合作。”

知识拓展 10–1

第五航权

二、国际航空运输的私法规则和《华沙公约》

理论上，国际航空运输私法应定义为规范与国际航空运输有关的全部物权、债权（合同、侵权）法律关系的法律规则，由三部分组成：规范航空承运人和使用者之间民事关系的法律、规范损害责任的规则、规范航空器权利的规则。其主要渊源是《华沙公约》及相关文件。

1929 年的《华沙公约》全称为“统一国际航空运输某些规则的公约”，建立了造成旅客、行李、货物损害，以及延误造成损害的航空承运人应承担有限责任的制度。这个公约名称虽然称为“某些规则”，实际上却相当完备地规定了运输凭证和航空承运人责任的一整套国际统一规则，至今已有超过 120 个国家参加了这个公约，我国也于 1958 年 7 月 20 日加入。因此，《华沙公约》已在世界范围具有普遍性约束力。

《华沙公约》只适用于国际航空运输，规定了承运人的责任限额，主要包括：

（1）承运人在旅客人身受到伤害或死亡时，对每一旅客所付的责任限额为 125 000 金法郎或其他等值货币为限，1955 年的海牙议定书将此限额提高到 250 000 金法郎，约为 2 万美元。

（2）如果国际运输中有任一地点在美国，则承运人同意对每一旅客死亡，受伤或其他伤害负责任限额，包括法律费和诉讼费应为 75 000 美元。

（3）规定国际运输中旅客交运行李以及货物的丢失，破损最高赔偿为每千克 250 法郎，约等于 20 美元。

（4）旅客随身携带的手提行李，每位旅客最多赔偿5000金法郎，约为400美元。

三、国际航空运输与刑法

在20世纪六七十年代期间，针对国际民用航空的犯罪行为特别是劫机、破坏及机上犯罪扰乱了航空器的安全，成为经常性的严重问题，为抵制劫机和类似的犯罪，国际上缔结了三个公约，即1963年东京《关于在航空器上犯罪及其他某些行为的公约》（通称“1963年东京公约”），1970年海牙《制止非法劫持航空器公约》（通称“1970年海牙公约”）和1971年蒙特利尔《制止危害民用航空安全非法行为的公约》（通称“1971年蒙特利尔公约”）。

这三个公约对保障飞行安全，制止对国际民航飞行的犯罪行为起了很大的作用。与此同时，国际民航组织及各国政府制定了一系列的措施与法规，进行机场安全检查，设立机上警卫，对登机物品做出限制等，对预防和制止犯罪也起到了巨大作用。

任务二 了解多边管理和双边管理

国际航空运输服务的管理一直是在双边体制下进行的，其内容主要涉及航线、运力、运价、所有权和控制权、从事商务活动以及航空公司之间的合作安排等，原有的双边协议在这些方面进行严格的管制。近年来，随着欧美国家国内航空运输管制的放松，在国际航空运输双边协议中也出现了放松管制的趋势，而且区域性的以及诸边协议不断产生，管理的内容也不断减少和更加自由。国际航空运输服务体制这种变化和整个世界经济环境以及经济全球化的趋势密不可分。

一、国际航空运输服务管理体制的形成

第二次世界大战以后的国际航空运输管理体制源于《国际民用航空公约》(《芝加哥公约》)的规定。这些规定在国际航空运输服务贸易领域里最重要的内容有两个方面：第一是各国对其国土上的空域享有完全的主权，第二是要进入其他国家进行商业经营需要该国的授权规定。因而在过去的 50 多年里，国际航空运输方面的市场准入主要是通过国家之间的双边协定来管理的，这些协定是建立在互惠和利益（包括机会）均等基础上的。

其实在最初制定《国际民用航空协定》时也曾考虑建立一个多边体制。1944 年在芝加哥举行的国际航空会议上曾通过的最初文本包括两个多边文件，为国际民用航空建立了多种自由权。第一个文件《国际航空服务过境协议》(*International Air Services Transit Agreement*)，要求所有的成员给予其他成员：飞越东道国领土而不经停的权利；以非运输目的在东道国经停的权利。有 115 个成员国签署该文件，一直到目前仍然有效。而第二个文件《国际航空运输协议》(*International Air Transport Agreement*) 则未能生效。它规定的五种自由权是：飞越他国领土而不经停的权利；以非运输目的在他国经停的权利；在他国进行旅客、邮件和货物卸离的权利，而这些旅客、邮件和货物是在飞机国籍所在国装载的；在他国装载旅客、邮件和货物前往飞机国籍所在国的权利；在他国装载旅客、邮件和货物前往任何其他成员国的权利以及在他国卸离来自任何其他领土旅客、邮件和货物的权利。后来为达成有关的多边协议又进行了努力，将多边协议中的市场准入限于运力和运价，这就是《国际民用航空运输中商业权利的多边协议》草案。该部分后来也没有列入《芝加哥公约》，于是各成员国转而寻求双边解决。当时的两个主要航空大国美国和英国于 1946 年率先达成的被称为“百慕大Ⅰ”(Bermuda Ⅰ) 的双边航空运输协议，成为后来所有双边协议的模式。

二、国际民用航空运输服务协议变化简介

20 世纪 70 年代末以来，随着新一轮自由化的推进，在管制严格的航空运

输业里，也兴起了一股放松管制的浪潮。航空领域的放松管制发端于单个国家对内管制的放松，后来逐渐扩展到以双边关系为主的国际民用航空运输服务领域，再扩展到区域性（包括不相邻的）多个国家，最后发展成为多边贸易体制。

美国在 1978 年通过《1978 年美国航空公司放松管制法》（*U.S. Airline Deregulation Act of* 1978）。该法取消了民用航空委员会（Civil Aeronautics Board）对美国国内航空运输业的控制、票价管制和行业进入限制。随后其他的欧美国家也开始了放松管制的进程。

欧盟在区域性航空运输放松管制中走在了最前面，1993 年开始，欧盟法令在航空运输领域的诸如认证、市场准入、定价、运力、竞争、CRS 以及机场使用等方面适用。从 1997 年开始成员国国内空运权（Cabotage，即第 8 自由交通权）对其他成员国全部开放。同时欧盟委员会也对目前的双边通航协议提出了挑战。1998 年欧盟委员会向欧洲法院提出诉讼，指控其成员国和其他国家达成的双边通航协议违反了欧盟的法律。2002 年 1 月，欧洲法院已经初步认定其 9 个成员国同美国达成的双边“开放天空协议”违反了欧盟法律。欧盟委员会的目的在于将同其他国家的双边通航协议谈判权收归欧盟所有，特别是在同美国就“开放天空”进行谈判时，欧盟准备用“一个声音”同美国讨价还价。它标志着传统的双边体制受到挑战，对国际航空运输服务体制将产生深远的影响。

另外，APEC、东盟、安第斯公约组织、加勒比共同体和南锥体共同市场在国际航空运输服务自由化上都做出了各自不同的努力。APEC 在 1999 年 9 月的奥克兰经济领导人非正式会议上正式提出了区域内航空运输服务自由化的 8 项内容，有关经济体随后提出了有关双边航空运输服务协议范本（如新加坡和新西兰之间的双边协议）和设想中的多边（plurilateral）航空运输服务协议范本，以此促使 APEC 各经济体加快航空运输服务自由化。

此外，WTO 也在乌拉圭回合中达成的《服务贸易总协定》中将航空运输服务首次纳入多边贸易体制中，虽然目前管理的范围还很小，并不涉及有关交通权的问题，各成员方承诺的范围也很有限，但是毕竟改变了过去 50 多年航空运输服务贸易游离于多边体制之外的状况。

三、《服务贸易总协定》和《民用航空器贸易协定》

前关税与贸易总协定（简称GATT，现已被世界贸易组织取代和继承）是一项有关关税和贸易的多边国际协定，同时也是一个调整缔约国之间经济贸易关系方面的国际组织。它的东京回合（1973~1979）提出将多边谈判扩展至服务贸易。1986年9月，在乌拉圭发动的乌拉圭回合最终于1994年4月15日发表了“马拉喀什部长宣言”，并最终形成了《服务贸易总协定》。

《服务贸易总协定》包括29条8个附件（其中之一为航空服务运输）和两份服务贸易总协定时间表（TATS），一份是免除提供最惠国待遇的要求，另一份是市场准入和国民待遇的具体承诺。

《服务贸易总协定》将服务贸易定义为“国际服务的提供”，包括某项服务的生产、分配、营销、销售等一系列活动。

《服务贸易总协定》认为，服务贸易的形式包括：

1. 跨境服务

表示从一国境内向其他国家境内提供的服务，它没有人员、物资的流动，而是通过电信、邮电、互联网等实现的。

2. 境外消费

表示在一国境内为来自其他国家的消费者提供的服务。

3. 商业存在

某一国的服务者通过到其他国家境内成立公司、分支机构等实体来为其他国家的用户提供服务，它是服务贸易中最普遍的形式。

4. 自然人移动

某一国的自然人通过在其他国家的存在来为有关用户提供服务。

通过这四种形式来促进服务贸易在国际的发展，进而实现《服务贸易总协定》的宗旨，即“通过建立一个具有各项准则和规则的服务贸易多边纪律框架，在政策透明和逐步自由化的条件下，扩大服务贸易，并以此作为促进所有贸易伙伴及发展中国家和地区经济增长的一种手段”。

《服务贸易总协定》除确定了适用于所有服务行业的一般性规则及适用于各项特定服务行业共性方面的规则外，还以8个附件及其他相关文件为一些特定的服务行业确定了具体的、有针对性的补充规定。

在民航运输服务领域里，早在1990年国际民航组织就与当时的关税与贸易总协定达成共识：在民航运输业的“硬约束”方面，即航空权、航路、航空器适航、飞行安全、人员执照等方面要受国际民航组织签署的协议和颁发的规则的约束；在民航运输业的“软约束”方面，即民用航空器贸易、民航客货运输销售、计算机预订、航空器及附件的维修方面，需要受到当时的关税与贸易总协定的原则和规则的约束。

以上述共识为基础，《服务贸易总协定》中的民用航空运输服务附件要求各参加方将最惠国待遇、国民待遇、市场准入、政策透明等贸易自由化的原则应用于航空器维修服务、航空客货运输市场营销服务、计算机预订服务等方面，并将这些市场的开放列入各自的义务承诺表。

项目小结

1.《芝加哥公约》的全称是《国际民用航空公约》，是国际航空公法的基础和宪章性文件，明确提出“每一个缔约国对其领土之上的空气空间具有完全的和排他的主权”。

2.《华沙公约》全称为《统一国际航空运输某些规则的公约》，是规范航空承运人和使用者之间民事关系的法律、规范损害责任的规则、规范航空器权利的规则。

3. 针对国际民用航空的犯罪行为，特别是劫机、破坏及机上犯罪，扰乱了航空器的安全，成为经常性的严重问题，为抵制劫机和类似的犯罪，国际上缔结了三个公约，形成了国际航空刑法体系。

4. 国际航空运输服务的管理一直是在双边体制下进行的，其内容主要涉及航线、运力、运价、所有权和控制权、从事商务活动以及航空公司之间的合作安排等。

5.《服务贸易总协定》是一项有关关税和贸易的多边国际协定，同时也是一个调整缔约国之间经济贸易关系方面的国际组织。

思考与练习

1. 什么是国际航空运输的公法法则？《芝加哥公约》的主要内容是什么？

2.《华沙公约》中有关赔偿的规定是什么？

3. 国际航空私法体系包括哪三个公约？

4.《服务贸易总协定》的服务贸易形式有哪些？

学习效果自测

扫描下方二维码，检测你的学习效果。

10

学习检测

项目十一 国际航空运输地理

项目导读

航空运输地理知识是学习民航运输业务课程的专业基础，尤其是城市/机场的三字代码、IATA三大区域以及次区域的划分、时差的概念以及飞行时间的计算。本项目中的难点在于运用所学的地理知识判断国际航程的方向性代号，从而正确选择运价。

学习目标

知识目标：熟练掌握城市/机场的三字代码；掌握IATA三大区域以及次区域的划分；理解和掌握时差的概念；掌握航程方向性代号的规定。

技能目标：能熟练判断和应用城市/机场的三字代码；正确区分IATA三大区域和次区域；熟练进行时差的换算和飞行时间的计算；能熟练和正确判断航程的方向性代号。

素质目标：培养民航人应该具有的全局观和国际化视野。

案例导入

"时光机"

跨年期间，航班追踪网站Flightrader24在社交平台推特上分享了一架美联航航班的信息。平台显示这架飞机在2023年1月1日0时29分从韩国首尔起飞，降落美国旧金山时却回到了2022年12月31日17时14分，引发外国网友热议，"像是搭乘了时光机"。其实，类似的"穿越"航班每年都在上演，究其原因就是因为时差。

任务一　了解 IATA 对世界的划分

为了更好地协调世界各国航空运输业务，根据相关国家之间航空运输往来的密切程度以及地理位置，国际航协（IATA）将世界划分为三个区（IATA Traffic Conference Areas, 简称为 Area，或 TC），即 IATA 一区、IATA 二区和 IATA 三区（也可表述为 A1/A2/A3 或 TC1/TC2/TC3）。在每个区内还划分为若干个次区域（Sub-Areas）。

IATA 区域和次区域的概念非常重要，与地理上通常的划分并不完全一致；而且由于划分的标准不同，次区域的划分也有区别。

一、IATA 三大区域的定义与划分

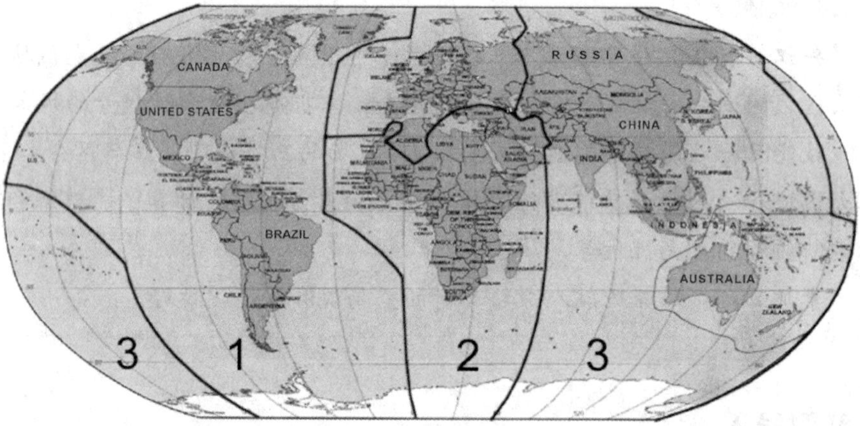

图 11–1　IATA 分区图

（一）IATA 一区（TC1 或 Area 1）

IATA 一区包括南北美洲大陆及相邻岛屿：格陵兰岛、百慕大群岛、西印度群岛、加勒比海群岛以及夏威夷群岛（包括中途岛和帕尔米拉环礁）。

IATA 一区中的北美是世界航空运输最发达的地区之一。北美许多航空公司在世界的航空公司中占有重要的地位，拥有全球一半以上的航班，尤其是美国，拥有大约 700 个商业机场，每年旅客吞吐量 5 亿人次以上。北美地区与欧洲、东亚等地区连接的航线是世界上最繁忙的航线之一，美国航空运输业的金三角是洛杉矶—芝加哥—亚特兰大，这三个机场都是世界上旅客吞吐量最大的机场。繁荣的经济、先进的科技，造就了北美地区强盛的航空运输业。

而中美、南美的一些国家，虽然经济相对不是那么发达，但是由于特殊的地理位置和复杂的地形，各个地区之间有水路和空运连接。而安第斯山脉崎岖蜿蜒，位于南美大陆西部，是世界上最长的山脉，南美的一道天然屏障，因此必须依赖于航空运输与外界相连。

（二）IATA 二区（TC2 或 Area 2）

IATA 二区指欧洲（包括俄罗斯联邦的欧洲部分）和邻近的岛屿、冰岛、亚速尔群岛、非洲及其邻近的岛屿、阿松森岛以及亚洲的一部分，即伊朗以西（包括伊朗）。

IATA 二区的欧洲、中东、非洲地区在政治、经济、种族、宗教、发展历史等各方面有着较大的差异，航空运输的发展也不平衡。欧洲是商务航空运输的发源地，旅客运输的历史源远流长，是世界航空运输发达地区，其定期航班完成的运输周转量仅次于北美，而不定期航班也很发达，业务量与定期航班相当。一直以来，铁路运输是欧洲旅客运输业的重要组成部分，每年均要运送数以百万计的旅客，在法国境内的高速铁路时速可以达到每小时 300 公里以上，综合运输时间比飞机还短。此外，发达的高速公路网络，纵横交错的河流湖泊，也为公路、水路客运的发展提供了极为便利的条件，因而航空运输所占的比重有所下降。

中东是连接欧亚大陆的桥梁，伊斯兰堡、卡拉奇等都是世界上重要的中继站之一。中东是世界文化的发源地之一，有丰富的石油资源，航线分布密集，航空运输业务量大，航空运输比较发达。

非洲是世界上交通运输业比较落后的一个洲，没有完整的交通运输体系。由于缺乏财政支持，航空运输基本属于待发展阶段。

（三）IATA 三区（TC3 或 Area 3）

IATA 三区指伊朗以东的亚洲部分及其邻近的岛屿、东印度群岛、澳大利亚、新西兰及其邻近的岛屿、太平洋岛屿中除去属于 IATA 一区的部分。

亚洲人口众多，地域广阔，人们需要利用各种不同的运输方式旅行。由于经济发展水平差距较大，所处的地理位置不同，各种运输方式的发展极不平衡。亚洲的航空运输网络发展非常健全，这不仅表现在亚洲范围内，还表现在其与相邻各个洲的紧密联系，如日本、韩国、东南亚各国、大洋洲等国家，都拥有连接欧洲、北美等各主要航空港的航班，航空运输具有很大的发展潜力。

二、IATA 次区域的定义与划分

（一）IATA 一区的次区域

IATA 一区的次区域的划分主要有两种：一种划分为北美洲地区、中美洲地区和南美洲地区；另一种划分为北大西洋地区、中大西洋地区、南大西洋地区和加勒比地区。这里主要介绍第二种划分。

1. 北大西洋地区（North Atlantic）

主要包括：加拿大、墨西哥、美国（包括阿拉斯加、夏威夷、波多黎各和美属维尔京群岛）和格陵兰岛。

2. 中大西洋地区（Mid-Atlantic）

主要包括：所有加勒比海地区、中美、南美和巴拿马运河，但不包括阿根廷、巴西、智利、巴拉圭和乌拉圭。

3. 南大西洋地区（South Atlantic）

主要包括：阿根廷、巴西、智利、巴拉圭和乌拉圭。

4. 加勒比地区（Caribbean Area）

主要包括：安圭拉（英属）、安提瓜和巴布达、阿鲁巴（荷）、巴巴多斯、本内尔、英属维尔京群岛、开曼群岛（英）、古巴、库拉索岛、多米尼加联邦、多米尼加共和国、格林纳达、瓜德罗普岛（法）、海地、牙买加、马提尼克、蒙特塞拉特岛（英）、圣基茨岛（尼维斯岛）、圣卢西亚、圣马丁、圣文森特和格林纳丁斯、多巴哥和特黑尼达、特克斯群岛（英）和凯克斯群岛（英）。

（二）IATA 二区的次区域

IATA 二区的次区域主要分为：欧洲、中东、非洲。

1. 欧洲（Europe）

包括自然地理概念上的欧洲国家，属于北非的阿尔及利亚、摩洛哥、突尼斯，以及亚洲的土耳其。

IATA 定义中的欧洲包括：阿尔巴尼亚、阿尔及利亚、安道尔、亚美尼亚、奥地利、阿塞拜疆、亚速尔群岛、比利时、白俄罗斯、保加利亚、加那利群岛、克罗地亚、捷克共和国、丹麦、爱沙尼亚、芬兰、法国、格鲁吉亚、德国、直布罗陀、希腊、匈牙利、冰岛、爱尔兰、意大利、拉脱维亚、列支敦士登、立陶宛、卢森堡、马其顿、马德拉岛、马耳他、摩尔多瓦、摩纳哥、摩洛哥、荷兰、挪威、波兰、葡萄牙、罗马尼亚、俄罗斯联邦（乌拉尔山脉以西）、圣・马利诺、斯洛伐克共和国、斯洛文尼亚、西班牙、瑞典、瑞士、突尼斯、土耳其（在欧洲和亚洲部分）、乌克兰、英国。

2. 中东（Middle East）

包括位于阿拉伯半岛上的中东国家和地理概念上属于非洲的埃及、苏丹，以及地中海的岛国塞浦路斯。

IATA 定义中的中东包括：巴林、塞浦路斯、埃及、伊朗、伊拉克、以色列、约旦、科威特、黎巴嫩、阿曼、卡塔尔、沙特阿拉伯、苏丹、叙利亚、阿拉伯联合酋长国（由阿布扎比、阿治曼、迪拜、富查伊拉、哈伊马角、沙迦及乌姆盖万等组成）、也门。

3. 非洲（Africa）

IATA 定义中的非洲是指除去阿尔及利亚、摩洛哥、突尼斯、埃及、苏丹五国以外的所有非洲国家，包括中非、东非、印度洋群岛、利比亚、南非和西非。

中非包括：马拉维、赞比亚、津巴布韦。

东非包括：布隆迪、吉布提、厄立特里亚、埃塞俄比亚、肯尼亚、卢旺达、索马里、坦桑尼亚和乌干达。

印度洋群岛包括：科摩罗、马达加斯加、毛里求斯、马约特、留尼汪岛和塞舌尔群岛。

南非包括：博茨瓦纳、莱索托、莫桑比克、南非、纳米比亚、斯威士兰和乌姆塔塔。

西部非洲包括：安哥拉、贝宁、布基纳法索、喀麦隆、佛得角、中非共和国、乍得、刚果人民共和国、科特迪瓦、赤道几内亚、加蓬、冈比亚、加纳、几内亚、几内亚比绍、利比里亚、马里、毛里坦尼亚、尼日尔、尼日利亚、圣多美和普林西比、塞内加尔、塞拉利昂、多哥和扎伊尔。

（三）IATA 三区的次区域

IATA 三区划分为四个次区域：南亚次大陆、东南亚、西南太平洋和日本/朝鲜地区。

1. 南亚次大陆（South Asian Subcontinent）

南亚次大陆包括：阿富汗、孟加拉国、不丹、印度（包括安达曼群岛）、马尔代夫、尼泊尔、巴基斯坦、斯里兰卡。

2. 东南亚（Southeast Asia）

东南亚包括：文莱达鲁萨兰国、柬埔寨、中国、关岛、中国香港、印度尼西亚、哈萨克斯坦、吉尔吉斯斯坦、老挝、马来西亚、马绍尔群岛、密克罗尼西亚（包括加罗林群岛中除去帕劳群岛部分）、蒙古国、缅甸、北马里亚纳群岛（包括除关岛外的马里亚纳群岛）、帕劳、菲律宾、俄罗斯联邦（乌拉尔山脉以东）、新加坡、中国台湾、塔吉克斯坦、泰国、土库曼斯坦、乌兹别克斯坦、越南。

3. 西南太平洋（Southwest Pacific）

西南太平洋包括：美属萨摩亚、澳大利亚、库克群岛、斐济群岛、法属波利尼西亚、基里巴斯、瑙鲁、新喀里多尼亚、萨摩亚、所罗门群岛、汤加、图瓦卢、瓦努阿图、瓦利斯和富图纳群岛。

4. 日本/朝鲜地区（Japan/Korea）

即日本、韩国、朝鲜。

任务二　掌握国际旅客运输方向性代号

国际旅客运输中，根据旅行目的地不同，旅客会选择不同的航线；即使始发地和目的地相同，不同的旅客也会选择不同的转机点，因此在世界上任意两点之间旅行都有可能涉及若干条航线，经过不同的地区。根据旅客旅行涉及的范围以及经过的地区，国际航协分别确定了不同的代号表示不同的方向，即方向性代号（Global Indicator, GI）。方向性代号表示的是航程始发地与目的地之间的全程的代号，并非某一航段的代号，它是准确计算国际旅客运价十分重要的依据。

知识拓展 11–1

航程方向性代号
（Global Indicators）

（1）WH（West Hemisphere），西半球航线

适用于 IATA 一区（西半球）范围内的旅行。

如：YVR—LAX—NYC

MIA—MEX—RIO

（2）EH（East Hemisphere），东半球航线

适用于整个在东半球范围内的旅行，包括以下三种情况：

① IATA 二区内的航程

如：LON—PAR—MIL—NBO

MOW—IST—CAI

② IATA 三区内的航程

如：BJS—HKG—SIN—MNL—SYD

MEL—BKK—DEL

③ IATA 二区和三区之间的航程

如：CAN—HKG—KHI—KWI—VCE—VIE—LON

BJS—ATH—CAI—JNB

（3）AT（Via Atlantic），大西洋航线

适用于以下两种情况：

①在 IATA 一区和二区之间、经过大西洋的旅行

如：NYC—LON—PAR

RIO—MAD—CAI—IST

②在 IATA 一区和三区之间经由二区、大西洋的旅行

如：BJS—LON—NYC—SFO

（4）PA（Via Pacific），太平洋航线

适用于在 IATA 一区和三区之间、经过太平洋的旅行。

如：BJS—LAX—YVR

SYD—SCL—RIO—MEX

（5）AP（Via Atlantic and Pacific），大西洋和太平洋航线

适用于 IATA 二区和三区之间、且经过一区的旅行。

如：BJS—TYO—SEA—YUL—LON

BJS—SFO—MIA—LIS

（6）PN（Via Pacific and North America），太平洋经北美航线

适用于中、南美和西南太平洋次区域之间经太平洋并经北美次区域的航程。

如：MEL—SFO—BUE

AKL—LAX—RIO

（7）SA（South Atlantic），南大西洋航线

适用于南大西洋次区和东南亚次区之间经过南大西洋的航程，还需要满足下列条件：

①南大西洋和东南亚之间乘坐直达航班（即只使用一张乘机联）；或

②经中非、南非或印度洋岛屿的点，但不经过除中非、南非或印度洋岛屿以外的二区的点。

如：SCL—JNB—SIN

BJS—BKK—JNB—RIO

（8）RU（Russia），俄罗斯航线

适用于IATA三区（南亚次大陆除外）和俄罗斯（乌拉尔山脉以西）之间，经过日本 / 韩国 / 朝鲜和俄罗斯（乌拉尔山脉以西）之间的直达航段，而且不得经由其他欧洲国家的旅行。

如：HKG—SEL—MOW—LED

BJS—TYO—MOW

（9）TS（Trans Siberia），跨西伯利亚航线

适用于 IATA 二区和三区之间，经过西伯利亚（即经欧洲和日本 / 韩国 / 朝鲜之间的直达航段）的航线。

如：BKK—TYO—PAR

JED—IST—TYO

HKG—SEL—CHP

（10）FE（Far East），远东航线

适用于俄罗斯（乌拉尔山脉以西）/ 乌克兰和 IATA 三区之间不可经由中东和欧洲（俄罗斯 / 乌克兰除外）的航程。

如：HKG—SHA—BJS—MOW

BOM—MOW—IEV

（11）PO（Polar），北极（极地）航线

适用于在 IATA 二区和三区之间、经过 ANC（安克雷奇）的航程。

如：TYO—ANC—STO

任务三　掌握时差与飞行时间的计算

自古以来，人们就习惯把天亮作为白天的开始，天黑作为白天的结束，把太阳在头顶正上方时的时刻作为正午 12 时，然后再向前或向后推算形成各地的时间。由于地球的自转，地球上不同经度位置的人会在不同的时间看到日出和日落，这就是时差。当飞机飞越不同的地区时，就会产生时刻上的不统一。

一、时区和区时

为了解决时间计量的问题，人们将地球划分为 24 个标准时区（Time Zone），每个时区跨 15° 经度。以 0° 经线为中心线，向西和向东各 7.5° 为 0 时区（也称中时区）。向西或向东每 15° 各划分一个时区，东 12 区和西 12 区

为同一时区，称东西 12 时区，全球共划分为 24 个时区。每个时区的标准时间称为区时，每相邻两个时区相差一个小时。其中，0° 经线通过英国格林尼治天文台原址，0 时区的区时被称为格林尼治标准时或世界标准时（Greenwich Mean Time，GMT）。东西 12 时区的中心线称为国际日期变更线，东西 12 时区时间相同，但日期相差一天。

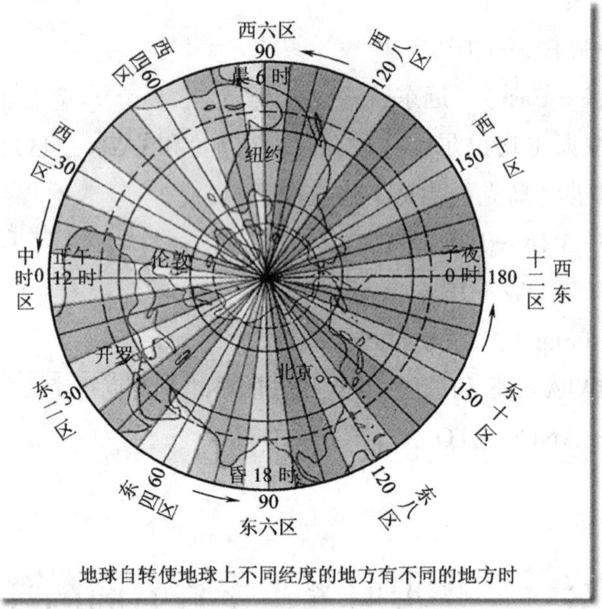

图 11–2　世界时区

二、格林尼治时间、标准时间和时差

根据国际标准化组织的规定，经过 0 时区的格林尼治天文台的时间为格林尼治时间（GMT），各个国家按照所在时区采用的时间为当地的标准时间。东 1 区、东 2 区……东 12 区的标准时间与格林尼治时间的时差分别为 +0100、+0200 …… +1200，西 1 区、西 2 区……西 12 区的标准时间与格林尼治时间的时差分别为 -0100、-0200 …… -1200。在格林尼治时间（GMT）基础上加上相应的时差即为标准时间。

三、格林尼治时间与当地标准时间的换算

在 OAG（Official Airways Guides）航班指南中，国际时间换算表（International Time Calculator）（见本书末附录三）被用来准确换算 GMT 和标准时间。在此换算表中，标准时间也称为 Standard Clock Time 或 Standard Time。

在换算表中，当地时间的表示是以 GMT 加或减数字表示的，如：

当地时表示为 GMT+1：表示当地时间比格林尼治时间快 1 小时；

当地时表示为 GMT-1：表示当地时间比格林尼治时间慢 1 小时。

例 1：当 GMT 为 1230 时，北京的当地时间是多少？

解：在换算表中，北京时间为 GMT+8，则表示北京时间比 GMT 快 8 小时，1230+0800=2030，即北京时间为 2030。

例 2：GMT 不变，求纽约的当地时间。

解：纽约的时间为 GMT-5，表示纽约时间比 GMT 慢 5 个小时，1230-0500=0730，即纽约时间为 0730。

例 3：当美国洛杉矶时间为 2005 年 2 月 10 日 1825 时，求日本东京的当地时间。

解：本题中，我们可以利用 GMT 来进行计算。

洛杉矶与格林尼治时间的时差为 GMT-8，东京与格林尼治时间的时差为 GMT+9。

当洛杉矶时间为 2005 年 2 月 10 日 1825 时，GMT 为 1825+0800=2625，即为 2005 年 2 月 11 日 0225。

东京时间比格林尼治时间快 9 小时，为 0225+0900=1125，即为 2005 年 2 月 11 日 1125。

四、夏令时

高纬度和中纬度的许多国家为了充分利用夏季的日光及太阳能，节约照明

用电，而又不变动作息时间，实行夏令时（Daylight Saving Time，DST）。

当采用夏令时的时候，通常会将时钟拨快一个小时，即人为地将时间提前一小时，充分利用日光的光照资源。到下半年秋季来临前，再把时针拨回一小时。实行夏令时的日期一般是：4~10 月（北半球）或 10 月 ~ 次年 3 月（南半球）。我国曾经于 1986 年开始实行夏令时，夏令时期间，北京时间改为北京夏令时，1992 年终止实行。

在国际时间换算表中，“DST Effective Period”表示执行夏令时的时间。如法国，“DST Effective Period”为“31 MAR 02—27 OCT 02”，对应的时间是“+2”，表示法国在 2002 年 3 月 31 日到 10 月 27 日期间执行夏令时，对应的时区为东 2 区，即当地时间比 GMT 快 2 小时。

五、多时区国家

由于地域辽阔，跨越多个时区，一些联邦制国家在本国实行多时区制，如美国、加拿大、澳大利亚、巴西、俄罗斯等，不同的州、省等不同的区域采用不同的时间，这类国家在国际时间换算表中，在国家名称后右上角用“**”以示区别。

六、飞行时间的计算

在国际航空运输中，经常会遇到时差换算和飞行时间计算的问题，以合理地安排旅客的旅行。由于航班时刻表、计算机预订系统等均采用当地时间公布航班信息，如果旅客需要了解全程或某一航段的飞行时间，都可以通过航班的起飞时间和到达经停点或目的地的时间进行换算。

飞行时间 = 航班的到达时间 − 航班的起飞时间

但是由于航班时刻都采用当地时间表示，因此在换算过程中可以借助 GMT 来进行计算。

例 1：航班 BA027，2 月 1 日 21:30 从英国伦敦起飞，2 月 2 日 17:30 到达香港，请计算该航班的飞行时间。

解：

步骤一：确定始发地、目的地与 GMT 的关系

伦敦：采用 GMT

香港：GMT+8

步骤二：将始发时间和到达时间转换为 GMT

伦敦始发时间：2 月 1 日 2130

香港到达时间：2 月 2 日 1730–0800=2 月 2 日 0930

步骤三：计算飞行时间

飞行时间 = 航班的到达时间 – 航班的起飞时间

=2 月 2 日 0930–2 月 1 日 2130=12 小时

即航班 BA027 的飞行时间为 12 小时。

例 2：航班 AF033 执行法国巴黎到加拿大蒙特利尔的任务。航班的起飞时间为 3 月 15 日 10:30，航班共飞行了 7 小时 25 分，请问该航班到达目的地的当地时间？

解：

步骤一：确定始发地、目的地与 GMT 的关系

巴黎：GMT+1

蒙特利尔：GMT–5，采用加拿大东部时间

步骤二：将始发时间转换为 GMT，并计算出到达的 GMT

巴黎始发时间：3 月 15 日 1030–0100=3 月 15 日 0930

蒙特利尔到达时间：3 月 15 日 0930+7 小时 25 分 =3 月 15 日 1655

步骤三：将蒙特利尔到达时间 GMT 转化为当地时间

3 月 15 日 1655–0500=3 月 15 日 1155

即该航班于当天 11 点 55 分到达蒙特利尔。

项目小结

1. 为了更好地协调世界各国航空运输业务，根据相关国家之间航空运输往来的密切程度以及地理位置，IATA 把世界划分为三大区域，每个区域中又分为若干个次区域。区域和次区域的划分，与自然地理上的划分并不一致。

2. 旅客在某两点之间旅行，可能会选择不同的转机点，IATA 采用不同的代号来表示不同的方向。方向不同，所选择的运价也会有所区别。

3. 由于地球的自转产生时差，因此为了时间计量的方便，按每 15° 经度划分为一个时区，因此全球共分为 24 个时区，每两个相邻的时区相差 1 个小时。

4. 在国际航空运输中，经常会遇到时差换算和飞行时间计算的问题，以合理地安排旅客的旅行。在时差换算时，还要考虑夏令时对时差计算的影响，多时区国家中某城市所在时区的判断等问题。

思考与练习

1. 当 Tokyo（TYO），Japan 为 3 月 20 日 1500，Frankfurt（FRA），Germany 的当地时间是什么时间？

2. 当 Madrid（MAD），Spain 为 9 月 30 日 0500，Vancouver（YVR），BC，Canada 的当地什么时间？

3. 法航 AF033 航班于 12 月 12 日星期二 1230 从巴黎始发，并于同一天的 1355 到达加拿大的 Montreal，请计算飞行时间。

4. 某航班于 1 月 6 日星期五 0910 从 Lusaka（Zambia）始发，于 1 月 7 日星期六 1450 到达中国香港，请计算飞行时间。

学习效果自测

扫描下方二维码，检测你的学习效果。

11

学习检测

项目十二
航班资料

项目导读

在 OAG 中几乎能查到世界各航空公司所有的航班信息，航班信息的公布为旅客选择合适的航线和安排合理的航班提供了有效的帮助，因此了解 OAG 航班信息的公布形式，根据旅行经停点合理地安排航程是本章的内容。

学习目标

知识目标：了解 OAG 航班信息的公布形式；掌握最短衔接时间的规定；掌握航线安排的基本要求。

技能目标：能熟练利用 OAG 查找航班信息；掌握利用航班资料安排合适的航班的方法；根据实际情况为旅客安排合理的航程。

素质目标：培养良好的职业道德和认真负责的工作作风。

案例导入

航班的选择

2019 年 8 月，留学生李同学要到波士顿大学就读研究生，在计划行程选择航班的时候，发现有这样两个航班，CZ399 和 CZ699，CZ399 航班从广州起飞的时间为凌晨 1 时 30 分，预计到达美国纽约的时间为当天早上 05 时 40 分；CZ699 航班的起飞时间为 19:30，预计到达美国纽约的时间为 21:40。两个航班各有利弊，如果你是李同学会做什么样的选择？

任务一 了解 OAG 航班资料

视频微课 09

OAG 的介绍

OAG 的全称为 Official Airways Guide，是 OAG 公司出版的世界航班手册。从 1999 年 6 月开始改为每月出版一期，书中列举世界各个主要城市之间的航班信息。

一、OAG 的内容

OAG 主要包括以下内容：

International Time Calculator：国际时间换算表

IATA：介绍国际航协及其成员航空公司

Airlines of the World：世界各个航空公司的简介

US Airline Telephone Numbers：美国各航空公司电话号码

Airline Code Numbers：航空公司数字代号

Code Share：代码共享

Aircraft Codes：机型代号

City/Airport Codes：城市 / 机场三字代码

Two-letter State Codes：州的两字代码

Airport Terminals：机场候机楼

Flight Routings：航班航线

Minimum Connecting Times：最短衔接时间

Schedule Texts Explained：时刻表中有关术语的解释

Worldwide City-to-city Schedules：世界城市间航班时刻表

其中，世界范围城市间航班时刻表是主要内容，包括了英语、法语、西班牙语、日语、俄语和汉语等不同语言的“如何使用世界城市间航班时刻表”的介绍。

二、如何使用世界城市间航班时刻表

世界城市间航班时刻表按照城市英文字母顺序编制，公布城市到城市之间的航班信息。航班时刻表的公布形式见表 12-1。

表 12-1 航班时刻表

FROM **EDMONTON** AL CANADA **YEA** -0700

- INTERNATIONAL (YEG) 21mls/34kms S of Edmonton. Check–in 45mins except AA 60, AC to USA 60, other Int 90.
- MUNICIPAL (YXD) 3ml/5kms N of Edmonton. Check–in 45mins except CP 30.

To International Airport
BUS
Grey Goose Airport Bus Service from downtown Edmonton. Calls at major hotels. Journey time 45 mins. Enquiry tel: (403) 463 7520.

Calgary YYC								
–	19Dec	1234567	**0900** YXD	**0940**	**CP**904	737	JYBHQ	0
Paris France PAR					CDG-C De Gaulle			
2Jan	–	12•45••	**0730** YEG	1303 YYZ	**AC**106	320	JYMBH	0
			1755 YYZ	*0835 CDG	**AC**870	747	FJYBH	1
					***AC**870 Plane change at intermediate stop*			
–	–	1234567	**0845** YEG	1215 MSP	**NW**1020	D9S	FYBMH	0
			1500 MSP	1735 DTW	**NW**752	320	FYBMH	0
			2040 DTW	*1020 CDG	**NW**50	D10	CYBMH	0

在 OAG 体系中，航班时刻表公布的信息主要包括：

始发站：城市全称、所属国家的名称、州或省的两字代码、城市的三字代码、与 GMT 的时差，始发站城市机场的全称、三字代码、机场的地理位置以及城市到机场的距离等信息。

到达站：全称、三字代码。

航班：航班的有效期，班次，航班始发和到达的当地时间，始发站机场或到达站机场的三字代码（始发站 / 到达站有两个以上城市时需要注明），航班号，机型，舱位等级，经停站等。

两个城市之间的航班可以有两种公布：一类是直达航班，另一类是由转机点的联程航班。

但是由于旅客旅行的特殊要求和航班选择的多样性，在为旅客选择航班的时候，还需要考虑不同航班之间的衔接，即最短衔接时间的问题。

三、最短衔接时间

在 OAG 中，城市间航班信息包括直达航班信息和联程航班信息，因此旅客都可以在预定的航班时间内到达目的地。但是由于旅客旅行的目的不同、经过的地点不一样、要求停留的时间不同，因此有时候就要求航空公司能为旅客选择最佳的衔接航班：有的旅客希望乘坐某一航空公司的航班，有的旅客希望尽可能早到达目的地，有的旅客希望不同航班中间衔接时间最短，等等。

不管旅客的要求如何，为了方便旅客旅行，保证旅客在中转衔接时能顺利办理各种手续，在安排航班时，必须考虑到航班衔接的时间，即最短衔接时间（Minimum Connecting Time，简称 MCT）的问题。

OAG 中有专门的章节介绍最短衔接时间的问题。表 12-2 是其中的一个例子。

表 12-2　最短衔接时间

Geneva GVA			
Dom-Dom	45		
Dom-Int	45		
	Except	2.00 All to AI	
		2.00 All to LY	
		1.00 All to SR to TLV	
Int-Dom	45		
	Except	55 All to Trains to Berne	
		52 LX，SR to Trains to Berne	
		1.30 LY to All	
Int-Int	45		
	Except	2.00 All to AI	
		2.00 All to LY	
		1.00 ALL to SR to TLV	
		1.30 LY to All	

知识拓展 12-1

144 小时过境免签

最短衔接时间公布时，“Dom”表示国内航班，“Int”表示国际航班，数字表示国内航班转国际航班，或国际航班转国内航班，或者国际航班和国内航班互转时所需要的时间，“45”表示需要 45 分钟，“2.00”表示需要 2 个小时，依此类推。

任务二　了解航线的选择与航班安排

一、航线的选择

现在，航空公司和旅行社都非常重视航线的选择，合理的航线安排不仅可以缩短飞行时间，同时也能为旅客降低开支，并为航空公司和旅行社赢得利润。

航线选择的基本原则是不出现迂回、交叉或重复路线，保证航程距离尽可能短，时间尽可能节省。

例如，某旅客从 OSL 出发，途经 ATH、BEG、GVA、LON、MAD、PAR、STO、VIE，最后回到 OSL。

显然，可以有多种航线安排的选择。下面是两种选择的例子：

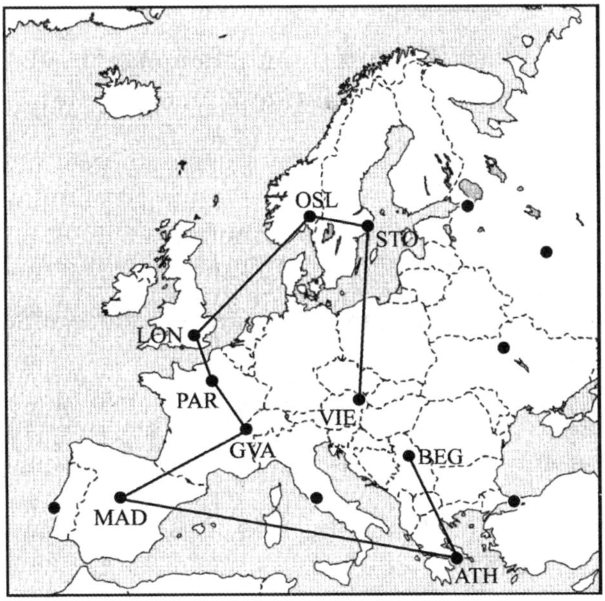

图 12-1　航程安排方案一

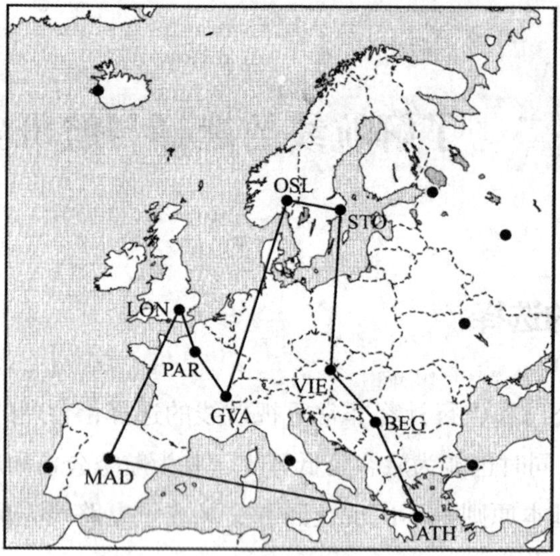

图 12-2 航程安排方案二

二、航班安排

确定了最佳航线后就要考虑如何安排最佳的衔接航班。在考虑航班时，首先考虑直达航班，其次考虑公布的联程转机航班，最后考虑衔接航班。

项目小结

1. OAG 公司出版的世界航班手册，列举世界各个主要城市之间的航班信息。

2. 在航班选择时，一般优先考虑直达航班，然后是联程航班，最后考虑衔接航班。在考虑可衔接航班时，必须考虑不同航班衔接的最短时间。

3. 航线选择的基本原则是不出现迂回、交叉或重复路线，保证航程距离尽可能短，时间尽可能节省。

思考与练习

请根据下列条件，在盲图上为旅客设计合理的行程。

旅客从 PAR 出发，经过一定的点，最后回到 PAR。确定行程经过下列所有的点：

ATH（Athens），LON（London），STO（Stockholm），BEG（Belgrade），MAD（Madrid），VIE（Vienna），GVA（Geneva），OSL（Oslo）

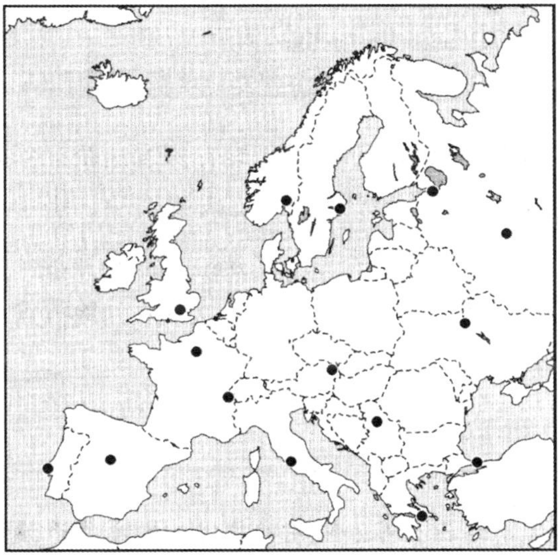

学习效果自测

扫描下方二维码，检测你的学习效果。

12

学习检测

项目十三 国际旅客运价的计算与运用

项目导读

指定航程运价和里程制运价计算是国际旅客运价计算的两种方法，其中里程制运价计算是本章介绍的重点。国际旅行中，由于航程不同，选择的经停点不同，中途分程次数不同，计算运价的规则就有可能不同。因此通过本项目的学习，要求能根据实际航程进行正确的运价计算以及在客票上的表示。

学习目标

知识目标：了解运价公布和使用的规定；熟悉货币换算的方法和进位要求；了解指定航程的概念和运价计算的原则；理解里程制运价计算的原理；理解和掌握单程和来回程运价使用的有关规定；了解比例运价的公布和运用；了解特殊运价使用的条件。

技能目标：熟悉国际旅客运价的公布；熟练进行各种货币与 NUC 之间的转换并按规定进位；能按照里程制运价计算原理对各种类型的航程进行运价计算；能根据运价计算的表达式判断运价计算所采用的原理和方法。

素质目标：打下扎实的专业基础，培养民航人的职业操守。

案例导入

关于航空公司 +SPA 联运

某旅客购买 CAN-DOH/DXB-CAN（广州 – 多哈 / 迪拜 – 广州）的国际往返程机票，CAN-DOH 承运人为 QR（卡塔尔航空），DXB-CAN 承运人为 CZ。其中 CAN-DOH 段为 SPA 段（Special Prorate Agreement，按特殊拆账或是按比例分摊），该客票使用 CZ 的票号，出的是 CZ+SPA（QR）联运机票。但是由于 CZ 和 QRQ 的系统不一样，QR 无法收到 CZ784 开头的票号信息，导致旅客在机场 QR 柜台无法办理值机手续。类似的案例提醒我们，当机票涉及外航的 SPA 联运航段时，完成出票以后必须联系 SPA 段的外航，确认是否收到票号等信息，以确保旅客出行前的客票信息正常无误。

任务一　掌握基本概念

一、国际旅客运价的使用

（一）国际旅客运价的种类

（1）按服务等级不同，国际旅客运价可以划分为头等舱、公务舱或中间等级、经济舱等。在各等级之间还包括不同的折扣票价，具体情况根据各航空公司的规定而有所区别。

（2）按照旅客旅行的航程以及运价计算的规定，国际旅客运价可以分为单程运价和来回程运价。单程运价只适用于单程的航程，来回程运价则适用于除单程以外的其他航程。

（3）根据运价使用条件的不同，国际旅客运价可以分为普通运价和特殊运价。

普通运价是指适用于头等舱、公务舱和经济舱的成人全额票价，通常没有附加条件，包括适用于儿童、婴儿的在成人普通运价基础上给予一定折扣的运价。

特殊运价是指带有一定限制条件的折扣票价。特殊运价种类繁多，结构复杂，应用也最为灵活。由于其价格比普通运价低很多，因此对旅客非常有吸引力。特殊运价体系比较复杂，在本教材中将不做详细介绍，感兴趣的话可以参考国际旅客运价计算的相关教材。

（4）根据运价使用顺序，国际旅客运价可以分为协议运价、公布直达运价、比例运价和分段相加最低组合运价。

协议运价是根据双边协议，由航线经营双方的航空公司确定的、只适用于双方航空公司的运价，比公布直达运价要低。

公布直达运价是由 IATA 公布的、适用于某两点之间的运价，适用于指定的承运人或任意承运人。

比例运价是用于组成某两点之间运价的一个组成部分，本身不能单独使用。

分段相加最低组合运价是在公布直达运价基础上的应用。

（二）运价的有效期

普通单程、来回程或环程的运价从旅行开始后一年内完成运输有效。如果一个普通客票的全程中包含了有效期短于普通运价的特殊运价，这个较短的有效期只适用于该特殊运价航段的运输，除非该较短的有效期按特殊运价的联合规定适用于整个航程的旅行。

某些特殊运价除最长有效期外，就某些地区的最短停留或有关特殊点也对某些特殊运价作了限制。特殊运价的有效期根据具体规定而定。

（三）国际旅客运价的变更

旅客购票但开始旅行前，运价变化，票价多退少补；开始旅行后，运价变化，票价不变。

视频微课 10

国际航程的类型

二、国际航程的类型

（一）单程 OW（ONE-WAY JOURNEY）

从运价计算的角度出发，单程是指非来回程亦非环程，且全程不一定全部为航空运输。单程使用单程运价计算。

例：BJS—HKG—MNL

（二）来回程 RT（ROUND TRIP）

来回程是指由始发地出发前往目的地，然后再返回原始发地且全程为航空运输的航程。

来回程有两个基本特征：

（1）只有两个运价计算区。

（2）不管航程是否相同，去程和回程的运价相同。

例：SHA—FRA—LON—FRA—SHA

BJS—LON—PAR—ROM—BJS

（三）环程 CT（CIRCLE TRIP）

环程是指从一点出发，中途经过多个站点，最后回到原始发地的航空旅行。环程的特征：

（1）有两个或两个以上的运价计算区。

（2）去程和回程的运价不同。

例：BJS—BKK—SIN—JKT—BJS

BJS—TYO—LON—PAR—BJS

（四）缺口程 NOJ（NORMAL OPEN JAW）

特种票价缺口程只有两个国际运价计算区，并且根据特种运价的使用规定，包含国内或国际缺口航段；使用 1/2 运价票价，除非另有说明。

1. 单缺口 SOJ（SINGLE OPEN JAW）

（1）始发站缺口 ONOJ（ORIGIN OPEN JAW）

例：SHA—TYO—BJS

BJS—TYO—DLC

（2）折回点缺口 TNOJ（TURNROUND OPEN JAW）

例：SHA—TYO...OSA—SHA

BJS—PAR...ROM—BJS

2. 双缺口 DOJ（DOUBLE OPEN JAW）

例：SHA—TYO...OSA—BJS

CAN—LON...PAR—SHA

任务二　掌握货币与中性运价单位

视频微课 11

国际运价与货币

一、货币代号与最小进位单位

货币代号是国际标准化组织（ISO）根据各国货币的英文全称的缩写而来，包括代码代号和数字代号两种。例如，中国货币的代码代号是 CNY，数字代号是 156。各国货币的代码请参看附录四“IATA 汇率兑换表”。

在使用货币代号表达运价或其他费用时，先写货币代号，再写金额，然后根据有关小数点位数的规定填写位数。

例如，人民币 2500 元，可以表达为 CNY 2500.00；再比如，美元 1452.2 元，可以表达为 USD 1452.20。

二、货币之间转换

在国际客运中，包括一些货币转换的问题。货币转换率是由外汇交易市场上买卖双方的交易决定的。银行作为金融机构，可以代理顾客用现钞在外汇交易市场上进行交易。所以，货币转换的主要比率是银行现钞卖出价 BSR（BANKERS' SELLING RATE）和银行现钞买入价 BBR（BANKERS' BUYING RATE）。

例如，银行公布的人民币对美元的比率就是：

BBR　1.00 USD=CNY 6.9495

BSR　1.00 USD=CNY 6.9501

需要指出的是，根据我国有关的法律，人民币是中华人民共和国境内唯一合法使用的货币，且人民币只是在经常项目下可兑换，所以业务人员不能接受旅客用外币支付的票款，即使是按照银行兑换率进行兑换。

三、NUC 与各国货币的转换

在国际客运中，各国公布国际运价除了用当地货币表达外，还需要用 NUC 货币来表达。NUC 的全称是 NEUTRAL UNIT OF CONSTRUCTION，即中性运价单位，最小单位为 0.01，低于 0.01 部分只舍不入。该货币并不是真实的货币。其与各国货币的比率称为 IROE（IATA RATE OF EXCHANGE），由国际航协清算所规定，每年 2、5、8、11 四个月最后一个交易周里美元与各国货币的平均比率作为 NUC 与各国货币的比率，即 ROE。使用期从第三个月的 1 日开始，三个月内有效。

例如，2 月最后一个交易周里美元与人民币的平均比率为 8.277040，则 ROE 为 8.277040，使用期从 4 月 1 日使用到 6 月 30 日。

在使用期间，如果美元对某种货币的比率变化超过 6%，就将使用新的 IROE 资料。

四、各国货币的进位规定

根据 ROE，将 NUC 转换为某国家货币以后的进位，可以采用四舍五入或者往高数位上进位的方法。具体规定如下：

当进位单位≥ 1 时，计算到小数点后第一位；当进位单位＜ 1 时，计算到比进位单位多一位的小数，然后查阅货币换算表中的最后一栏“Notes”。如果没有规定，则往高数位上进，即“有数就进”，用“H”表示。如果有规定（有具体数字），则要查阅相应的“Notes”栏的注解：如果注解与进位有关，则表示往最近一个进位单位进，即“四舍五入”，用“N”表示；如果注解与进位无关，则按“有数就进”进行换算。

例 1：若从澳大利亚出发某国际航段票价为 NUC 1000.00，旅客用澳币付款，需要多少？

解：NUC 1000.00×ROE 1.356208=AUD 1356.208，因为澳币的进位单位为 1，有注解 8.17，但都不涉及运价进位的规定，视为没有注解，按往高位上进，而且澳币进位后保留到小数点后两位，则进位以后的结果应为 AUD 1357.00。

例 2：若从巴哈马出发某国际航段票价为 NUC 1234.56，旅客用美元付款，应付多少？

解：查运价换算表得知，巴哈马以美元为始发国货币，采用美元的 ROE1.000000，NUC 1234.56×ROE 1.000000=USD 1234.56，美元进位单位为 1，进位后保留到小数点后两位，有注解 5，注解 5 表示“四舍五入”，则进位以后的结果为 USD 1235.00。

五、税费（TAXES & CHARGES）

知识拓展 13-1

国际运输中的税费

在国际客运中，会涉及各国税费的有关计算。税费通常都以一定的税费代号加上相应的数额来表示。最常用的税费资料可以从运价资料 PAT 的相关章节或计算机订座系统中获得，这里不再赘述。

任务三　掌握 PAT 运价资料与 IATA 运价计算步骤

一、PAT 简介

PAT 是国际航协（IATA）与国际航空电信技术协会（SITA）共同出版发行的国际旅客运输资料，全称为 PASSENGER AIR TARIFF。该资料包括以下一些内容：

（一）总规则（General Rules）

该规则每年出版四期，主要包括国家代码、城市 / 机场代码和名称、缩略语、运价的使用规定、行李、行业佣金、折扣运价、旅客运输、付款、奖励性团体旅游等方面的内容。

（二）西半球运价（Western Hemisphere Fares）

分为季刊和月刊两种：

1. 季刊

每年出版四期（1、4、7、10 月出版）。主要内容包括货币兑换率、运价等级 / 类别代号、西半球内和东西半球间的行业和承运人的普通和特殊运价、西半球和东西半球间的综合旅游运价、行业和承运人的比例运价表、超里程附加计算表等。

2. 月刊

每年出版八期（2、3、5、6、8、9、11、12 月出版）。除季刊中包含的内容外，还包括有关西半球的运价规则、指定航程等内容。

（三）西半球运价规则（Western Hemisphere Fares Rules）

每年出版四期，主要包括西半球内和东西半球间的普通和特殊运价以及综合旅游运价的行业规则、西半球和东西半球间的承运人的运价规则、指定航程表、超里程附加计算表等。

（四）东半球运价（Eastern Hemisphere Fares）

与西半球运价类似，分为季刊和月刊，但范围仅限于运价区间的起点和终点均在东半球内的情况。季刊有时与东半球运价规则手册合并一册出版。

（五）东半球运价规则（Eastern Hemisphere Fares Rules）

每年出版四期，主要包括东半球内和东西半球间的普通和特殊运价以及综合旅游运价的行业规则、东半球内承运人的运价规则、指定航程表、超里程附加计算表等。

（六）最大允许里程（Maximum Permitted Mileage）

每年出版一期，公布部分城市间的最大允许里程。

二、IATA运价计算步骤

根据国际航协1999年最新推出的运价计算公式，国际旅客运价计算可以归纳为以下步骤：

FCP：Fare Construction/Break Point，也可称为FBP，确定运价计算区；

NUC：确定运价计算区起讫点的公布直达运价或用比例运价组成的直达运价；

RULE：公布直达运价使用的限制条件；

MPM：Maximum Permitted Mileage，运价计算区起讫点运价所对应的最大允许里程；

TPM：Ticketed Point Mileage，运价计算区各相邻客票点的实际里程之和；

EMA：Excess Mileage Allowance，运价计算区的超里程优惠的实际情况；

EMS：Excess Mileage Surcharge，运价计算区的超里程附加的要求；

HIP：Higher Intermediate Point，运价计算区的中间较高运价检查；

CF：Constructed Fare，运价计算区的计算运价；

CHECK：运价计算区的各项检查（最低限额检查）；

TTL：整个航程的 NUC 表示的运价；

IROE：运输始发国货币与 NUC 的兑换率；

LCF：运输始发国货币表示的全程运价；

TKT：运价计算的表示（可以是横式表达式或竖式表达式）

任务四　了解公布直达运价

在 PAT 运价表中公布的运价，称为公布直达运价。公布直达运价分为普通运价和特殊运价。

在运价表中，所有的运价都是按照出发城市英文名称的字母顺序排列，并附有该城市的三字代码、所属国家的名称以及货币代号等内容。然后根据到达站城市英文名称的字母顺序查询所需要查找的城市的运价。

一、运价表的结构

表 13–1　运价公布

AUCKLAND(AKL)					
FARE TYPE	LOCAL CURRENCY	NUC	CARR CODE	RULE	GI MPM& ROUTING
AUCKLAND(AKL) NEW ZEALAND					NEW ZEALAND DLR(NZD)
TO SANTIAGO(SCL)					PN14619
					PA 7198
Y		4514	2917.19	X1100	PN

续表

Y	3539	2287.09	X1100	PA
C	5689	3676.54	X1100	PN
C	4507	2912.67	X1100	PA
F	8853	5721.30	X1100	PN
F	6949	4490.83	X1100	PA
YLPX2M	3129	2022.13	X1104	PN
YLPX2M	2503	1617.57	X1104	PA
YHPX2M	3502	2263.18	X1104	PN
YHPX2M	2802	1810.80	X1104	PA
YLEE6M	4379	2829.95	X1101	PN
YLEE6M	3502	2263.18	X1101	PA
YHEE6M	4686	3028.35	X1101	PN
YHEE6M	3748	2422.16	X1101	PA

二、公布直达运价的使用条件

首先，运价是有方向的，应该按旅客旅行实际方向和航程选择正确的运价。

其次，运价所对应的方向代号必须与实际航程的方向性代号一致。

最后，选择运价时应该考虑 Notes 栏所对应的限制条件。

三、直达航程公布直达运价的计算及运价表示

计算方法有两种：一是选择公布的 NUC 运价并使用适当的 ROE 求出运输始发国货币表示的运价；二是直接选择运输始发国货币表示的运价。

例：航程：SHA—MU—PAR，

运价：Y 舱 EH 方向的单程运价　NUC 1600.87　CNY 9270

人民币的 ROE 5.7906

计算方法（一）： 选择 NUC 表示的公布直达运价并转化为始发地货币表示

NUC 1600.87 × ROE 5.790600=CNY 9269.9≈CNY 9270

人民币的进位单位为 H10，进位后不保留小数点。

运价计算表示法：

```
FARE CALCULATION
SHA MU PAR M1 600.87 NUC1600.87 END ROE 5.790600
```

计算方法（二）： 直接选择始发地货币表示的运价：CNY 9270

运价计算表示法：

```
FARE CALCULATION
SHA MU PAR M9270.00 CNY9270.00 END
```

四、非直达航程的公布直达运价的使用

根据 IATA 公布的 PAT 规则中的有关规定，非直达航程的运价计算可以有两种方法，一种是指定航程运价，另一种是根据里程制的规定进行运价计算。

任务五　了解指定航程运价

在 PAT 的 General Rules 中规定，对于某些包括转机点的非直达航程，如果航程经过某个或某些特定点，可以直接使用从该航程始发地到目的地（或折返点）的公布直达运价，而无须考虑其他因素。

使用指定航程运价时，应注意以下规定：

首先，指定航程中所规定的转机点可以省略，但是不能增加新的点。

其次，必须按顺序经过指定航程中所规定的点。

再次，指定航程可以按照公布的方向使用，也可以按反方向顺序使用。

最后，使用指定航程运价时，要遵守注释（Notes）规定的条件。

表 13–2　PAT 中指定航程的公布

Between	And	Via
Adilaide	Jakarta	Sydney/Melbourne
Beijing	Nagasaki	Shanghai
Beijing	Osaka	Shanghai—Nagasaki(Note 3)
Beijing	Tokyo	Shanghai—Nagasaki-Osaka(Note 2)
. . .		
Tokyo	Beijing	Dalian
NOTES: 1. Only 1 stopover shall be permitted at Nagasaki/Osaka. 2. Only 1 stopover shall be permitted at Shanghai/Nagasaki/Osaka. 3. Only 1 stopover shall be permitted at Shanghai/Nagasaki.		

例：航程 Beijing—Shanghai—Osaka—Tokyo，是否可以直接使用 BJS—TYO 的公布直达运价？

下列航程可以使用 BJS—TYO 的公布直达运价：

Beijing—X/Shanghai—X/Nagasaki—Osaka—Tokyo

Beijing—Shanghai—X/Osaka—Tokyo

Beijing—Osaka—Tokyo

Tokyo—X/Nagasaki—Shanghai—Beijing

但是下列航程不符合要求，不能直接使用 BJS—TYO 的直达运价：

Beijing—X/Shanghai—Nagasaki—Osaka—Tokyo

Beijing—X/Shanghai—X/Fukoka—Osaka—Tokyo

Beijing—X/Osaka—Nagasaki—Tokyo

Beijing—Shanghai—Nagasaki—Osaka—Tokyo

除上述规定以外，PAT 中还有其他关于制定航程和其他里程的规定的具体内容，但限于篇幅，不再详细介绍，感兴趣的同学可以参考最新的 PAT。

任务六　掌握里程制的运价计算

指定航程运价的使用，根据航程中经过的点来判断是否适用于相应的旅行，而不考虑里程的因素。但是大量的实际航程并不满足指定航程的条件，因此在确定运价时，要综合考虑里程和运价使用条件的规定，这就是里程制运价计算的基础。

一、里程制的基本要素

1. 最大允许里程 Maximum Permitted Mileage（MPM）

最大允许里程适用于某一公布直达运价所允许旅行的最大距离。旅行的方向不同，公布的运价和其所对应的最大允许里程也不同。

例如：表 13-1 中 AKL—SCL 的运价，PA 方向的 Y 舱的单程运价为 NUC2287.09，所对应的 MPM 为 7198，而 PN 方向的 Y 舱的单程运价为 NUC2917.19，MPM 为 14 619。

2. 客票点里程 Ticketed Point Mileage（TPM）

客票点里程也称实际里程，是指相邻的两个客票点之间的直达的最短飞行距离。由于旅行路线及方向不同，同一城市对会出现不同的 TPM，因此计算运价时，应根据实际旅行路线和方向选择相应的 TPM。

例如：LON—AKL，TPM 15 030 EH　11 825 AP，表示 LON 和 AKL 之间有两个不同的 TPM，在计算运价时，应根据具体的航程选择相应的 TPM。

TPM 的公布形式：

表 13-3　TPM 的公布

BETWEEN/AND		TPM	GI
Auckland NZ			
Adelaide SA	AU	2039	EH

续表

BETWEEN/AND		TPM	GI
Apia	WS	1801	EH
Bangkok	TH	5956	EH
Blenheim	NZ	316	EH
Los Angela CA	US	6522	PA

3. 超里程附加 Excess Mileage Surcharge（EMS）

超里程附加是在非直达航程的各客票点里程之和超过该运价计算区的最大允许里程时，按照一定的比例对运价进行附加的一种做法。具体内容见本节“三、超里程附加”。

4. 超里程优惠 Excess Mileage Allowance（EMA）

超里程优惠是航程出现超里程时，给予一定实际里程优惠的做法。具体内容见本节“四、超里程优惠”。

二、非直达航程的运价计算

按照IATA运价计算步骤，非直达航程运价计算的基本原则是在运价计算区的范围内，尽可能选择运价计算区起讫点的公布直达运价作为航程运价。而某两点之间公布直达运价能否直接选择必须满足以下条件：

（1）运价计算区中实际里程之和没有超过最大允许里程。

（2）航程中没有出现比起讫点运价高的运价。

（3）航程中某一点不能出现两次或两次以上的中途分程。

（4）航程的方向与运价方向一致。

（5）实际航程与运价对应的Notes一致。

例1：航程：BJS—BKK—LON

运价：F　OW　NUC　3046.48　MPM　EH 8296

TPMs：BJS—BKK 2052　BKK—LON 5919

解：根据IATA运价计算步骤

FCP　BJSLON

NUC　F　OW　3046.48
RULE　NONE
MPM　EH 8296
TPM　7971
EMA　N/A
EMS　M
HIP　NONE
CF　3046.48
CHECK　NONE
TOTAL　3046.48
IROE　8.29508
LCF　CNY25 280

知识拓展 13-2
承运人运价的选择

运价计算表达式：

FARE CALCULATION
BJS YY BKK YY LON M3046.48NUC 3046.48END ROE8.295 08

例 2：航程：YTO—（AC）—YMQ—（SR）—ZRH（KL）—AMS

运价：Y OW NUC　YTO—ZRH　1375.53
YTO—AMS　1377.56　MPM　4464AT
YMQ—ZRH　1239.67
YMQ—AMS　1240.35

TPMs：YTO—YMQ 308　YMQ—ZRH 3728　ZRH—AMS 375

计算以 NUC 表示的全程运价。

解：根据 IATA 的运价计算公式：

FCP　YTOAMS
NUC　Y OW 1377.56
RULE　NONE
MPM　4464AT
TPM　4411

EMA N/A

EMS M

HIP NONE

CF 1377.56

CHECK NONE

TTL 1377.56

运价计算表达式：

```
FARE CALCULATION
YTO AC YMQ SR ZRH KL AMS M1 377.56NUC1 377.56END ROE...
```

三、超里程附加（Excess Mileage Surcharge—EMS）

（一）基本概念

当旅客旅行的非直达航程各航段的实际里程之和超过最大允许里程的时候，航程出现了超里程。遇此情况不能直接选择始发地到目的地的公布直达运价，而要在直达运价的基础上附加相应的百分比，即超里程附加。

超里程附加率的确定（五级附加率如表 13-4 所示）：

表 13-4 超里程附加率

TPM 与 MPM 比值 S	运价附加百分比	运价表示
S ≤ 1.000 000		M
1.000 00 < S ≤ 1.050 000	5%	5M
1.050 00 < S ≤ 1.100 000	10%	10M
1.100 00 < S ≤ 1.150 000	15%	15M
1.150 00 < S ≤ 1.200 000	20%	20M
1.200 00 < S ≤ 1.250 000	25%	25M
S > 1.250 00	采用分段相加最低组合运价	

注：EMS 计算到小数点后第六位，第七位以后的数字只舍不入。

（二）超里程的运价计算

（1）确定超里程附加率。

（2）在始发地到目的地的公布直达运价基础上附加相应的百分比，得到全程运价。

例： 航程：BJS—CA—PAR—AF—FIH

运价：BJS—PAR　Y　OW　NUC 1685.33

BJS—FIH　2478.57　MPM 8629EH

PAR—FIH　2289.94

TPMs：BJS—PAR 5099　PAR—FIH 3789

解：

FCP	BJSFIH
NUC	Y OW 2478.57
RULE	NONE
MPM	8629EH
TPM	8888
EMA	NONE
EMS	5M
HIP	NONE
CF	2602.49
CHECK	NONE
TTL	2602.49

运价计算表达式：

```
FARE CALCULATION
BJS CA PAR AF FIH5M2602.49NUC2602.49END ROE...
```

注：NUC 计算时保留到小数点后第二位，第三位以后的数字只舍不入。

四、超里程优惠（Excess Mileage Allowance—EMA）

所谓超里程优惠，是指当旅客在一定的范围内旅行，经过了某些特定的点，而且出现超里程的时候，可以从该航程的实际里程中减去某个既定的数额，从而得到一个较低运价的做法。

超里程优惠不适用于所有的航程，而在 PAT General Rule 2、3、4 中可以查到 EMA 的相关资料。表 13-5、表 13-6 为其中的两个例子。

表 13-5 Area 23 EMA

Between	And	Via	TPM Deduction
…			
Middle East	TC3 (except for South West Pacific)	Via both Mumbai and Delhi，or via both Islamabad and Karachi	700

表 13-6 Area 31 via the Pacific EMA

Between	And	Via	TPM Deduction
USA (Except Hawaii) / CANADA	Area 3	Hawaii— for North/central Pacific fares only	800

例： 承运人：UA UA JP PR CX

航程：SFO —HNL—TYO—MNL—HKG—BKK

FAREs & MPM SFO-BKK Y OW NUC 2625.00 MPM 9504PA

TPMs：SFO—HNL2393HNL—TYO3831 TYO—MNL1879

MNL—HKG702 HKG—BKK1065

解：

FCP SFOBKK

NUC Y OW 2625.00

RULE NONE

MPM 9504PA

TPM	9870–800
EMA	E/HNL
EMS	M
HIP	NONE
CF	2625.00
CHECK	NONE
TTL	2625.00

运价计算表达式：

```
FARE CALCULATION
SFO UA E/HNL UA TYO JP MNL PR HKB CX BKK M2625.00NUC2625.00END
```

五、中间较高运价（Higher Intermediate Fare—HIF）

（一）定义

在某一个运价计算区中，任意两个中途分程点（包括始发地和目的地）之间的运价高于该运价计算区始发地到目的地同一服务等级的运价，称为中间较高运价（HIF），与该中间较高运价对应的点，称为中间较高点（HIP—Higher Intermediate Point）。

（二）中间较高运价的类型

在某一个运价计算区中，下列三种运价都有可能是中间较高运价。

（1）始发地至任意中途分程点的运价；

（2）任意两个中途分程点之间的运价；

（3）任意中途分程点到目的地的运价。

如果在一个运价计算区中，存在两个或两个以上的中间较高运价，则最高的中间较高运价适用于该运价计算区。

（三）运价计算方法

（1）符合使用公布直达运价条件时，直接选用最高的中间较高运价为全程运价；

（2）当同时出现超里程时，则在选用的中间较高运价基础上附加相应的百分比。

例 1：航程：CAI—LCA—X/LON—AMS

TPMs：353　2028　219

FAREs & MPM

CAI—LON	C	OW	NUC895.78	
—AMS			818.91	MPM 2565EH
LCA—LON			1114.49	
—AMS			870.17	

解：

FCP	CALAMS
NUC	C OW 818.91
RULE	NONE
MPM	2565EH
TPM	2600
EMA	NONE
EMS	5M
HIP	LCAAMS C OW 870.17
CF	913.67
CHECK	NONE
TTL	913.67

运价计算表达式：

FARE CALCULATION
CAI YY LCA YY X/LON YY AMS 5M LCAAMS913.67NUC913.67END

例 2：UA　AC　KE　MU

航程：LAX—YVR—X/HNL—SEL—SHA

FAREs & MPM：LAX—SHA Y OW NUC 1125.23 MPM6741PA

LAX	—SHA	1125.23
	—SEL	1117.04
	—HNL	1207.11
YVR	—SHA	1476.00
	—SEL	1327.50
	—HNL	1010.43
HNL	—SHA	1570.00
	—SEL	1500.00
SEL	—SHA	485.24

TPMs：LAX—YVR1071　YVR—HNL2706　HNL—SEL 4543　SEL—SHA542

解：

FCP	LAXSHA
NUC	Y OW 1125.23
RULE	NONE
MPM	6741PA
TPM	8862–800
EMA	E/HNL
EMS	20M
HIP	YVRSHA 1476.00
CF	1771.20
CHECK	NONE
TTL	1771.20

运价计算表达式：

```
FARE CALCULATION
LAX UA YVR AC E/X/HNL KE SEL MU SHA20M YVRSHA1 771.20NUC1 771.20END
```

任务七　了解来回程和环程运价及其最低组合

一、基本概念

（一）定义

来回程（ROUND TRIP—RT）是指由始发地出发到一点，最后又回到原始发地的航程。来回程有两个运价计算区，不管去程和回程的路程是否相同，只要相同等级的运价相同均称为来回程。

环程（CIRCLE TRIP—CT）是指从始发地出发经过若干个不同的点，使用连续的航空运输，最后又回到原始发地的航程，但是不包括已经包含在 RT 中的航程。

与来回程相比，环程有两个或两个以上的运价计算区，而且去程和回程的路程、运价都不相同。

（二）方向运价的使用规定

运价应按实际旅行方向使用，但对于整个航程的运价不只由一个运价计算区组成时，如果某个运价计算区的终点在整个航程运输始发国时，则该运价计算区应采用从始发国出发方向运价。

使用此规定，当航程为环程时，如果整个航程在斯堪的纳维亚，或者在美国和加拿大之间旅行，则采用实际旅行方向的运价。

二、运价计算方法

首先，选择折返点，确定去程和回程不同的运价计算区；

其次，使用 1/2RT 运价，分别计算去程和回程的运价；如果去程、回程的运价相同，则该航程为 RT，否则为 CT，要进行 CTM 检查。全程组合运价不能低于该 CTM。

最后，环程最低限额（CIRCLE TRIP MINIMUM—CTM）即始发地到航程中某一个中途分程点的相同等级的最高的来回程（RT）运价。

不同的折返点有不同的全程运价，比较选择较低者为全程运价。

三、折返点的选择

折返点选择时，一般会选择 MPM 最大的点，或者 NUC 最高的点，或者是实际航班中离始发地最远的点。

MPM 即最大的点，NUC 即最高的点。

折返点可以是中途分程点，也可以是非中途分程点。当非中途分程点为折返点时，必须进行 HIP 检查；但是进行 CTM 检查时，则不考虑非中途分程点。

例 1：航程：JRO—AMS—LON—FRA—ADD—JRO

承运人：KL　　IB　　LH　　ET　　TC

FAREs & MPM：JRO—LON　RT NUC2463.00　MPM5271EH

JRO—LON	RT	NUC2463.00	MPM5271EH
—AMS		1255.00	5154EH
—FRA		1255.00	4924EH
—ADD		289.00	

TPMs：JRO—AMS4288　AMS—LON217　LON—FRA396

FRA—ADD3324　ADD—JRO867

解：选 PMP 最大的点作为折返点

	OUTBOUND	INBOUND
FCP	JROLON	JROLON
NUC	Y 1/2RT 1231.50	Y 1/2RT 1231.50
RULE	NONE	NONE
MPM	5271EH	5271EH
TPM	4505	4587
EMA	N/A	N/A

EMS	M		M
HIP	NONE		NONE
CF	1231.15		1231.15
SUBTTL	2463.00	It's an RT.	
CHECK	NONE		
TTL	2463.00		

运价计算表达式：

FARE CALCULATION
JRO KL AMS IB LON M1 231.50LH FRA ET ADD TC JRO M1231.50NUC2463.00END

例 2：航程：CUR—AMS—BCN—ZRH—HAM—X/AMS—CUR

承运人：KL KL SR SR KL KL

FAREs & MPM：CUR—AMS F RT NUC 3458.24 MPM 5842AT

—BCN	3413.90	5792AT
—ZRH	3458.24	6216AT
—HAM	3592.40	6126AT

TPMs：CUR—AMS4869 AMS—BCN771 BCN—ZRH532

ZRH—HAM432 HAM—AMS236 AMS—CUR4869

解：以 HAM 为折返点

	OUTBOUND	INBOUND
FCP	CURHAM	CURHAM
NUC	F 1/2RT 1796.20	F 1/2RT 1796.20
RULE	NONE	NONE
MPM	6126AT	6126AT
TPM	6604	5105
EMA	NONE	NONE
EMS	10M	M
HIP	NONE	NONE
CF	1975.82	1796.20
SUBTTL	3772.02	It's a CT.

CHECK	CTM CURHAM F RT 3592.40 < SUBTTL 3772.02
TTL	3772.02

以 ZRH 为折返点

	OUTBOUND	INBOUND
FCP	CURZRH	CURZRH
NUC	F 1/2RT 1729.12	F 1/2RT 1729.12
RULE	NONE	NONE
MPM	6216AT	6216AT
TPM	6172	5537
EMA	N/A	N/A
EMS	M	M
HIP	NONE	CURHAM F 1/2RT 1796.20
CF	1729.12	1796.20
SUBTTL	3525.32	It's a CT.
CHECK	CTM CURHAM F RT	3592.40
	–SUBTTL	3525.32
	P	67.08
TTL	3592.40	

以 BCN 为折返点

	OUTBOUND	INBOUND
FCP	CURBCN	CURBCN
NUC	F 1/2RT 1706.95	F 1/2RT 1706.95
RULE	NONE	NONE
MPM	5792AT	5792AT
TPM	5640	6069
EMA	N/A	N/A
EMS	M	5M
HIP	CURAMS F 1/2 1729.12	CURHAM F 1/2RT 1796.20
CF	1729.12	1886.01
SUBTTL	3615.13	It's a CT.

CHECK　CTM CURHAM F RT 3592.40 ＜ SUBTTL 3615.13

TTL　3615.13

三种方法比较取较低值，以 ZRH 为折返点的运价最低。

运价计算表达式：

```
FARE CALCULATION
CUR KL AMS KL BCN SR ZRH M1729.12SR HAM KL X/MAS KL CUR M CURHAM1796.20P
CURHAM67.08NUC3592.40END
```

四、来回程 / 环程的最低组合

与单程类似，确定折返点后，在去程或回程的运价计算区中，如果：始发地与目的地之间没有公布直达运价，或者超里程超过 25%，或者 EMS ＜ 25%，但用最低组合得到的运价较低，则可以把全程划分为三个或更多的运价计算区，每个运价计算区都采用 1/2RT 运价，分别计算各个运价计算区的运价后相加得到全程运价，再进行 CTM 检查，然后在不同的全程组合运价中选择最低结果。

在三个或三个以上运价计算区中，只有返回运输始发国的运价计算区，才采用与实际旅行相反的运价。

例： 航程：BAH—DXB—AMM—CAI—BAH

承运人：GF　GF　RJ　MS

FAREs & MPM：

BAH—DXB	Y	RT	NUC 259.56	MPM 392
—AMM			629.14	1153
—CAI			735.10	1440
DXB—AMM			792.68	1504
—CAI			894.56	1800
AMM—CAI			830.30	354

TPMs：BAH—DXB301　DXB—AMM1254　AMM—CAI295

CAI—BAH1200

解：在这个航程中，分别选择 DXB、AMM、CAI 做折返点时，在去程或回程的运价计算区中，都出现了 EMS ＞ 25%，只能将航程分为三个或三个以上的运价计算区。

经过比较，取 DXB、CAI 为折返点时，运价最低。

	1st Component	2nd Component	3rd Component
FCP	BAHDXB	DXBCAI	BAHCAI
NUC	Y 1/2RT 129.78	447.28	367.55
RULE	NONE	NONE	NONE
MPM		1800	
TPM	POINT	1549	POINT
EMA	TO	N/A	TO
EMS	POINT	M	POINT
HIP		NONE	
CF	129.78	447.28	367.55
SUBTTL	944.61	It's a CT.	
CHECK	CTM BAHCAI Y RT 735.10 ＜ SUBTTL 944.61		
TTL	944.61		

运价计算表达式：

```
FARE CALCULATION
BAH GF DXB M129.78 GF AMM RJ CAI M447.28 MS BAH M367.55NUC944.61END
```

任务八　掌握混合等级航程及运价计算

一、定义

在某个运价计算区中，包含有不同服务等级的航段的航程，称为混合等级的航程。

二、计算规则

混合等级运价计算有三种方法：

第一种，全程按较低服务等级运价加上较高服务等级航段的较高等级运价与较低等级运价的差额；

第二种，全程按最高等级运价计算；

第三种，全程按各实际航段等级计算的运价之和。

以上三者比较取低。

三、差额的计算

差额的计算应遵循以下几个原则：

首先，应采用与所在运价计算区相同方向的运价。

其次，与航程所使用的运价种类相同（单程用 OW 运价，来回程或环程用 1/2RT 运价）。

再次，如果较高等级航段是连续的，应计算连续航段的运价差额。

最后，求等级差额时，只考虑 HIP 和 EMS，不必考虑 BHC 检查和 CTM 检查。

例 1：航程：JED—X/ATH—PAR—LON

TPMs　1461　1304　220

服务等级：Y　F　F

FAREs & MPM：

JED—LON	F OW NUC 1322.23	Y OW NUC 828.83	MPM 3590EH
—ATH	566.88	445.92	
ATH—LON	1044.28	745.92	1800EH
—PAR	835.02	608.37	
PAR—LON	256.13	144.00	

解：

方法一：（全程按较低等级＋差额的方法）

	全程 Y 舱	等级差额	
FCP	JEDLON	ATHLON	ATHLON
NUC	Y OW 828.83	F OW 1044.28	Y OW 745.92
RULE	NONE	NONE	NONE
MPM	3590EH	1800	1800
TPM	2985	1524	1524
EMA	N/A	N/A	N/A
EMS	M	M	M
HIP	NONE	NONE	NONE
CF	828.83	1044.28	745.92
CHECK	NONE	NONE	NONE
SUBTTL	828.83	D	298.36
TTL	1126.59		

运价计算表达式：

```
FARE CALCULATION
JED YY X/ATH YY PAR YY LON M828.83D ATHLON M298.36NUC1126.59END
```

方法二：（全程按较高等级计算）

FCP	JEDLON
NUC	F OW 1322.23
RULE	NONE
MPM	3590EH
TPM	2985
EMA	N/A
EMS	M
HIP	NONE
CF	1322.23
CHECK	NONE

TTL	1322.23	

运价计算表达式：

```
FARE CALCULATION
JED YY X/ATH YY PAR YY LON M1322.23NUC1322.23END
```

方法三：(实际航段运价之和)

FCP	JEDATH	ATHLON
NUC	Y OW 566.88	F OW 1044.28
RULE	NONE	NONE
MPM	POINT TO POINT	1800
TPM		1524
EMA		N/A
EMS		M
HIP		NONE
CF	566.88	1044.28
CHECK	NONE	NONE
TTL	1611.16	

运价计算表达式：

```
FARE CALCULATION
JED YY X/ATH M566.88YY PAR YY LON M1044.28NUC1611.16END
```

以上三种方法比较，取低者，因此应该选择第一种方法计算的运价作为全程的运价。

例 2：承运人：RB　SK　KL　BA　OS

航程：　DAM—CPH—AMS—LON—VIE—DAM

　　　　Y　F　F　Y　Y

TPMs：1917　393　217　780　1449

FAREs & MPM：

DAM—CPH　Y RT NUC 1623.60　MPM 2868EH

—LON	1618.10	2799EH	
—AMS	1475.20	2692EH	
CPH—LON	F RT NUC 1660.02	Y RT NUC 1024.82	MPM 712EH
—AMS	1265.02	846.90	
LON—CPH	1835.28	858.06	712EH
—AMS	822.30	520.38	

（本例只考虑方法一，方法二、方法三从简）

解：

方法一：以 CPH 为折返点

	OUTBOUND	INBOUND
FCP	DAMCPH	DAMCPH
NUC	Y 1/2RT 811.80	Y 1/2RT 811.80
RULE	NONE	NONE
MPM	POINT TO POINT	2868EH
TPM		2839
EMA		N/A
EMS		M
HIP		NONE
CF	811.80	811.80
SUBTTL	1623.60	It's a RT
CHECK	NONE	
TTL	1623.60	
	DIFFERENCE	
FCP	LONCPH	LONCPH
NUC	F 1/2RT 917.64	Y 1/2RT 429.03
RULE	NONE	NONE
MPM	712EH	712EH
TPM	610	610
EMA	N/A	N/A
EMS	M	M

HIP	NONE	NONE
CF	917.64	429.03
	D =488.61	
TTL	Y+D=2112.21	

方法二：以 LON 为折返点

	OUTBOUND	INBOUND
FCP	DAMLON	DAMLON
NUC	Y 1/2RT 809.05	Y 1/2RT 809.05
RULE	NONE	NONE
MPM	2799EH	2799EH
TPM	2527	2229
EMA	N/A	N/A
EMS	M	M
HIP	DAMCPH 811.80	NONE
CF	811.80	809.05
SUBTTL	1620.85	It's a CT.
CHECK	CTM DAMCHP Y RT 1623.60	
	–SUBTTL 1620.85	
	P 2.75	
TTL	1623.60	
	DIFFERENCE	
FCP	CPHLON	CPHLON
NUC	F 1/2RT 830.01	Y 1/2RT 512.41
RULE	NONE	NONE
MPM	712EH	712EH
TPM	610	610
EMA	N/A	N/A
EMS	M	M
HIP	NONE	NONE

CF	830.01	512.41
	D=317.60	
TTL	Y+D=1941.20	

方法三：以 AMS 为折返点

	OUTBOUND	INBOUND
FCP	DAMAMS	DAMAMS
NUC	Y 1/2RT 737.60	Y 1/2RT 737.60
RULE	NONE	NONE
MPM	2692EH	2692EH
TPM	2310	2446
EMA	N/A	N/A
EMS	M	M
HIP	DAMCPH 811.80	DAMLON 809.05
CF	811.80	809.05
SUBTTL	1620.85	It's a CT.
CHECK	CTM DAMCHP Y RT 1623.60	
	–SUBTTL 1620.85	
	P 2.75	
TTL	1623.60	
	DIFFERENCE（POINT TO POINT）	
FCP	CPHAMS	CPHAMS
NUC	F 1/2RT632.51	Y 1/2RT 423.45
CF	632.51	423.45
	D1=209.06	
FCP	LONAMS	LONAMS
NUC	F 1/2RT411.15	Y 1/2RT 260.19
CF	411.15	260.19
	D2=150.96	
TTL	Y+D1+D2=1983.692	

三者比较取低者，即选择 LON 为折返点运价较低。

运价计算表达式：

```
FARE CALCULATION
DAM RB CPH SK AMS KL M DAMCPH811.80BA VIE OS DAM M 809.05P DAMCPH2.75D
CPHAMSLON M317.60NUC1941.20END
```

任务九　掌握旁岔程运价计算

一、定义

如果旅客在某点做两次或两次以上的中途分程，称为旁岔程（Side Trip）。

二、运价计算规则

旁岔程的运价计算有两种方法：

第一种，独立旁岔，即将航程拆分为单独计算的单程和小的来回程或环程。

第二种，打破旁岔。

两者比较取低者。

例： 航程：LON—FRA—STR—ZRH—FRA—BOM

TPMs：　395　97　91　99　4082

解：

方法一：独立旁岔

OW	SIDE TRIP
LON—FRA—BOM	FRA—STR—ZRH—FRA

FCP	LONROM	FRAZRH	FRAZRH
NUC	Y OW 1266.22	Y 1/2RT 210.30	Y 1/2RT 210.30
RULE	NONE	NONE	
MPM	5863EH	213	
TPM	4478	188	POINT
EMA	N/A	N/A	TO
EMS	M	M	POINT
HIP	NONE	NONE	
CF	1266.22	210.30	210.30
CHECK	NONE	NONE	
TTL	1686.82		

运价计算表达式：

```
FARE CALCULATION
LON YY FAR（YY STR YY ZRH M210.30YY FRA210.30）YY BOM M1266.22
NUC1686.82END
```

方法二：打破旁岔

	1st Component	2nd Component
FCP	LONZRH	ZRHBOM
NUC	Y OW 433.20	Y OW 1158.22
RULE	NONE	NONE
MPM	568	5364
TPM	583	4181
EMA	NONE	N/A
EMS	5M	M
HIP	NONE	NONE
CF	454.86	1158.22
CHECK	NONE	NONE
SUBTTL	1613.08	
CHECK	OSC(DFUC) LONBOM Y OW 1266.82 < SUBTTL	

TTL 1613.08

运价计算表达式：

FARE CALCULATION LON YY FAR YY STR YY ZRH5M454.86YY FRA YY BOM M1158.22NUC1613.08END

任务十　掌握缺口程及其运价计算

一、基本概念

（一）定义

具备 RT/CT 的基本特征，含有非航空运输航段或由于运价计算的原因而造成不完整的航程称为缺口程（Open Jaw，OJ）。

（二）种类

1. 单缺口（Single Open Jaw，SOJ），其中又包括：

（1）始发地缺口（Origin Open Jaw，OSOJ 或 OOJ）

如：SHA—TYO—NKG

（2）折返点缺口（Turnaround Open Jaw，TSOJ 或 TOJ）

如：BJS—TYO...OSA—BJS

2. 双缺口（Double Open Jaw，DOJ）

如：BJS—TYO...OSA—SHA

二、计算方法

缺口程的运价计算按以下两种方法比较取较低者：

第一种，全程按完整连续的 RT/CT 计算运价；

第二种，按照实际使用航空运输的航段进行计算并求和。

在按照第二种方法计算时，需要注意的是：

第一，当缺口航段在同一个国家内，且全程不超过两个国际运价计算区时，采用 1/2RT 运价计算，否则使用 OW 运价。

第二，在返回运输始发国的运价计算区，采用反方向的运价计算。

第三，美国、加拿大视为一国；斯堪的纳维亚三国（挪威、瑞典、丹麦）视为一国。

第四，从美国 / 加拿大始发经大西洋（AT）到达欧洲，并经大西洋（AT）返回美国 / 加拿大的航程，在欧洲境内的缺口航段视为一个国家内的缺口段。

最后，中国民航各主要航空公司也规定，从中国到欧洲再返回中国的航段，在欧洲境内的缺口段视为一个国家内的缺口航段。

例： SA SR SK UT

航程：JNB—ZRH—CPH—AMS...NCE—JNB

TPMs：5231 591 393 608 5086

解：

方法一：间断航段

	1st Component	2nd Component
FCP	JNBAMS	JNBNCE
NUC	Y OW 1053.74	Y OW 1042.25
RULE	NONE	NONE
MPM	6727	
TPM	6125	POINT
EMA	N/A	TO
EMS	M	POINT
HIP	JNBCPH 1225.35	
CF	1225.35	1042.25
CHECK	BHC	
	HI JNBCPH	1225.35

	–LO JNBAMS		1053.74
	BHD		171.61
	+HI		1225.35
	BHM		1396.96
	–CF		1225.35
	BH	PLUS	171.61
SUBTTL	1396.96		
CHECK	NONE		
TTL	2439.21		

运价计算表达式：

```
FARE CALCULATION
JNB SA ZRH SR CPH SK AMS M JNBCPH1225.35/–NCE UT JNB M1024.25P
JNBCPH JNBAMS171.61NUC2439.21END
```

方法二：按连续航段（实际航空运输）计算

经过比较，本例中按间断航段实际相加的结果较低，计算过程略。

任务十一 掌握比例运价

一、基本概念

（一）定义

国际旅客运输中，并不是所有的通航城市之间都有公布直达运价。当两点间无公布直达运价时，由其中一点到指定的第三点（运价相加点）的公布直达运价加上该第三点与另一点之间的附加值（Add-on Amount），构成这两点之间的比例直达运价，这个附加值就叫比例运价。

（二）比例运价的公布形式

表 13–7　比例运价的公布

ADD ON CITY AREA	GI	ADD TO	FARE TYPE	RULE	NUC NORMAL/ SPECAIL SPECAIL		LOCAL CURRENCY NORMAL/ SPECIAL SPECIAL		MILEAGE ADD TO
					OW	RT	OW	RT	
CAMBRIDGE（CBG）		GB					GBP		
EUROPE	EH	LON			104.81		72	235	AMS
	EH	LON	ZZ		104.81		72	235	AMS
	EH	LON	EE			144.11	99	235	AMS
…									
AFRICA	EH	LON			104.81	144.11	99	235	AMS
SASC	EH	LON			104.81	144.11	99	235	AMS
SEA	AP	LON			104.81			235	AMS
	EH/TS	LON			104.81	144.11	99	235	AMS
…									

（三）比例运价的使用

假设某旅客旅行的航程：BJS—PAR—CBG

查 PAT，没有 BJS—CBG 的公布直达运价，可以在比例运价表中查找适用的比例运价。如表 13–7 所示，可以看出，在 CBG 和 SEA（东南亚）之间，运价相加点为 LON，运价的附加值即比例运价为 104.81，也就是说 BJS—CBG 的附加直达运价可以由 BJS—LON 的公布直达运价，加上 LON—CBG 的比例运价 104.81。相加得到的附加直达运价相当于公布直达运价，可以按照运价计算规定进行运价计算。

在比例运价表中，还可以确定 BJS—CBG 的 MPM 数值。如表 13–7 中的里程相加点为 AMS，附加的 MPM 为 235，也就是在 BJS—AMS 的 MPM 基础上附加 235，可以得到 BJS—CBG 的 MPM。

二、比例运价的使用规定

比例运价的使用应遵循以下一些原则：

第一，当两点之间没有公布直达运价时才能使用比例运价。

第二，比例运价的公布没有方向，但是公布直达运价具有方向性。

第三，比例运价只能跟公布直达运价一起使用，组成两点之间的比例直达运价，但不能单独使用。

第四，比例运价的运价附加点和里程相加点可以是同一个点，也可以是不同的点。

最后，比例运价可以在起点、终点的任一端或两端同时使用，但不能在一端连续使用两次或两次以上的比例运价附加。

如： XMN $\xrightarrow{\text{ADD-ON}}$ +BJS $\xrightarrow{\text{PUBLISH FARE}}$ +LON

或者 XMN $\xrightarrow{\text{ADD-ON}}$ +BJS $\xrightarrow{\text{PUBLISH FARE}}$ +LON $\xrightarrow{\text{ADD-ON}}$ +CBG

或者 BJS $\xrightarrow{\text{PUBLISH FARE}}$ +LON $\xrightarrow{\text{ADD-ON}}$ +CBG

比例运价附加的方法适用于 MPM。

任务十二 了解特殊运价

在 PAT 公布的公布运价中，除了普通公布直达运价以外，还有很多特殊运价（SPECIAL FARE）。这些特殊运价种类繁多，使用条件也有很大区别。一般来说，特殊运价比普通运价价格低，但是也有很多限制条件。本教材只对特殊运价的标准条件作简单介绍，特殊运价计算方法与里程制的规定相同，在此不做赘述，感兴趣的同学可以参考其他相关的资料。

国际航协的运价体系对不同的特殊运价对应不同的标准条件，最常见的两种标准条件为 SC100/101，即 STANDARD CONDITION FOR SPECIAL FARES，具体内容如下。

表 13–8　标准条件 SC100

编号	标准条件的项目	标准条件的内容
0	适用的航程	没有限制
1	旅客身份	没有限制
2	日期 / 时间	没有限制
3	季节性	没有限制
4	适用的航班	没有限制
5	订座与出票	APEX 运价： 订座：视具体的运价规定而定 或按计价单元同时订座 出票：视具体的运价规定而定 或按计价单元同时出票 PEX： 订座：出票的同时必须订座 按计价单元同时订座 出票：订座的时候同时出票 按计价单元同时出票 其他个人旅游票价： 订座：没有限制 出票：没有限制 团体票价： 订座：按计价单元同时订座 出票：没有限制
6	最短停留时间	最短停留时间：没有限制 最短停留时间的调整：出票以后，家庭成员或陪同人员死亡方可
7	最长停留时间	12 个月
8	中途分程点	不允许
9	非中途分程点	没有限制
10	组合与连用运价	组合：可以与合适的比例运价组合 连用：END-ON 与旁岔程运价可以
11	终止日期	没有限制
12	附加收费	
13	陪伴旅游	
14	旅游限制	
15	销售限制	

续表

编号	标准条件的项目	标准条件的内容
16	罚款	取消、误机、升舱：没有限制 更改订座和改变航程： 个人旅游：允许 团体旅游： 自愿：不允许 非自愿：允许
17	HIP 与里程例外	按照运价规定
18	客票签转	APEX/PEX：有限制 其他：没有限制
19	儿童和婴儿折扣	儿童：按成人票价的 67% 婴儿：按成人票价的 10%
20	导游折扣	不允许
21	代理人折扣	不允许
22	其他折扣	按照运价规定
23~25	没有使用	
26	团体	按照运价规定
27	旅游	按照运价规定
28	押金	没有规定

项目小结

1. 国际旅客运价有不同的种类，在 PAT 中通常按普通运价和特殊运价公布，而在运价使用时遵循协议运价、公布直达运价、比例运价和分段相加最低组合运价的顺序。

2. IATA 运价的公布有 NUC 表示的运价和始发地货币表示的运价，在运价计算时通常采用NUC计算，然后再利用ROE转化为运输始发国货币。

3. 里程制的运价计算是国际旅客旅行中非直达航程运价计算的基本方法，在每个运价计算区中进行计算。其四个基本要素为 MPM、TPM、EMA、EMS。其中 MPM 与旅行方向代号有关，而与运价等级和运价种类无关。

4. 中间较高运价（HIP）只针对航程中的中途分程点考虑，运价计算区中最高的运价应为选择的中间较高运价。

5. 来回程和环程的运价计算采用 1/2RT 运价，并且要注意方向性运价的使用规定。

6. 在混合等级运价中，里程制的规定适用于等级差额的计算，但不进行 BHC 和 DFUC 检查。

7. 旁岔程运价的计算按旁岔独立和打破旁岔方法分别计算，比较取低者。缺口程的运价计算按连续航程和缺口航程分别计算比较取低者。

8. 比例运价只能用于组成直达运价，不能作为国内运价单独使用。

思考与练习

1. 国际旅客运价的有效期是怎么规定的？国际运价有哪些种类？

2. 利用货币换算表完成下列表格。

Country	NUC	Currency Code	ROE	Rounded Amount
1	Algeria	72.34		
2	Belgium	191.48		
3	Chad	1205.98		
4	Egypt	1254.60		
5	Guadeloupe	1008.55		
6	Malawi	127.46		
7	Malta	417.40		
8	United States	1424.51		
9	Italy	261.98		

3. 将 NUC 转化为运输始发国货币。

（1）NUC896.50（Commencing in Milan）

ROE________=________Rounding________LSF________

（2）NUC2045.02（Commencing in Amman）

ROE________=________Rounding________LSF________

（3）NUC410.84（Commencing in Hongkong）

ROE________=________Rounding________LSF________

（4）NUC1594.23（Commencing in Panama City）

ROE________=________Rounding________LSF________

（5）NUC1320.10（Commencing in Osaka）

ROE________=________Rounding________LSF________

（6）NUC925.59（Commencing in Shannon）

ROE________=________Rounding________LSF________

4. **计算运价并列出表达式。**

航程：TYO—JL—SEL—KE—TPE—CI—MNL

TPM：TYO—SEL 740　SEL—TPE 920　TPE—MNL 731

FAREs & MPMs：	TYO—SEL	Y	OW	NUC 342.92	MPM	888
	—MNL			703.59		2254
	—TPE			445.87		1596
	TPE—MNL			216.21		

5. **计算运价并列出表达式。**

航程：BCN—IB—LON—BA—DUS—LH—ATH

TPM：BCN—LON 717　LON—DUS 293　DUS—ATH　1241

FAREs & MPMs：	BCN—ATH	F	OW	NUC 708.21	MPM	1408
	—DUS			467.98		870
	—LON			438.42		860
	LON—ATH			735.67		1792
	—DUS			228.69		357
	DUS—ATH			834.20		1489

6. **计算运价并列出表达式。**

航程：MAD—IB/Y—ROM—AZ/F—ATH—OA/Y—BKK—TG/Y—MNL—PR/Y—HKG—CX/Y—ZRH—SR/Y—MAD

TPM：MAD—ROM836　ROM—ATH657　ATH—BKK4923

BKK—MNL1368　MNL—HKG 702　HKG—ZRH 5876　ZRH—MAD 771

FAREs & MPM

MAD—BKK　Y	RT NUC 3155.84	F　RT NUC 5824.00	MPM 7908
—HKG	3666.24	6688.00	8608
—MNL	3531.52	6313.28	9435
ROM—BKK	2528.52	4369.51	7005
—ATH	689.70	891.96	
—HKG	2916.51	5093.53	7706
—MNL	2873.40	4921.09	8533
ZRH—BKK	3554.70	6920.61	7456
—HKG	4219.72	7955.98	
—MNL	4075.67	7509.99	8984

7. 计算运价并列出表达式。

航程：PAR—AF—HKG—CA—CAN—CA—HKG—CX—MNL

TPMs：PAR—HKG5987　HKG—CAN84　CAN—HKG84

HKG—MNL702

FAREs & MPM：

PAR—MNL　Y	OW NUC 1706.01	MPM 9285EH
—HKG	1771.12	8606
—CAN	1771.12	8606
HKG—MNL	123.41	
—CAN OW	36.56	RT 77.12
CAN—MNL	179.92	MPM 912

8. 计算运价并列出表达式。

航程：LON—BA—MIL—BM—PMO—TU—TUN—LH—FRA—LH—LON

TPMs：LON—MIL592　MIL—PMO551　PMO—TUN182　TUN—FRA915　FRA—LON396

FARES & MPM

LON—FRA	Y	OW/NUC 279.35	RT/NUC 558.70	MPM 475
—MIL		317.51	635.02	710
—PMO		579.25	1158.50	1353
—TUN		456.42	912.84	1364
FRA—MIL		381.69	690.95	
—PMO		694.73	1258.45	
—TUN		576.31	996.42	

学习效果自测

扫描下方二维码，检测你的学习效果。

13

学习检测

项目十四
运输凭证的填开与使用

项目导读

国际旅客运输的常用运输凭证包括客票、旅费证和预付票款通知，本章主要介绍客票和旅费证的基本概念和正确填开。通过学习，要求能理解国际客票上所包含的各种信息。

学习目标

知识目标：理解和掌握客票的基本概念和客票各项内容的填开要求；了解旅费证（MCO）的基本概念和填开的要求；了解国际客票变更的规定。

技能目标：熟练掌握国际客票的填开；能根据客票的信息解决实际问题；熟悉旅费证各项内容所表示的含义；掌握国际客票变更和退票的业务处理。

素质目标：培养良好的沟通技巧和认真细致的职业习惯。

案例导入

姓"吕"的旅客

旅客吕小明购买了广州—新加坡—广州的来回程国际机票，按原定的航班时间到机场办理值机手续时，发现机票上的姓名与护照上的信息不一致，导致无法正常登机。原来旅客中国籍护照上的英文是LYU/XIAOMING，而机票上的姓名却是LV/XIAOMING。因此，在旅客预订购买机票时，工作人员必须仔细核对护照首页上的英文名等护照信息，尤其是一些特殊字或多音字的拼写。

任务一 熟悉客票使用的一般规定

一、旅客客票及行李票（Passenger Ticket and Baggage Check）

（一）定义

国际客票是国际旅客旅行的运输凭证，是旅客和承运人之间签订的运输契约，是旅客乘机和交运行李的凭证，同时也是承运人之间运费结算的依据。

世界上大多数的航空公司都使用标准客票，目前主要使用电子客票。

（二）国际客票的类别

1. 按航程类型分类

可分为单程客票、来回程客票、联程客票。

2. 按航班信息分类

可分为定期客票和不定期客票。定期客票是指列明航班、乘机日期和订妥座位的客票。不定期客票（OPEN 票）是指未列明航班、乘机日期和未订妥座位的客票。

3. 按销售类型分类

可分为航空公司客票和 BSP 中性客票。

（1）航空公司客票是指航空公司专用客票，是在客票上预先印有航空公司名称和数字代码的客票，可由航空公司售票部门及其指定代理人出票。

（2）BSP 中性客票（Billing & Settlement Plan）即开账与结算计划，一般由代理人使用。BSP 中性客票是根据航空公司销售代理业发展的需要，由国际航空运输协会（IATA）建立的一套高效、可靠、统一、规范的专业化销售结算系统，其基本含义是使用统一规格的运输凭证和承运人识别标牌进行销售，按照统一标准的计算机程序填制销售报告，通过清算银行，以“直接借记”的方式集中转账付款，这是一套完全不同于传统的航空公司与销售代理人之间一对一进行管理、结算的系统。

BSP 中性客票既无地域差别的划分，又无航空公司个性的彰显，统一格式及填开方法，只有从票面的内容才能将承运人体现出来；且票据一旦开出，即被 BSP 的会员们接受，是会员之间进行结算的统一凭证。

二、国际客票的有效期

（一）有效期的规定

根据国际运价使用的具体情况，国际客票可以分为使用普通运价的客票和使用特殊运价的客票两种。

国际普通客票的有效期“从旅行开始之日算起一年内有效”。通常情况下，从客票上第一张乘机联表示的旅行日期开始算起，整本客票必须在一年之内使用完毕，即必须在截止之日当地时间午夜 12 点以前从客票上指定的机场出发。包括旅客改变航程的换票、客票签转以及退票等，都必须在有效期之内进行。

对于不定期客票（也称 open 票），其有效期为自填开客票之日起一年。

对于使用国际特殊运价的特殊客票，由于不同的特殊运价对客票的有效期有严格的规定，因而有效期按其特殊运价的有效期而定。

（二）有效期的计算

有效期的计算通常有三种：按日计算、按月计算、按年计算。

按日计算时，除非有特殊说明，否则旅行开始之日或客票填开之日不计算在有效期内，只要按日期直接加上有效期的天数即可。例如：某旅客购买一张有效期为 14 天的短期旅游客票，5 月 1 日开始旅行，则有效期的截止日期为：01May+14=15May。

按月计算时，直接把对应月份加上有效期即可，有特殊说明除外。如果某月没有对应的日期，则对应在月份的最后一天。比如：一张有效期为 3 个月的客票，旅行开始之日为 11 月 15 日，则有效期的截止日期为下一年的 2 月 15 日；

而如果旅行开始之日为 11 月 30 日，则有效期的截止日期应该为下一年的 2 月 28 日或 29 日。

按年计算时，直接相加到另一年度的对应日期即可，有特殊说明除外。

需要注意的是，有些特殊运价的有效期，并不是以填开客票之日或开始旅行之日为基准，而是以某个特殊的日期为基准，如以跨越太平洋或大西洋的日期为准，或者以跨越某个地区为准，或者以国际航段的旅行日期为准，在使用时必须明确判断。

知识拓展 14-1

客票的基本术语

三、客票使用的一般规定与国际客票的填开

（一）客票使用的一般规定

第一，客票必须单独使用：每一位旅客，必须单独填开一本或一本以上顺序号连续的客票。

第二，客票不得转让：航空运输只为客票上所列姓名的旅客提供运输，需要旅客出示有效身份证明文件。

第三，特殊情况下的退票：某些以折扣价销售的客票，可以退换部分票款或不得退票。旅客在购票时应选择适合的票价。如果旅客持有未曾使用的上述规定情形的客票，因不可抗力的因素造成旅客无法旅行，旅客应尽早通知航空公司并提供发生不可抗力的证据，航空公司在扣除合理的费用后，对于不得退款的金额，将给旅客提供一个凭证，用于旅客以后旅行时搭乘航空公司的航班。

第四，乘机联需按顺序使用：客票上所有的票联必须按照客票填开规定的顺序使用。旅客所购买的客票，仅适用于客票上所列明的自出发地、约定的经停地至目的地的运输。

（二）国际客票票面的具体内容

电子客票与纸质客票只是客票呈现格式的区别，客票的基本信息和具体内容填开是基本不变的。

```
DETR:TN/784-33988*****,AIR/CZ
ISSUED BY: CHINA SOUTHERN AIRLINES     ORG/DST: CAN/CAN                    BSP-I
E/R: Q/NONEND PENALTY APPLS
TOUR CODE:
PASSENGER: test/test   MR
EXCH:                                      CONJ TKT:
O FM:1CAN CZ     327   H 10JUN 2130 OK H2ZSRYZU      10JUN1/10JUN1 2PC OPEN FOR USE
     T2B   RL:KE123T /MFC456 CA
O TO:2LAX CZ     328   P 27JUN 2350 OK P2AABYZU      27JUN1/27JUN1 2PC OPEN FOR USE
     B T2 RL:KE123T   /MFC456 CA
  TO: CAN
FC: A/10JUN21CAN CZ LAX731.18CZ CAN2078.11NUC2809.29END ROE6.496287
    XT 125.00US125.00US26.00XA46.00XY40.00YC54.00YQ1300.00YR30.00XFLAX4.5
FARE:          CNY18250.00|FOP:CASH
TAX:           CNY 90.00CN|OI:
TAX:           CNY 37.00AY|
TAX:           CNY1746.00XT|FOR ALL TAXES: DETR:TN/784-33988*****,X
TOTAL:         CNY20123.00|TKTN: 784-33988*****
```

国际电子客票

1. NAME OF PASSENGER（旅客姓名）

填写“姓 / 名或名的缩写 + 称呼”。常见的称呼有：

MR	先生
MS	女士
MISS	小姐
UM	无人陪伴儿童
CHD	儿童
INF	婴儿
EXET	多占座位
CBBG	客舱行李
DIPL	外交信使
DEPA	遣返旅客（有人押送）
DEPU	遣返旅客（无人押送）

2. FROM/TO（自……到……）

填写航程中相应的城市的英文名称。

（1）前面的“X/O”用“X”表示非中途分程点，中途分程点不需要表示。

（2）如果出现同样城市名时，在城市名后加上该城市的三字代码，以示区别。

（3）当一个城市有多个机场的时候，应在城市名后标明机场的名称或代码。如果旅客在某一个机场到达，而在另一个机场出发，则应在城市名后先标明到达城市的三字代码，再写上出发机场的三字代码，中间用斜线隔开，或者用一张乘机联，分别表示到达站机场和出发站机场的信息，并且在地面运输对应的乘机联写上“VOID”，撕下该乘机联，上交财务部门。

如：

X/O	NOT GOOD FOR PASSENGER	CARR	FLIGHT/CLASS	DATE	TIME	STATUS	FARE BASIC
	FROM MONTREAL/YMX						
X	TO FRANKURT						
	TO PARIS ORY/CDG						
	TO WASHINGTON						

或

X/O	NOT GOOD FOR PASSENGER	CARR	FLIGHT/CLASS	DATE	TIME	STATUS	FARE BASIC
	FROM MONTREAL/YMX						
X	TO FRANKURT						
	TO PARIS/ORY		V	O	I	D	
	TO PARIS /CDG						
	TO WASHINGTON						

3. CARRIER（承运人）

填写预订航班的承运人的两字代码。如果没有指定承运人，此栏可以空着不填。如果是代码共享航班，则只需要填入首先出现的承运人代码。

4. FLIGHT/CLASS（航班号 / 舱位等级）

填写已订航班的航班号以及舱位等级代号。

5. DATE（日期）

按照 IATA 的规定，日期用两位数字表示，月份用英文三字代码缩写。

6. TIME（时间）

时间采用 24 小时制，用 4 个数字表示。

7. STATUS（订座情况）

根据实际情况填写订座情况代号。

OK 表示座位已经订妥。

RQ（REQUESTED）表示座位已经申请，但未获证实；或已经列入候补。

SA（SPACE AVAILABILITY）表示利用空余座位，通常用于某些不允许预先订座的航班。

NS（NO SEAT）表示不允许单独占座，常用于婴儿客票。

8. FARE BASIC（票价类别）

因为承运人使用的系统不一样，这个栏目的填开可以有“固定格式”或者“灵活格式”。随着承运人运价越来越广泛地使用，“灵活格式”也会越来越常见。在此，选择 IATA 的固定格式说明这一项主要填写的内容。

本栏通常用于特殊运价使用时客票的表示。票价类别代号包括服务等级、季节性、票价及旅客类别、运价水平、有效期等内容。

（1）服务等级代号

F（FIRST CLASS）头等舱；

P（FIRST CLASS PREMIUM）豪华头等舱；

C（BUSINESS CLASS）公务舱；

J（BUSINESS CLASS PREMIUM）豪华公务舱；

Y（ECONOMY CLASS）经济舱；

K（THRIFT CLASS）节俭舱。

（2）季节性代号

季节性代号很多，常见的有：

H 当季节运价多于一个等级时，表示最高等级的季节运价；

K 当季节运价多于两个等级时，表示第二个级别的运价；

……

L 当季节运价多于一个等级时，表示最低等级的季节运价。

详见表 14-1。

表 14-1 季节性票价代号

8Level H=peak	7 H=peak	6 H=peak	5 H=peak	4 H=peak	3 H=peak	2 H=peak
K=shoulder 1	K=shoulder 1	K=shoulder 1	K=shoulder 1	K=shoulder 1	K=shoulder 1	L=basic
J=shoulder 2	J=shoulder 2	J=shoulder 2	J=shoulder 2	J=shoulder 2	L=basic	
F=shoulder 3	F=shoulder 3	F=shoulder 3	F=shoulder 3	L=basic		
T=shoulder 4	T=shoulder 4	T=shoulder 4	L=basic			
Q=basic high	Q=basic high	L=basic				
Y=basic middle	L=basic					
L=basic						

此外还有：

W　周末运价，适用于周末的旅行；

X　平日运价，适用于平日的旅行；

N　夜间运价。

（3）票价及旅客类型代号

常见的票价类别代号有：

EF（EXCURSION FARE）游览票价；

AP（ADVANCED PURCHASE FARE）预付游览票价；

PEX（PURCHASE EXCURSION）付款游览票价。

常见的旅客类型代号有：

SD　　学生折扣；

ZZ　　青年折扣；

MM　军人票价；

DT　　教师折扣；

ID　　航空公司雇员折扣。

（4）运价水平代号

当同一等级的票价有不同水平时，“1”表示最高级水平，“2”表示第二最高级水平，“3”表示第三最高级水平。

（5）有效期

可以用数字表示天数，也可以用 1 个数字加上“M”表示月数。

有效期

例如：

YHEE3M2　表示 Y 舱旺季游览 2 等票价，有效期为 3 个月；

YLAP30　表示 Y 舱淡季预付票款游览票价，有效期为 30 天。

9. NOT VALID BEFORE（在……之前无效）

有效期为一年的普通客票此栏可以不填，通常是对某些特殊客票的最早旅行日期的限制。

10. NOT VALID AFTER（在……之后无效）

有效期为一年的普通客票此栏可以不填，通常是对某些特殊客票的最晚旅行日期的限制。

11. ALLOW（免费行李额）

本栏填写的是旅客所购客票对应的免费行李额的，使用计重概念时，通常用“KG”表示；使用计件概念时，用“PC”表示。婴儿没有免费行李额，应填写“NIL”或“× ×”。

如：

<table>
<tr><th>X/O</th><th>NOT
GOOD FOR
PASSENGER</th><th>CA
RR</th><th colspan="2">FLIGHT/
CLASS</th><th>DATE</th><th>TIME</th><th>STATUS</th><th>FARE
BASIC</th><th>NOTE
VALID
BEFORE</th><th>NOTE
VALID
AFTER</th><th>ALLOW</th></tr>
<tr><td></td><td>FROM PARIS
CDG</td><td>BB</td><td>132</td><td>Y</td><td>07NOV</td><td>2200</td><td>OK</td><td>YLEE2M</td><td></td><td>07JAN</td><td>20KG</td></tr>
<tr><td></td><td>TO TEL AVIV</td><td>CC</td><td>O</td><td></td><td>P</td><td>E</td><td>N</td><td>YLEE2M</td><td>13NOV</td><td>07JAN</td><td>20KG</td></tr>
<tr><td></td><td>TO PARIS
CDG</td><td colspan="5">TOUR CODE</td><td colspan="5">ADDITIONAL ENDORSEMENT</td></tr>
</table>

12. BAGGAGE CHECKED/UNCHECKED（交运行李 / 非交运行李）

本栏根据旅客在机场办理登机手续时是否办理交运行李的实际情况，由机场值机人员填写。

13. TOUR CODE（综合旅游代号）

航空公司推出个人综合旅游（IIT）或团体综合旅游（GIT）票价时，要填写相应的综合旅游代号。IATA 对此有固定的表示格式。

如：IT6BA2ABC0123

IT	表示使用综合旅游票价
6	表示批准该综合旅游的年份的最后一个数字
BA	表示赞助或批准该综合旅游的承运人代码
2	表示批准该综合旅游的 IATA 的区域
ABC0123	表示该综合旅游的指定识别代号

目前我国还没有使用综合旅游票价。

14. FARE CALCULATION（票价计算）

本栏填写旅行全航程、以 NUC 或运输始发国货币表示的运价计算过程，机打票通常用横式表达式，而航空公司本票用竖式表示。具体表示参考第四章运价计算的内容。

15. FARE（票价）

填写运输始发国使用的货币，由货币代号和金额组成。如：CNY12340，或 USD1234.00。如果使用免票，用“FREE”或“运输始发国货币 +0.00”表示。

16. EQUIV. FARE. PD（实付等值货币）

本栏只在使用非始发国货币付款时，用银行比价折算以后用实付等值货币和具体金额表示。

17. TAX（税费）

分别填写有关国家规定的在客票填开时收取的、与国际运输有关的税费，包括货币代号、税额和税费代号。

如果旅客用运输始发国货币支付票价，税费用运输始发国货币表示；如果旅客用非运输始发国货币支付票价，税费用实付货币表示。

税费应该分别表示，如果应收税费的项目超过三项，可以将无法分别填写的税费合并后填入 TAX 的最后一栏，并在后面加注“XT”，并将 XT 部分所表示的税费明细部分填入签注栏或运价计算栏。

如果旅客可以享受免税，须在 TAX 填写“EXEMPT”，后面加注相应的国家代号。

18. TOTAL（总额）

填写实际支付货币的票价和税费的总和。

例如：

TOTAL FARE CALC.	EQUIVALENT FARE PD	TAX/FEE/ CHARGE 8BG	TAX/FEE/ CHARGE 9.92ZA	TAX/FEE/ CHARGE 8.82SG
FARE EUR1000.00				
TOTAL EUR1026.74				

19. FORM OF PAYMENT（付款方式）

填写实际付款的方式。常见的有：

CASH	表示现金或旅行支票付款
CHECK 或 CHEQUE	表示支票付款
PTA	表示预付票款通知支付
MCO	表示旅费证付款

如果旅客用信用卡付款，应该填写信用卡代码和号码，例如 VI12345678901，表示使用 VISA 卡付款。

如果旅客改变航程，用旧客票换开新客票，应填 TKT 表示。

当不止使用一种方式付款时，应填写每一种付款方式的代码，如果空间允许的话，还可以选择填入相应的金额。

如：

FORM OF PAYMENT
CASH AUD1000.00
CHECK AUD750.00

填写整个航程的始发地 / 目的地的城市 / 机场的三字代码，中间用斜线隔开。

如：

BJS/LON 或 BJS/BJS

20. BOOKING REF.（订座记录）/AIRLINE DATA（航空公司数据）

本栏主要填写旅客订座记录编号，通常可在其前面加注订座航空公司的两字代码，中间用斜线隔开。旅客订座记录编号由数字和英文字母随机确定，不同国家有不同的位数，我国的记录编号由 5 个字符组成。

如：CA/HF2Q5

21. ENDORSEMENT/RESTRICTIONS（签转 / 限制）

填写客票或乘机联使用时的注意事项，包括签转的限制、有关特殊运价的使用限制、退款的限制、合并税费的明细项目、银行兑换率等。

如：

ENDORSABLE TO CA BY NW AT PEK ONLY

或

NOT ENDORSABLE AND NOT REFUNDABLE

22. ISSUED IN EXCHANGE FOR（换开客票）

当客票是由其他运输凭证换开时，需要填入相关凭证号码，如客票、旅费证（MCO）、预付票款通知（PTA）等。

如果是手工填开，在凭证号码后加上凭以换开的乘机联或换取服务联的号码。如：999 1234567890（3-4）/ 91（1-2）

23. CONJUNCTION TICKET（连续票证）

当不能用一本客票表示旅客旅行全航程时，或者客票与其他票证一起使用时，在此栏填入第一本客票的完整票号以及后续客票的最后两位票号或其他票证的号码。如：784 1234567890/91/92

24. ORIGINAL ISSUE（原始出票）

当客票换开时，在此栏填入原始出票的票证号码、出票地点、出票人的代号等信息。当涉及多次换开时，第二次或以后的换开都填入第一本客票的出票信息。

25. DATE AND PLACE OF ISSUE（出票日期和地点）

本栏通常用钢印或刷卡机压印出票人的名称、数字代码、出票地点和国家，手工填写无效。

26. REMITANCE AREA（付款情况）

BSP 客票的会计联、出票人联上特有的区域，由五部分内容组成。

（1）CURRENCY（货币）

本栏填写实付货币的货币号码。

（2）CASH COLLECTION（现金收受）

本栏填写旅客用现金、支票和其他非信用卡支付的票价金额，不包括税费。

（3）CREDIT CARD（信用卡支付）

本栏填写旅客用信用卡支付的票价金额，不包括税费。

（4）COMM. RATE（手续费费率）

本栏填写销售代理人销售客票时应收取的手续费费率，用整数或小数表示，但不需要加上“%”。

代理人销售国际客票、地区航线客票和国内客票时，手续费费率通常依次为票面价的 3%、4.5% 和 9%，具体标准依据不同情况而定。

（5）TAX AMOUNT（税款）

本栏填写应收税费金额和代号。超过两项税费时，要填入税费总额，并加注 XT。

需要指出的是，如果付款栏内的某些栏目没有对应的内容时，通栏画斜线表示。

如：

CURRENCY	CASH COLLECTION	CREDIT CARD	COMM.RATE	TAX AMOUNT
CNY	12 340________		9	23.00XT

或

CURRENCY	CASH COLLECTION	CREDIT CARD	COMM.RATE	TAX AMOUNT
HKD	14 320________	8 000________	9	35.00XT

任务二　熟悉客票的变更与退票业务

一、客票的变更（CHANGES TO TICKET）

一般情况下，客票一旦填开完毕就不能有任何更改。但是也有很多时候需要做某些变更，例如，旅客改变航班、改变旅行时间、变更承运人，都有可能导致票价变更。特别是改变航程时，对票价变更有严格的规定。

（一）自愿变更

1. 旅客改变订座条件

如航班号、旅行日期、旅行开始时间等，但不变更航程、不变更座位等级、不变更承运人，则出票人或其代理人可以使用“更改标签”（RESERVATION ALTERNATION STICKER）进行订座更改，并盖章以示更改有效。

CARRIER	FLIGHT	CLASS	DATE	TIME	STATUS

2. 旅客变更承运人

旅客变更承运人的情况称为客票的“签转”（ENDORSEMENT）。

旅客要求变更承运人，必须征得原承运人的同意，并在新的承运人航班座位允许的条件下，使用“更改标签”办理签转。但在客票的“签转 / 限制”栏（ENDORSEMENT/RESTRICTION）内注明原承运人同意签转给新的承运人。

ENDORSEMENT/RESTRICTION
ENDORSABLE TO AA BY BB

3. 旅客变更舱位等级

旅客提出变更舱位等级时，承运人可以根据座位是否允许进行办理，而且票款要多退少补。办理有关手续时，除了在客票上相应的乘机联和旅客联贴“更改标签”外，通常填开 MCO 处理有关的差价。

当旅客提高舱位等级补收差额时，承运人在收取相应的差额后填开一本用于提高舱位等级的 MCO（UP GRADE），与客票一起使用，作为提高舱位等级的凭证。当旅客降低舱位等级有余额退还时，承运人会填开一本用于降低舱位等级的 MCO（DOWN GRADE），旅客可以凭该 MCO 到原售票处办理退款手续。

4. 旅客改变航程

客票填开后，如果旅客还没有开始旅行就提出改变航程，则按照旅客退票后重新购票处理，其适用的运价和有效期均按新客票计算。

（1）票价计算

当改变航程时，需要重新计算从航程改变前的最后一个票价组合点到票价变更后的第一个票价组合点之间的票价。但是如果航程始发 / 到达美国，则需要重新计算全程票价。

例如：

如果原航程的计算结果为：

BJS CA MOW BA LON M600.00BA X/PAR CA BJS M600.00NUC1200.00END

旅客在 LON 提出改变航程为 LOON BA X/FRA CA BJS，则需要重新计算 LON—X/FRA—FRA 的票价，得到的结果为：

LON BA X/FRA CA BJS5M630.00

即新的全航程票价计算结果为：

BJS CA MOW BA LON M600.00BA X/FRA CA BJS5M630.00NUC1230.00END

则旅客需要支付的差额为：

NUC 1230.00 - NUC 1200.00=NUC 30.00

（2）票证处理问题

根据旅客要求变更航程，在旅客支付有关差额后，可以为旅客换开客票。

在新客票的换开客票栏（ISSUED IN EXCHANGE FOR）和原始出票栏（ORIGINAL ISSUE）应按要求填开有关原客票的票号等有关信息。在新客票的航程栏（FROM...TO...）和订座栏，应填开客票变更后的新航程和订座情况。

在票价计算栏（FARE CALCULATION）和票价栏（FARE）内应填开新的全航程票价（包括税费）。如果旅客改变航程后需要多付票价，总票价栏（TOTAL）应填差价并加“A”表示附加收费。如果旅客改变航程后有余额退还，则总票价栏（TOTAL）内应填 NO ADC（NO ADDITIONAL CHARGE）。

（3）票款差额支付

当改变航程导致旅客需要补足票款差额时，直接在填开新客票前收取。当改变航程导致有余款退还旅客时，承运人填开退款用的 MCO，由旅客到原售票地点办理退票。承运人也可以直接退还多余票款。

（二）非自愿变更

由于天气或承运人等非旅客的原因需要变更客票时，票款差额多退少补。其他票证处理与自愿变更的情况类似。

国际客运中大量使用不准变更、不准签转、不准更改的低折扣票价，旅客提出客票变更的情况比较少。关于客票变更更复杂的情况，有兴趣的同学可以参考 PAT 的 GENERAL RULES 中的有关章节。

二、退票

由于承运人或旅客原因，运输合同被终止，旅客不能在客票的有效期内完成部分或全部航程，可以在有效期内提出退票。

旅客提出退票，必须要提供全部或部分未使用的“乘机联”和“旅客联”，在原出票地点、航班始发地、终止旅行地的承运人或其代理人售票处办理退票手续，票款只能在原出票地点退给客票上注明的旅客本人或客票的付款人。凭单独的“乘机联”或“旅客联”退票无效。

退票包括自愿退票和非自愿退票。

所谓自愿退票，是指由于旅客原因而提出退票。如果客票全部未使用，从已付票款内扣除规定的费用后退还余额。如果客票已部分使用，从已付票款中扣除相当于已使用航段的适用票价的票款和规定的费用后退还余额。

所谓非自愿退票，是指由于天气、航空管制或航空公司航班取消、延误、提前、航程改变或承运人不能提供原订座位等原因而造成旅客退票。如果客票全部未使用，退还全部票款。如果客票已部分使用，从已付票款中扣除已使用航段票款，其余额与未使用航段票价相比较，取其高者退还旅客，但所退票款不得超过已付票款的总额。

在国际运输中，退票的具体计算非常复杂，在这里不做具体讲述。

项目小结

1. 国际客票与国内客票相似，有严格的填开、使用和管理规定，在客票使用时一定要按照具体的规定办理。

2. 旅费证是空运企业用以支付与旅客运输有关费用而填开的一种有价证券，是国际旅行中经常使用的运输凭证，必须按规定使用和填开旅费证。

3. 国际客票变更和退票的规定与国内客票类似，但是客票变更时的运价计算比较复杂。

思考与练习

1. 什么是 MCO？ MCO 的价值限额有什么规定？

2. 比较客票与旅费证，并说明在票证填开、使用时的异同。

3. 国际客票非自愿退票的处理规定是什么？

4. 根据条件填开客票。

旅客在 FRA，使用 EUR 购买 YLAPX6M 的特殊票价，订座记录编号为 ABCDE，具体航程为：BJS—FRA—PAR—LON—DUB—FRA—BJS，全程票价为 CNY10 750，税费分别为 EUR10.00DE，EUR7.50FR，GBP2.00GK，GBP1.50UB

银行比价 BBR：1 EUR=CNY9.078 6　1 EUR=GBP0.722 3

各航段订座情况如下：

BJS—FRA	LH908	K	01 MAY	1100
FRA—PAR（CDG）	LH1033	K	01 MAY	1200
PAR（ORY）—LON（LHR）	AF101	K	10 MAY	1000
LON（LHR）—DUB	BA1003	K	15 MAY	1000
DUB—FRA	LH902	K	19 MAY	800
FRA—BJS	LH907	K	25 MAY	1000

其他条件自拟。

学习效果自测

扫描下方二维码，检测你的学习效果。

14

学习检测

附　录

附录一　世界主要国家（地区）城市/机场三字代码

国家（地区）名称	代码	城市名称	代码	机场	代码
北美洲					
CANADA 加拿大	CA	Ottawa 渥太华	YOW		
		Montreal 蒙特利尔	YMQ	Mirabel Dorval	YMX YUL
		Toronto 多伦多	YTO		
		Vancouver 温哥华	YVR		
USA 美国	US	Chicago 芝加哥	CHI		
		Los Angeles 洛杉矶	LAX		
		Miami 迈阿密	MIA		
		New York 纽约	NYC	John F Kennedy La Guardia Newark	JFK LGA EWR
		San Francisco 旧金山	SFO		
		Washington D. C. 华盛顿	WAS	Dulles International R. Reagan National	IAD DCA
南美洲					
ARGENTINA 阿根廷	AR	Buenos Aires 布宜诺斯艾利斯	BUE	Ministro Pistarini	EZE

续表

国家（地区）名称	代码	城市名称	代码	机场	代码
BOLIVIA 玻利维亚	BO	La Paz 拉巴兹	LPB		
BRAZIL 巴西	BR	Brasilia 巴西利亚	BSB		
		Rio de Janeiro 里约热内卢	RIO	Galeao	GIG
		Sao Paulo 圣保罗	SAO	Congonhas Viracopos	CGH VCP
CHILI 智利	CL	Santiago 圣地亚哥	SCL		
COLOMBIA 哥伦比亚	CO	Bogota 波哥大	BOG		
EGUADOR 厄瓜多尔	EC	Quito 基多	UIO		
FRANCE GUYANA 法属圭亚那	GF	Cayenne 凯恩	CAY		
PARAGUAY 巴拉圭	PY	Asuncion 阿松森	ASU		
PERU 秘鲁	PE	Lima 利马	LIM		
SURINAME 苏里南	SR	Paramaribo 帕拉马里博	PBM		
URUGUAY 乌拉圭	UY	Montevideo 蒙特维的亚	MVD		
VENEZUELA 委内瑞拉	VE	Caracas 加拉加斯	CCS		
中美洲					
BAHAMAS 巴哈马	BS	Nassau 拿骚	NAS		
BARBADOS 巴巴多斯	BB	Bridgetown 布里奇敦	BGI		
COSTA RICA 哥斯达黎加	CR	San Jose 圣约瑟	SJO		
CUBA 古巴	CU	Havana 哈瓦那	HAV		
GUATEMALA 危地马拉	GT	Guatemala City 危地马拉城	GUA		
HAITI 海地	HT	Port Au Prince 太子港	PAP		
HONDURAS 洪都拉斯	HN	Tegucigalpa 特古西加巴	TGU		
JAMAICA 牙买加	JM	Kingston 金斯敦	KIN		
MEXICO 墨西哥	MX	Mexico City 墨西哥城	MEX	Morelos	TLC
		Acapulco 阿卡普尔科	ACA		
NICARAGUA 尼加拉瓜	NI	Managua 马那瓜	MGA		
PANAMA 巴拿马	PA	Panama City 巴拿马城	PTY		
TRINIDAD & TOBAGO 特立尼达和多巴哥	TT	Port Of Spain 西班牙港	POS		

续表

国家（地区）名称	代码	城市名称	代码	机场	代码
欧　洲					
AUSTRIA 奥地利	AT	Vienna 维也纳	VIE		
BELGIUM 比利时	BE	Brussels 布鲁塞尔	BRU		
BULGARIA 保加利亚	BG	Sofia 索菲亚	SOF		
CYPRUS 塞浦路斯	CY	Nicosia 尼科西亚	NIC		
		Larnaca 拉纳卡	LCA		
CZECH REP. 捷克	CZ	Prague 布拉格	PRG		
DENMARK 丹麦	DK	Copenhagen 哥本哈根	CPH		
FINLAND 芬兰	FI	Helsinki 赫尔辛基	HEL		
FRANCE 法国	FR	Paris 巴黎	PAR	Charles De Gaule 戴高乐国际机场 Orly 奥利机场	CDG ORY
		Marseille 马赛	MRS		
GERMANY 德国	DE	Berlin 柏林	BER	Tegel 特格尔机场 Tempelhof Schoenenfeld	TXL THF SXF
		Frankfurt 法兰克福	FRA		
GREECE 希腊	GR	Athens 雅典	ATH		
HUNGARY 匈牙利	HU	Budapest 布达佩斯	BUD		
ICELAND 冰岛	IS	Reykjavik 雷克雅未克	REK		
IRELAND 爱尔兰	IE	Dublin 都柏林	DUB		
ITALY 意大利	IT	Rome 罗马	ROM	Leonardo Da Vinci (Fiumicino) 达·芬奇机场	FCO
		Milan 米兰	MIL		
MALTA 马耳他	MT	Valletta 瓦莱塔	MLA		
NETHERLANDS 荷兰	HL	Amsterdam 阿姆斯特丹	AMS		
		Rotteerdam 鹿特丹	RTM		
NORWAY 挪威	NO	Oslo 奥斯陆	OSL	Fornebu	FBU
POLAND 波兰	PL	Warsaw 华沙	WAW		
PROTUGAL 葡萄牙	PT	Lisbon 里斯本	LIS		
ROMANIA 罗马尼亚	RO	Bucharest 布加勒斯特	BUH	Otopeni	OTP

续表

国家（地区）名称	代码	城市名称	代码	机场	代码
SWEDEN 瑞典	SE	Stockholm 斯德哥尔摩	STO	Arlanda 阿兰达机场	ARN
RUSSIA 俄罗斯	RU	Moscow 莫斯科	MOW	Sheremetyevo 谢列梅捷沃机场	SVO
		St Petersburg 圣彼得堡	LED		
SPAIN 西班牙	ES	Madrid 马德里	MAD		
		Barcelona 巴塞罗那	BCN		
SWITZERLAND 瑞士	CH	Zurich 苏黎世	ZRH		
		Geneva 日内瓦	GVA		
TURKEY 土耳其	TR	Ankara 安卡拉	ANK	Esenboga	ESB
		Istanbul 伊斯坦布尔	IST		
UNITED KINGDOM 英国	GB	London 伦敦	LON	Heathrow 希思罗机场 Gatwick 盖特维克机场	LHR LGW
		Edinburgh 爱丁堡	EDI		
非　洲					
ALGERIA 阿尔及利亚	DZ	Algiers 阿尔及尔	ALG		
ANGOLA 安哥拉	AO	Luanda 卢安达	LAD		
CAMEROON 喀麦隆	CM	Douala 杜阿拉	DLA		
GONGO 刚果	CG	Brazzaville 布拉柴维尔	BZV		
COTE D'IVOIRE 科特迪瓦	CI	Abidjan 阿比让	ABJ		
DJIBOUTI 吉布提	DJ	Djibouti 吉布提	JIB		
EGYPT 埃及	EG	Cairo 开罗	CAI		
ETHIOPIA 埃塞俄比亚	ET	Addis Ababa 亚的斯亚贝巴	ADD		
GABON 加蓬	GA	Libreville 利伯维尔	LBV		
KENYA 肯尼亚	KE	Nairobi 内罗毕	NBO		
		Mombasa 蒙巴萨	MBA		
LIBERIA 利比里亚	LR	Monrovia 蒙罗维亚	MLW		
LIBYA 利比亚	LY	Tripoli 的黎波里	TIP		
MAURITIUS 毛里求斯	MU	Port Louis 路易港	MRU		

续表

国家（地区）名称	代码	城市名称	代码	机场	代码
MOZAMBIQUE 莫桑比克	MZ	Maputo 马普托	MPM		
NAMIBIA 纳米比亚	NA	Windhoek 温得和克	WDH		
NIGERIA 尼日利亚	NG	Lagos 拉各斯	LOS		
SENEGAL 塞内加尔	SN	Dakar 达喀尔	DKR		
SIERRA LEONE 塞拉利昂	SL	Freetown 弗里敦	FNA		
SOUTH AFRICA 南非	ZA	Cape Town 开普敦	CPT		
		Johannesburg 约翰内斯堡	JNB		
SUDAN 苏丹	SD	Khartoum 喀土穆	KRT		
TANZANIA 坦桑尼亚	TZ	Dar Es Salaam 达累斯萨拉姆	DAR		
ZAMBIA 赞比亚	ZM	Lusaka 卢萨卡	LUN		
ZIMBABWE 津巴布韦	ZW	Harare 哈拉雷	HRE		
亚洲及太平洋地区					
BAHRAIN 巴林	BH	Manama 麦纳麦	BAH		
BANGLADESH 孟加拉国	BD	Dhaka 达卡	DAC		
CAMBODIA 柬埔寨	KH	Phnom Pehn 金边	PNH		
CHINA 中国	CN	Beijing 北京	BJS	Capital Airport 首都机场	PEK
				Daxing Airport 大兴机场	PKX
		Shanghai 上海	SHA	Hongqiao Airport 虹桥机场	SHA
				Pudong Airport 浦东机场	PVG
		Guangzhou 广州	CAN	Baiyun Airport 白云机场	CAN
HONG KONG (CHINA) 香港（中国）	HK	Hong Kong 香港	HKG		

续表

国家（地区）名称	代码	城市名称	代码	机场	代码
INDIA 印度	IN	Delhi 德里	DEL		
		Mumbai 孟买	BOM		
INDONESIA 印度尼西亚	ID	Jakarta 雅加达	JKT		
IRAN 伊朗	IR	Tehran 德黑兰	THR		
ISRAEL 以色列	IL	Tel Aviv 特拉维夫	TLV		
JAPAN 日本	JP	Osaka 大阪	OSA		
		Tokyo 东京	TYO	Narita 成田国际机场	NRT
				Haneda 羽田机场	HND
JORDAN 约旦	JO	Amman 安曼	AMM		
KOREA (R. O. K) 韩国	KR	Seoul 首尔	SEL		
KOREA (D.P.R.K) 朝鲜	KP	Pyongyang 平壤	FNJ		
KUWAIT 科威特	KW	Kuwait 科威特	KWI		
LEBANON 黎巴嫩	LB	Beirut 贝鲁特	BEY		
MALAYSIA 马来西亚	MY	Kuala Lumpur 吉隆坡	KUL		
NEPAL 尼泊尔	NP	Kathmandu 加德满都	KTM		
OMAN 阿曼	OM	Muscat 马斯喀特	MCT		
PAKISTAN 巴基斯坦	PK	Islamabad 伊斯兰堡	ISB		
		Karachi 卡拉奇	KHI		
PHILIPPINES 菲律宾	PH	Manila 马尼拉	MNL		
QATAR 卡塔尔	QA	Doha 多哈	DOH		
SAUDI ARABIA 沙特阿拉伯	SA	Riyadh 利雅德	RUH		
		Jeddah 吉达	JED		
SINGAPORE 新加坡	SG	Singapore 新加坡	SIN		
SRI LANKA 斯里兰卡	LK	Colombo 科伦坡	CMB		
SYRIA 叙利亚	SY	Damascus 大马士革	DAM		
TAIWAN (CHINA) 台湾（中国）	TW	Taipei 台北	TPE	Taoyuan Airport 桃园机场	TPE

续表

国家（地区）名称	代码	城市名称	代码	机场	代码
THAILAND 泰国	TH	Bangkok 曼谷	BKK		
UNITED ARAB EMIRATES 阿拉伯联合酋长国	AE	Abu Dhabi 阿布扎比	AUH		
		Dubai 迪拜	DXB		
VIETNAM 越南	VN	Hanoi 河内	HAN		
		Ho Chi Minh City 胡志明市	SGN		
AUSTRALIA 澳大利亚	AU	Canberra 堪培拉	CBR		
		Sydney 悉尼	SYD		
		Melbourne 墨尔本	MEL		
		Perth 佩斯	PER		
FIJI 斐济	FJ	Nadi 楠迪	NAN		
NEW ZEALAND 新西兰	NZ	Wellington 惠灵顿	WLG		
		Auckland 奥克兰	AKL		
		Christchurch 克莱斯特彻奇（基督城）	CHC		

注：本附录中地区的划分以自然地理分区为准。

附录二 中国常用城市/机场三字代码

机场	代码	机场	代码	机场	代码	机场	代码
华北地区		衡阳	HNY	铜仁	TEN	无锡	WUX
包头	BAV	柳州	LZH	万县	WXN	芜湖	WHU
北京首都机场	PEK	洛阳	LYA	西昌	XIC	武夷山	WUS
北京大兴机场	PKX	梅县	MXZ	西双版纳	JHG	厦门	XMN
赤峰	CIF	南宁	NNG	宜宾	YBP	徐州	XUZ
大同	DAT	南阳	NNY	昭通	ZAT	烟台	YNT
海拉尔	HLD	三亚	SYX	遵义	ZYI	盐城	YNZ
呼和浩特	HET	沙市	SHS	华东地区		义乌	YIW
秦皇岛	SHP	汕头	SWA	安庆	AQG	舟山	HSN
石家庄	SJW	深圳	SZX	蚌埠	BFU	东北地区	
天津	TSN	武汉	WUH	常州	CZX	鞍山	AOG
太原	TYN	襄樊	XFN	福州	FOC	长春	CGQ
通辽	TGO	宜昌	YIH	阜阳	FUG	朝阳	CHG
乌兰浩特	HLH	永州	YGZ	赣州	KOW	大连	DLC
锡林浩特	XIL	湛江	ZHA	杭州	HGH	丹东	DDG
西北地区		张家界	DYG	合肥	HFE	哈尔滨	HRB
安康	AKA	郑州	CGO	黄山	TXN	黑河	HEK
敦煌	DNH	珠海	ZUH	黄岩	HYN	佳木斯	JMU
格尔木	GOQ	西南地区		济南	TNA	锦州	JNZ
汉中	HZG	宝山	BSD	晋江	JJN	牡丹江	MDG
嘉峪关	JGN	成都	CTU	景德镇	JDZ	齐齐哈尔	NDG
兰州中川机场	ZGC	重庆	CKG	九江	JIU	沈阳	SHE
庆阳	IQN	达县	DAX	连云港	LYG	通化	TNH
西安咸阳机场	XIY	大理	DLU	临沂	LYI	延吉	YNJ
西宁	XNN	迪庆	DIG	南昌	KHN	新疆地区	
延安	ENY	广汉	GHN	南京	NKG	阿克苏	AKU
银川	INC	广元	GYS	南通	NTG	阿勒泰	AAT
榆林	UYN	贵阳	KWE	宁波	NGB	哈密	HMI
中南地区		昆明	KMG	青岛	TAO	和田	HTN
北海	BHY	拉萨	LXA	衢州	JUZ	喀什	KHG
长沙	CSX	丽江	LJG	上海虹桥	SHA	克拉玛依	KRY
常德	CGD	泸州	LZC	上海浦东	PVG	库车	KCA
恩施	ENH	芒市	LUM	苏州	SZV	且末	IQM
广州	CAN	绵阳	MIG	威海	WEH	塔城	TCG
桂林	KWL	南充	NAO	潍坊	WEF	乌鲁木齐	URC
海口	HAK	思茅	SYM	温州	WNZ	伊宁	YIN

附录三 国际时间换算表

International Time Calculator

Standard Clock Time is shown in hours and minutes fast (+) or slow (-) of G. M. T (Greenwich Mean Time). Many countries also have a period of Daylight Saving Time (DST). This is shown together with the period it is effective.

Countries with more than one time zone are marked **. To establish the local time for a particular city, refer to its entry in *Worldwide city-to-city schedules*.

Country/Area	Standard Clock Time	Daylight Saving Time	DST Effective Period
Afghanistan	+4.30		
Albania	+1	+2	31Mar 02-27 Oct 02
Algeria	+1		
American Samoa	-11		
Andorra	+1	+2	31Mar 02-27 Oct 02
Angola	+1		
Anguilla, Leeward Islands	-4		
Antarctica	-4		
Antigua and Barbuda, Leeward Islands			
Argentina	-3		
Armenia	+4	+5	31Mar 02-27 Oct 02
Aruba	-4		
Australia **			
Lord Howe Island	+10.30	+11	27 Oct 02-30 Mar 03
Capital Territory, NEW (excluding Lord Howe island, Broken Hill)			
Victoria	+10	+11	27 Oct 02-30 Mar 03
Northern Territory	+9.30		
Queensland	+10		
South Australia, Broken Hill	+9.30	+10.30	27 Oct 02-30 Mar 03
Western Australia	+8		
Tasmania	+10	+11	06 Oct 02-30 Mar 03
Austria	+1	+2	31Mar 02-27 Oct 02
Azerbaijan	+4	+5	31Mar 02-27 Oct 02
Bahamas	-5	-4	07Apr 02-27 Oct 02
Bahrain	+3		
Bangladesh	+6		
Barbados	-4		
Belarus	+2	+3	31Mar 02-27 Oct 02
Belgium	+1	+2	31Mar 02-27 Oct 02
Belize	-6		
Benin	+1		
Bermuda	-4	-3	07Apr 02-27 Oct 02

Country/Area	Standard Clock Time	Daylight Saving Time	DST Effective Period
Bhutan	+6		
Bolivia	-4		
Bosnia and Herzegovina	+1	+2	31Mar 02-27 Oct 02
Botswana	+2		
Brazil **			
Amapa, East Para	-3		
Amazonas (except Tabatinga)			
West Para, Rondonia, Roraima	-4		
Acre, Tabatinga	-5		
Femaudo De Noronha	-2		
Goias maranhao, Minas Gerais, Paraiba, Pemambuco, Piaji, Parana, Rio De Janeiro, Rio Grande do Norte, Rio Grande do Sul, Alagoas, Bahis, Seara, Federal district, Expirito Santo, Santa Catarina, Sergipe, Sao Paulo, Tocantins	-3	-2	13 Oct 02-14 Feb 03
Mato Grosso, Mato Grosso do Sul	-4	-3	13 Oct 02-14 Feb 03
Brunei Darussalam	+8		
Bulgaria	+2	+3	31Mar 02-26 Oct 02
Argentina	-3		
Burkina Faso	GMT		
Burundi	+2		
Cambodia	+7		
Cameroon	+1		
Canada **			
Newfoundland Island	-3.30	-2.30	07Apr 02-27 Oct 02
Atlantic Time	-4	-3	07Apr 02-27 Oct 02
Eastern Time	-5	-4	07Apr 02-27 Oct 02

续表

Country/Area	Standard Clock Time	Daylight Saving Time	DST Effective Period
Nunavut-Eastern-Areas Observing DST, Nunavut-Central, Central Time	-6	-5	07Apr 02-27 Oct 02
Mountain Time, Nunavut-Mountain	-7	-6	07Apr 02-27 Oct 02
Pacific Time and Yukon Territory	-8	-7	07Apr 02-27 Oct 02
Eastern Quebec	-4		
Nunavut-Eastern-Areas not oberving DST, Western Ontario	-5		
Saskatchewan and Central Areas of Northwest Territories	-6		
Some Towns in North East British Columbia	-7		
Cape Verde	-1		
Cayman Islands	-5		
Central African Republic	+1		
Chad	+1		
Chile **			
Mainland	-4	-3	13Oct 02-14 feb 03
Easter Island	-6	-5	13Oct 02-14 feb 03
China	+8		
Chinese Taipei	+8		
Christmas Island, Indian Ocean	+7		
Cocos(Keeling) Islands	+6.30		
Colombia	-5		
Comoros	+3		
Congo	+1		
Congo Democratic Republic of **			
Kinshasa, Mbandaka	+1		
Haut-Zaire, Kasai, Kivu and Shaba	+2		
Cook Islands	-10		
Costa Rica	-6		
Cote d' lvoire	GMT		
Croatia	+1	+2	31Mar 02-27 Oct 02
Cuba	-5	-4	31Mar 02-27 Oct 02
Cyprus **			
Lamaca	+2	+3	31Mar 02-27 Oct 02
Ercan	+2	+3	31Mar 02-27 Oct 02
Egypt	+2	+3	
El Salvador	-6		
Equatorial Guinea	+1		
Eritrea	+3		

Country/Area	Standard Clock Time	Daylight Saving Time	DST Effective Period
Estonia	+2	+3	31Mar 02-27 Oct 02
Ethiopia	+3		
Falkand Islands	-4	-3	01 Sep 02-22Apr 03
Faroe Islands	GMT	+1	31Mar 02-27 Oct 02
Fiji	+12		
Finland	+2	+3	31Mar 02-27 Oct 02
France	+1	+2	31Mar 02-27 Oct 02
French Guiana	-3		
French Polynesia **			
Marquesas Is.	-9.30		
Society Is., Tahiti, Tubai Is., Tuamot Is. And rest of French Polynesia	-10		
Gambier Is.	-9		
Gabon	+1		
Gambia	GMT		
Georgia	+4	+5	31Mar 02-27 Oct 02
Germany	+1	+2	31Mar 02-27 Oct 02
Ghana	GMT		
Gibraltar	+1	+2	31Mar 02-27 Oct 02
Greece	+2	+3	31Mar 02-27 Oct 02
Greenland **	-3	-2	30Mar 02-26 Oct 02
Pituffik	-4	-3	07Apr 02-27 Oct 02
Ittoqqortoormiit, Nerlerit Inaat	-1	GMT	31Mar 02-27 Oct 02
Grenada, Windwar Islands	-4		
Guadeloupe	-4		
Guatemala	-6		
Guinea	GMT		
Guinea-Bissau	GMT		
Guyana	-4		
Haiti	-5		
Honduras	-6		
Hong Kong(CHINA)	+8		
Hungary	+1	+2	31Mar 02-27 Oct 02
Iceland	GMT		
India Including Andaman Islands	+5.30		
Indonesia **			
West, Including Jakarta	+7		
Central, including West Timor	+8		
East	+9		
Iran Islamic Republic of	+3.30	+4.30	22Mar 02-21 Sep 02
Ireland Republic of	GMT	+1	31Mar 02-27 Oct 02
Israel	+2	+3	29Mar 02-07 Oct 02

续表

Country/Area	Standard Clock Time	Daylight Saving Time	DST Effective Period
Italy	+1	+2	31Mar 02-27 Oct 02
Jamaica	-5		
Japan	+9		
Jordan	+2	+3	29Mar 02-25 Oct 02
Kazakhstan **			
Western, including Aktau. Atyran, Uralsk	+4	+5	31Mar 02-26 Oct 02
Central, including Aktyubinsk, Kzyl-Orda	+5	+6	31Mar 02-26 Oct 02
Eastern	+6	+7	31Mar 02-26 Oct 02
Kenya	+3		
Kiribati **			
Gilbert Islands	+12		
Line Islands	+14		
Phoenix Islands	+13		
Korea Democratic People's Republic of	+9		
Korea Republic of	+9		
Kuwait	+3		
Kyrgyzstan	+5	+6	31Mar 02-27 Oct 02
Lao People's Democratic Republic	+7		
Latvia	+2	+3	31Mar 02-27 Oct 02
Lebanon	+2	+3	31Mar 02-26 Oct 02
Lesotho	+2		
Liberia	GMT		
Libyan Arab Jamahiriya	+2		
Liechtenstein	+1	+2	31Mar 02-27 Oct 02
Lithuania	+2		
Luxembourg	+1	+2	31Mar 02-27 Oct 02
Macau (CHINA)	+8		
Macedonia (Former Yugoslav Republic of)	+1	+2	31Mar 02-27 Oct 02
Madagascar	+3		
Malawi	+2		
Malaysia	+8		
Maldives	+5		
Mali	GMT		
Malta	+1	+2	31Mar 02-27 Oct 02
Marshall Islands	+12		
Martinique	-4		
Mauritania	GMT		
Mauritius	+4		
Mayotte	+3		
Mexico **			
Mexico, Rest	-6	-5	07Apr 02-27 Oct 02
Baja California Sur, Chihuahua, Nayarit, Sinaloa	-7	-6	07Apr 02-27 Oct 02
Baja California Norte	-8	-7	07Apr 02-27 Oct 02
Sonora	-7		
Micronesia Federated States of **			
except Ponape, Kosrae	+10		
Ponape and Kosrae	+11		
Moldova Republic of	+2	+3	31Mar 02-26 Oct 02
Monaco	+1	+2	31Mar 02-27 Oct 02
Mongolia	+8	+9	31Mar 02-28 Sep 02
Montserrat, Leeward Islands	-4		
Morocco	GMT		
Mozambique	+2		
Myanmar	+6.30		
Namibia	+1	+2	01 Sep 02-06Apr 03
Nauru	+12		
Nepal	+5.45		
Netherlands	+1	+2	31Mar 02-27 Oct 02
Netherlands Antilles	-4		
New Caledonia *including Loyalty Island*	+11		
New Zealand **			
except Chantham Island	+12	+13	06Oct 02-16 Mar 03
Chatham Island	+12.45	+13.45	06Oct 02-16 Mar 03
Nicaragua	-6		
Niger	+1		
Nigeria	+1		
Niue	-11		
Norfolk Island	+11.30		
Northern Mariana Islands (except Guam)	+10		
Norway	+1	+2	31Mar 02-27 Oct 02
Oman	+4		
Pakistan	+5	+6	07Apr 02-26 Oct 02
Palau	+9		
Panama	-5		
Papua New Guinea	+10		
Paraguay	-4	-3	01 Sep 02-05Apr 03
Peru	-5		
Philippines	+8		
Pitcairn Islands	-8		
Poland	+1	+2	31Mar 02-27 Oct 02

续表

Country/Area	Standard Clock Time	Daylight Saving Time	DST Effective Period
Portugal **			
Mainland	GMT	+1	31Mar 02-27 Oct 02
Madeira	GMT	+1	31Mar 02-27 Oct 02
Azores	-1	GMT	31Mar 02-27 Oct 02
Puerto Rico	-4		
Qatar	+3		
Reunion	+4		
Romania	+2	+3	31Mar 02-26 Oct 02
Russian Federation **			
Zone 1. Kaliningrad	+2	+3	31Mar 02-27 Oct 02
Zone 2. Moscow, St Petersburg, Astrakhan	+3	+4	31Mar 02-27 Oct 02
Zone 3. Lzhevsk, Samara	+4	+5	31Mar 02-27 Oct 02
Zone 4. Perm-Nizhnevatovsk	+5	+6	31Mar 02-27 Oct 02
Zone 5. Omsk and Novosibirsk	+6	+7	31Mar 02-27 Oct 02
Zone 6. Norilsk, Kyzyl	+7	+8	31Mar 02-27 Oct 02
Zone 7. Bratsk-Ulanude	+8	+9	31Mar 02-27 Oct 02
Zone 8. Chita, Yakutsk	+9	+10	31Mar 02-27 Oct 02
Zone 9. Khabarovsk, Vladivostock, Yuzhno sahkalinsk	+10	+11	31Mar 02-27 Oct 02
Zone 10. Magadan	+11	+12	31Mar 02-27 Oct 02
Zone 11. Petropavlovsk	+12	+13	31Mar 02-27 Oct 02
Rwanda	+2		
Saint Helena Including Ascension Island	GMT		
Saint Kitts and Nevis Leeward Islands	-4		
Saint Lucia	-4		
Saint Pierre and Miquelon	-3	-2	07Apr 02-27 Oct 02
St. Vincent and the Grenadines	-4		
Samoa	-11		
SanMarino	+1	+2	31Mar 02-27 Oct 02
San Tome and Principe	GMT		
Saudi Arabia	+3		
Senegal	GMT		
Seychelles	+4		
Sierra Leone	GMT		
Singapore	+8		
Slovakia	+1	+2	31Mar 02-27 Oct 02
Slovenia	+1	+2	31Mar 02-27 Oct 02
Solomon Islands	+11		
Somalia	+3		
South Africa	+2		
Spain **			
Mainland, Balearics, Ceuta, Melilla	+1	+2	31Mar 02-27 Oct 02
Canary Islands	GMT	+1	31Mar 02-27 Oct 02
Sri Lanka	+6		
Sudan	+3		
Suriname	-3		
Swaziland	+2		
Sweden	+1	+2	31Mar 02-27 Oct 02
Switzerland	+1	+2	31Mar 02-27 Oct 02
Syrian Arab Republic	+2	+3	01Apr 02-30 Sep 02
Tajikistan	+5		
Tanzania United Republic of	+3		
Thailand	+7		
Togo	GMT		
Tonga	+13	+14	03Nov 02-26 Jan 03
Trinidad and Tobago	-4		
Tunisia	+1		
Turkey	+2	+3	31Mar 02-27 Oct 02
Turkmenistan	+5		
Turks and Caicos Island	-5	-4	07Apr 02-26 Oct 02
Tuvalu	+12		
Uganda	+3		
Ukraine	+2	+3	31Mar 02-27 Oct 02
United Arab Emirates	+4		
United Kingdom	GMT	+1	31Mar 02-27 Oct 02
United States Minor Outlying Islands **			
Johnston Island	-10		
Midway Island	-11		
Wake Island	+12		
USA **			
Eastern Time	-5	-4	07Apr 02-27 Oct 02
Indiana (East)	-5		
Central Time	-6	-5	07Apr 02-27 Oct 02
Mountain Time	-7	-6	07Apr 02-27 Oct 02
Arizona	-7		
Pacific Time	-8	-7	07Apr 02-27 Oct 02
Alaska-All locations (except Aleutian Islands West of 169.30 deg W)	-9	-8	07Apr 02-27 Oct 02
Alaska-Aleutian Islands (West of 169.30 deg W)	-10	-9	07Apr 02-27 Oct 02
Hawaiian Islands	-10		

续表

Country/Area	Standard Clock Time	Daylight Saving Time	DST Effectivc Period	Country/Area	Standard Clock Time	Daylight Saving Time	DST Effective Period
Uruguay	-3			Wake Islands, US	-4		
Uzbekistan	+5			Wallis and Futuna Islands	+12		
Vanuatu	+11			Yemen	+3		
Venezuela	-4			Yugoslavia	+1	+2	31Mar 02-27 Oct 02
Viet Nam	+7			Zambia	+2		
Wake Islands, British	-4			Zimbabwe	+2		

注:国际时间换算表摘自 OAG(2002)。

附录四　IATA 汇率兑换表

IATA Rates of Exchange (IROE)

NOTE:

The ROE used to convert NUC into the currency of the country of commencement of transportation shall be that in effect on the date of ticket issuance.

To calculate fares, rates or charges in currencies listed below					Multiply NUC fare rate/charge by the following rate of exchange	And round up the resulting amount to the next higher unit as listed below			
	Country/AREA (+local currency acceptance limited)	Currency Name	ISO Codes	Alpha Numeric	From NUC	Rounding Units			
						Local Curr. Fares	Other Charges	Decimal Units	Notes
	Afghanistan	US Dollar	USD	840	1.000000	1	0.1	2	5
+	Afghanistan	Afghani	AFA	004	76000.000000	1	1	0	2, 8
+	Albania	Lek	ALL	008	NA	1	1	0	2
	Albania	US Dollar	USD	840	1.000000	1	0.1	2	5
+	Algeria	Algerian Dinar	DZD	012	73.244000	10	1	0	
	American Samoa	US Dollar	USD	840	1.000000	1	0.1	2	5
	Angola	US Dollar	USD	840	1.000000	1	0.1	2	5
+	Angola	Kwanze	AOA	973	19.854300	0.1	0.1	2	2, 8
	Anguilla	US Dollar	USD	840	1.000000	1	0.1	2	5
	Anguilla	East Caribbean Dollar	XCD	951	NA	1	0.1	2	2
	Antigua and Barbuda	US Dollar	USD	840	1.000000	1	0.1	2	5
	Antigua and Barbuda	East Caribbean Dollar	XCD	951	2.700000	1	0.1	2	2
	Argentina	US Dollar	USD	840	1.000000	1	0.1	2	5
+	Argentina	Argentine Peso	ARS	032	1.000000	1	0.1	2	1, 2, 5, 8
	Armenia	US Dollar	USD	840	1.000000	1	0.1	2	5
+	Armenia	Armenian Dram	AMD	051	546.950000	1	1	0	2, 8
	Aruba	Aruban Guilder	AWG	533	1.790000	1	1	0	
	Australia	Australian Dollar	AUD	036	1.979350	1	0.1	2	8, 17
	Austria	Schilling	ATS	040	14.969284	1.0	10	2	8
	Austria	Euro	EUR	978	1.087860	1	0.01	2	8
	Azerbaijan	US Dollar	USD	840	1.000000	1	0.1	2	5
+	Azerbaijan	Azerbaijanian Manat	AZM	031	4570.600000	1	0.1	2	2, 8
	Bahamas	US Dollar	USD	840	1.000000	1	0.1	2	5
	Bahamas	Bahamian Dollar	BSD	044	NA	1	0.1	2	2

续表

To calculate fares, rates or charges in currencies listed below					Multiply NUC fare rate/ charge by the following rate of exchange	And round up the resulting amount to the next higher unit as listed below			
						Rounding Units			
Country/AREA (+local currency acceptance limited)		Currency Name	ISO Codes	Alpha Numeric	From NUC	Local Curr. Fares	Other Charges	Decimal Units	Notes
	Bahrain	Bahraini Dinar	BHD	048	0.375999	1	1	0	
	Bangladesh	US Dollar	USD	840	1.000000	1	0.1	2	5
+	Bangladesh	Taka	BDT	050	54.000000	1	1	0	2, 19
	Barbados	US Dollar	USD	840	1.000000	1	0.1	2	5
+	Barbados	Barbados Dollar	BBD	052	NA	1	0.1	2	2
	Belarus	US Dollar	USD	840	1.000000	1	0.1	2	5
+	Belarus	Belarussian Ruble	BYR	974	1258.500000	10	1	0	2, 8
	Belgium	Belgian Franc	BEF	056	43.884174	10	10	0	5, 8
	Belgium	Euro	EUR	978	1.087860	1	0.01	2	8
	Belize	US Dollar	USD	840	1.000000	1	0.1	2	5
+	Belize	Belize Dollar	BZD	084	2.000000	1	0.1	2	2
	Benin	CFA Franc	XOF	952	713.589552	100	100	0	
	Bermuda	US Dollar	USD	840	1.000000	1	0.1	2	5
	Bermuda	Bermudian Dollar	BMD	060	NA	1	0.1	2	2, 5
	Bhutan	Ngultrum	BTN	064	46.589100	1	1	0	
	Bolivia	US Dollar	USD	840	1.000000	1	0.1	2	5
+	Bolivia	Boliviano	BOB	068	6.460000	1	1	0	1, 2, 8
+	Bosnia and Herzegovina	ConvertibleMark	BAM	977	NA	1	1	0	
	Bosnia and Herzegovina	US Dollar	USD	840	1.0000000	1	0.1	2	5
	Botswana	Pula	BWP	072	5.488840	1	0.1	2	
	Brazil	US Dollar	USD	840	1.000000	1	0.1	2	5
+	Brazil	Brazilian Real	BRL	986	2.087100	0.01	0.01	2	1, 2, 3, 8, 14
	Brunei Darussalam	Brunei Dollar	BND	096	1.764640	1	1	0	
	Bulgaria	US Dollar	USD	840	1.000000	1	0.1	2	5
+	Bulgaria	Lev	BGN	975	NA	0.01	0.01	2	2, 8
	Burkina Faso	CFA Franc	XOF	952	713.589552	100	100	0	
	Burundi	US Dollar	USD	840	1.000000	1	0.1	2	5
+	Burundi	Burundi Franc	BIF	108	744.000700	10	5	0	2, 16
	Cambodia	US Dollar	USD	840	1.000000	1	0.1	2	5
+	Cambodia	Riel	KHR	116	NA	10	10	0	2
	Cameroon	CFA Franc	XAF	950	713.589552	100	100	0	
	Canada	Canadaian Dollar	CAD	124	1.551818	1	0.1	2	8, 12
	Cape Verde Islands	US Dollar	USD	840	1.000000	1	0.1	2	5
+	Cape Verde Islands	Cape Verde Escudo	CVE	132	117.844000	100	100	0	2, 8

续表

To calculate fares, rates or charges in currencies listed below					Multiply NUC fare rate/ charge by the following rate of exchange	And round up the resulting amount to the next higher unit as listed below			
Country/AREA (+local currency acceptance limited)		Currency Name	ISO Codes	Alpha Numeric	From NUC	Rounding Units			
						Local Curr. Fares	Other Charges	Decimal Units	Notes
	Cayman Islands	US Dollar	USD	840	1.000000	1	0.1	2	5
	Cayman Islands	Cayman Islands Dollar	KYD	136	0.820000	0.1	0.1	2	2, 5
	Central African Rep.	CFA Franc	XAF	950	713.589552	100	100	0	
	Chad	CFA Franc	XAF	950	713.589552	100	100	0	
	Chile	US Dollar	USD	840	1.000000	1	0.1	2	5
+	Chile	Chilean Peso	CLP	152	589.210000	1	1	0	2
+	China excluding Hong Kong SAR and Macao SAR	Yuan Renminbi	CNY	156	8.277280	10	1	0	
	Chinese Taipei	New Taiwan Dollar	TWD	901	32.519800	1	1	0	
	Colombia	US Dollar	USD	840	1.000000	1	0.1	2	5
+	Colombia	Colombian Peso	COP	170	2270.300000	100	100	0	1, 2, 8
	Comoros(Isl. Rep.of)	Comoro Franc	KMF	174	535.192164	100	50	0	
	Congo(Brazzaville)	CFA Franc	XAF	950	713.589552	100	100	0	
	Congo(Kinshasa)	US Dollar	USD	840	1.000000	1	0.1	2	5
+	Congo(Kinshasa)	Franc Congolais	CDF	976	NA	1	0.05	3	2, 8
	Cook Islands	New Zealand Dollar	NZD	554	2.390021	1	0.1	2	8
	Costa Rica	US Dollar	USD	840	1.000000	1	0.1	2	5
	Costa Rica	Costa Rican Colon	CRC	188	NA	10	10	0	2
	Côte d'lvoire	CFA Franc	XOF	952	713.589552	100	100	0	
	Croatia	US Dollar	USD	840	1.000000	1	0.1	2	5
+	Croatia	Kuna	HRK	191	NA	1	1	0	2, 5, 8
	Cuba	US Dollar	USD	840	1.000000	1	0.1	2	5
+	Cuba	Cuban Peso	CUP	192	1.000000	1	0.1	2	2
	Cyprus	Cyprus Pound	CYP	196	0.629578	1	0.5	2	8
	Czech Republic	Czech Koruna	CZK	203	37.381600	1	1	0	8
	Denmark	Danish Krone	DKK	208	8.095746	5	1	0	8
	Djibouti	Djibouti Franc	DJF	262	158.200000	100	100	0	
	Dominica	US Dollar	USD	840	1.000000	1	0.1	2	5
	Dominica	East Caribbean Dollar	XCD	951	NA	1	0.1	2	2
	Dominican Republic	US Dollar	USD	840	1.000000	1	0.1	2	5
	Dominican Republic	Donminican Peso	DOP	214	NA	1	0.1	2	2, 8
	Ecuador	US Dollar	USD	840	1.000000	1	0.1	2	5
+	Egypt (Arab Rep. Of)	Egyptian Pound	EGP	818	3.879000	1	1	2	
	El Salvador	US Dollar	USD	840	1.000000	1	0.1	2	5, 15
+	El Salvador	El Salvador Dollar	SVC	222	NA	1	1	2	2, 8, 15
	Equatorial Guinea	CFA Franc	XAF	950	713.589552	100	100	0	

续表

To calculate fares, rates or charges in currencies listed below				Multiply NUC fare rate/ charge by the following rate of exchange	And round up the resulting amount to the next higher unit as listed below				
Country/AREA (+local currency acceptance limited)		Currency Name	ISO Codes	Alpha Numeric	From NUC	Rounding Units			
						Local Curr. Fares	Other Charges	Decimal Units	Notes
	Eritrea	US Dollar	USD	840	1.000000	1	0.1	2	5, 15
+	Eritrea	Nakfa	ERN	232	10.200000	1	1	0	2, 8
	Estonia	Kroon	EEK	233	17.021358	5	1	0	8
	Ethiopia	US Dollar	USD	840	1.000000	1	0.1	2	5
+	Ethiopia	Ethiopian Birr	ETB	230	8.530000	1	1	0	2, 8
	Faroe Isl.	Danish Krone	DKK	208	8.095746	5	1	0	8
	Falkland Islands	Falkland Pound	FKP	238	0.686946			2	
	Fiji Islands	Fiji Dollar	FJD	242	2.291720	1	0.1	2	8
	Finland	Markka	FIM	246	6.468123	5	1	2	8
	Finland	Euro	EUR	978	1.087860	1	0.01	2	8
	France	French Franc	FRF	250	7.135896	5	1	2	8
	France	Euro	EUR	978	1.087860	1	0.01	2	8
	French Guiana	French Franc	FRF	250	7.135896	5	1	2	8
	French Guiana	Euro	EUR	978	1.087860	1	0.01	2	8
	French Polynesia	CFP Franc	XPF	953	129.743568	100	10	0	
	Gabon	CFA Franc	XAF	950	713.589552	100	100	0	
	Gambia	US Dollar	USD	840	1.000000	1	0.1	2	5
+	Gambia	Dalasi	GMD	270	NA	1	0.1	2	2, 8
	Georgia	US Dollar	USD	840	1.000000	1	0.1	2	5
+	Georgia	Lari	GEL	981	2.088000	1	0.1	2	2, 8
	Germany	DeutscheMark	DEM	276	2.127670	1	0.50	2	8
	Germany	Euro	EUR	978	1.087860	1	0.01	2	8
	Ghana	US Dollar	USD	840	1.000000	1	0.1	2	5
+	Ghana	Cedi	GHC	288	7316.000000	1	0.1	2	2, 8
	Gibraltar	Gibraltar Pound	GIP	292	0.686946	1	0.1	2	5
	Greece	Drachma	GRD	300	370.688383	100	10	0	8
	Greece	Euro	EUR	978	1.087860	1	0.01	2	8
	Greenland	Danish Krone	DKK	208	8.095746	5	1	0	8
	Grenada	US Dollar	USD	840	1.000000	1	0.1	2	5
	Grenada	East Caribbean Dollar	XCD	951	NA	1	0.1	2	2
	Guadeloupe	French Franc	FRF	250	7.135896	5	1	2	8
	Guadeloupe	Euro	EUR	978	1.087860	1	0.01	2	8
	Guam	US Dollar	USD	840	1.000000	1	0.1	2	5
	Guatemala	US Dollar	USD	840	1.000000	1	0.1	2	5
	Guatemala	Quetzal	GTQ	320	NA	1	0.1	2	2, 8
	Guinea	US Dollar	USD	840	1.000000	1	0.1	2	5
+	Guinea	Guinea Franc	GNF	324	1873.000000	100	100	0	2, 8

续表

To calculate fares, rates or charges in currencies listed below					Multiply NUC fare rate/ charge by the following rate of exchange		And round up the resulting amount to the next higher unit as listed below		
						Rounding Units			
Country/AREA (+local currency acceptance limited)		Currency Name	ISO Codes	Alpha Numeric	From NUC	Local Curr. Fares	Other Charges	Decimal Units	Notes
	Guinea Bissau	CFA Franc	XOF	952	713.589552	100	100	0	
	Guyana	US Dollar	USD	840	1.000000	1	0.1	2	5
+	Guyana	Guyana Dollar	GYD	328	NA	1	1	0	2
	Haiti	US Dollar	USD	840	1.000000	1	0.1	2	5
	Haiti	Gourde	HTG	332	NA	1	0.5	2	2
	Honduras	US Dollar	USD	840	1.000000	1	0.1	2	5
	Houduras	Lempira	HNL	340	NA	1	0.2	2	2
	Hong Kong SAR	Hongkong SAR Dollar	HKD	344	7.799900	10	1	0	8
+	Hungary	Forint	HUF	348	286.966667	100	100	0	8
	Iceland	Iceland Krona	ISK	352	86.465919	100	10	0	8
+	India	Indian Rupee	INR	356	46.589100	5	1	0	8, 26
	Indonesia	US Dollar	USD	840	1.000000	1	0.1	2	5
	Indonesia	Rupiah	IDR	360	10219.000000	100	100	0	1, 2, 8
+	Iran (Islamic Rep.of)	Iranian Rial	IRR	364	8000.000000	100	10	0	19
+	Iraq	Iraqi Dinar	IQD	368	0.312400	0.1	0.05	3	
	Ireland	Irish Pound	IEP	372	0.856760	1	0.1	2	5, 8
	Ireland	euro	EUR	978	1.087860	1	0.01	2	8
	Israel	US Dollar	USD	840	1.000000	1	0.1	2	5, 10
	Israel	New Israeli Sheqel	ILS	376	NA	1	1	0	2, 5, 8
	Italy	Italian Lira	ITL	380	2106.391183	1000	1000	0	8
	Italy	Euro	EUR	978	1.087860	1	0.01	2	8
	Jamaica	US Dollar	USD	840	1.000000	1	0.1	2	5
+	Jamaica	Jamaican Dollar	JMD	388	NA	1	0.1	2	2
	Japan	Yen	JPY	392	120.131767	100	10	0	8, 29
	Jordan	Jordanian Dinar	JOD	400	0.710600	0.1	0.05	3	
	Kazakhstan	US Dollar	USD	840	1.000000	1	0.1	2	5
+	Kazakhstan	Kazakhstan Tenge	KZT	398	145.564000	1	0.1	2	2, 8
	Kenya	US Dollar	USD	840	1.000000	1	0.1	2	5
+	Kenya	Kenyan Shilling	KES	404	77.780000	5	5	0	2
	Kiribati	Australian Dollar	AUD	036	1.979350	1	0.1	2	
+	Korea (North)	North Korean Won	KPW	408	2.230650	1	1	0	
+	Korea (South)	Won	KRW	410	1278.770000	100	100	0	8
	Kuwait	Kuwaiti Dinar	KWD	414	0.306832	1	0.05	3	
	Kyrgyzstan	US Dollar	USD	840	1.000000	1	0.1	2	5
+	Kyrgyzstan	Som	KGS	417	0.000000	1	0.1	2	2, 8
	Laos(People's Dem. Rep)	US Dollar	USD	840	1.000000	1	0.1	2	5

续表

To calculate fares, rates or charges in currencies listed below					Multiply NUC fare rate/ charge by the following rate of exchange	And round up the resulting amount to the next higher unit as listed below			
						Rounding Units			
Country/AREA (+local currency acceptance limited)		Currency Name	ISO Codes	Alpha Numeric	From NUC	Local Curr. Fares	Other Charges	Decimal Units	Notes
+	Laos(People's Dem. Rep)	Kip	LAK	418	7584.800000	10	10	0	2
	Latvia	US Dollar	USD	840	1.000000	1	0.1	2	5
+	Latvia	Latvian Lats	LVL	428	0.621880	1	0.1	2	2, 8
	Lebanon	US Dollar	USD	840	1.000000	1	0.1	2	5
+	Lebanon	Lebanese Pound	LBP	422	NA	100	100	0	2, 8
	Lesotho	Loti	LSL	426	7.804100	10	0.1	2	
	Liberia	US Dollar	USD	840	1.000000	1	0.1	2	5
+	Liberia	Liberian Dollar	LRD	430	NA	1	0.1	2	2, 5
+	Libya (S.P.L.A.J.)	Libyan Dinar	LYD	434	1.000000	0.1	0.05	3	19
	Liechtenstein	Same as Swetzerland	CHF	756					
	Lithuania	US Dollar	USD	840	1.000000	1	0.1	2	5
+	Lithuania	Litas	LTL	440	4.000000	1	1	0	2, 5, 8
	Luxembourg	Luxembourg Franc	LUF	442	43.884174	10	10	0	5, 8
	Luxembourg	Euro	EUR	978	1.087860	1	0.01	2	8
	Macau SAR	Pataca	MOP	446	8.037600	10	1	0	
	Macedonia (FYROM)	US Dollar	USD	840	1.000000	1	0.1	2	5
+	Macedonia (FYROM)	Macedonian Denar	MKD	807	64.045000	10	1	0	2, 5, 8
	Madagascar	US Dollar	USD	840	1.000000	1	0.1	2	5
+	Madagascar	Malagasy Franc	MGF	450	6568.494000	1000	20	0	2
	Malawi	US Dollar	USD	840	1.000000	1	0.1	2	5
	Malawi	Kwacha	MWK	454	80.270000	1	0.1	2	2, 8
	Malaysia	Malaysian Ringgit	MYR	458	3.800000	1	1	0	8
	Maldives Isl.	US Dollar	USD	840	1.000000	1	0.1	2	5
	Maldives Isl.	Rufiyaa	MVR	462	NA	1	1	0	2
	Mali	CFA Franc	XOF	952	713.589552	100	100	0	
	Malta	Maltese Lira	MTL	470	0.442585	1	0.1	2	5
	Marshall Isl.	US Dollar	USD	840	1.000000	1	0.1	2	5
	Martinique	French Franc	FRF	250	7.135896	5	1	2	8
	Martinique	Euro	EUR	978	1.087860	1	0.01	2	8
+	Mauritania	Ouguiya	MRO	478	252.042000	20	10	0	
+	Mauritius	Mauritius Rupee	MUR	480	27.992300	5	1	0	
	Mayotte	French Franc	FRF	250	7.135896	5	1	2	8
	Mayotte	Euro	EUR	978	1.087860	1	0.01	2	8
	Mexico	US Dollar	USD	840	1.000000	1	0.1	2	5
	Mexico	Mexican Peso	MXN	484	9.639800	1	1	0	2, 8
	Micronesia	US Dollar	USD	840	1.000000	1	0.1	2	5

续表

To calculate fares, rates or charges in currencies listed below					Multiply NUC fare rate/ charge by the following rate of exchange	And round up the resulting amount to the next higher unit as listed below			
						Rounding Units			
	Country/AREA (+local currency acceptance limited)	Currency Name	ISO Codes	Alpha Numeric	From NUC	Local Curr. Fares	Other Charges	Decimal Units	Notes
	Moldova	US Dollar	USD	840	1.000000	1	0.1	2	5
+	Moldova	Moldovan Leu	MDL	498	12.814000	1	1	0	2, 8
	Monaco	French Franc	FRF	250	7.135896	5	1	2	8
	Monaco	Euro	EUR	978	1.087860	1	0.01	2	8
	Mongolia	US Dollar	USD	840	1.000000	1	0.1	2	5
	Mongolia	Tugrik	MNT	496	NA	–	–	2	2
	Montserrat	US Dollar	USD	840	1.000000	1	0.1	2	5
	Montserrat	East Caribbean Dollar	XCD	951	NA	1	0.1	2	2
+	Morocco	Moroccan Dirham	MAD	504	10.715605	5	1	0	8
+	Mozambique	Metical	MZM	508	17956.550000	10000	10000	0	8
+	Myanmar	Kyat	MMK	104	6.495820	1	1	0	
	Namibia	Namibia Dollar	NAD	516	7.804100	10	1	0	6, 8
	Nauru	Australian Dollar	AUD	036	1.979350	1	0.1	2	
	Nepal	US Dollar	USD	840	1.000000	1	0.1	2	5
+	Nepal	Nepalese Rupee	NPR	524	74.000034	1	1	0	2
	Netherlands	Netherlands Guilder	NLG	528	2.397329	1	1	0	5, 8, 21
	Netherlands	Euro	EUR	978	1.087860	1	0.01	2	8
	Netherlands Antilles	Neth.Antillian Guilder	ANG	532	1.790000	1	1	0	
	New Caledonia	CFA Franc	XPF	953	129.743568	100	10	0	
	New Zealand	New Zealand Dollar	NZD	554	2.390021	1	0.1	2	8, 18
	Nicaragua	US Dollar	USD	840	1.000000	1	0.1	2	5
+	Nicaragua	Cordoba Oro	NIO	558	12.972000	1	1	0	1, 2
	Niger	CFA Franc	XOF	952	713.589552	100	100	0	
	Nigeria	US Dollar	USD	840	1.000000	1	0.1	2	5
+	Nigeria	Naira	NGN	566	111.000000	1	1	0	2
	Niue	New Zealand Dollar	NZD	554	2.390021	1	0.1	2	
	Norfolk Isl.	Australian Dollar	AUD	036	1.979350	1	0.1	2	
	NorthMariana Isl.	US Dollar	USD	840	1.000000	1	0.1	2	5
	Norway	Norwegian Krone	NOK	578	8.912115	5	1	0	8
	Occupied Palestinian Territory	US Dollar	USD	840	1.000000	1	0.1	2	5
	Oman	Rial Omani	OMR	512	0.385000	1	1	0	
+	Pakistan	Pakistan Rupee	PKR	586	60.304643	10	1	0	27
	Palau	US Dollar	USD	840	1.000000	1	0.1	2	5
	Panama	US Dollar	USD	840	1.000000	1	0.1	2	5
	Panama	Balboa	PAB	590	1.000000	1	0.1	2	2
	Papua New Guinea	Kina	PGK	598	3.445890	1	0.1	2	

续表

To calculate fares, rates or charges in currencies listed below					Multiply NUC fare rate/ charge by the following rate of exchange	And round up the resulting amount to the next higher unit as listed below			
						Rounding Units			
	Country/AREA (+local currency acceptance limited)	Currency Name	ISO Codes	Alpha Numeric	From NUC	Local Curr. Fares	Other Charges	Decimal Units	Notes
	Paraguay	US Dollar	USD	840	1.000000	1	0.1	2	5
+	Paraguay	Guarani	PYG	600	NA	1000	1000	0	2
	Peru	US Dollar	USD	840	1.000000	1	0.1	2	5
+	Peru	Nuevo Sol	PEN	604	3.517680	0.1	0.1	2	2, 8
	Philippines	US Dollar	USD	840	1.000000	1	0.1	2	5
+	Philippines	Philippine Peso	PHP	608	NA	1	1	0	2, 8
	Poland	US Dollar	USD	840	1.000000	1	0.1	2	5
+	Poland	Zloty	PLN	985	4.015960	1	0.01	2	2, 8
	Portugal incl. Azores, Madira	Poutuguese Escudo	PTE	620	218.096400	100	100	0	8
	Portugal incl.Azores, Madira	Euro	EUR	978	1.087860	1	0.01	2	8
	Puerto Rico	US Dollar	USD	840	1.000000	1	0.1	2	5
	Qutar	Qatari Rial	QAR	634	3.640001	10	10	0	
	Reunion Isl.	French Franc	FRF	250	7.135896	5	1	2	8
	Reunion Isl.	Euro	EUR	978	1.087860	1	0.01	2	8
	Romania	US Dollar	USD	840	1.000000	1	0.1	2	5
+	Romania	Leu	ROL	642	27191.600000	1000	1000	0	2
	Russia	US Dollar	USD	840	1.000000	1	0.1	2	5
+	Russia	Russian Ruble	RUR	810	28660.000000	1000	1000	0	2, 8
+	Russia	New Russian Ruble	RUB	643	28.660000	5	1	0	2, 8
	Rwanda	US Dollar	USD	840	1.000000	1	0.1	2	5, 13
+	Rwanda	Rwanda Franc	RWF	646	NA	10	5	0	2, 13
	St.Kitts Nevis	US Dollar	USD	840	1.000000	1	0.1	2	5
	St.Kitte Nevis	East Caribbean Dollar	XCD	951	NA	1	0.1	2	2
	St. Lucia	US Dollar	USD	840	1.000000	1	0.1	2	5
	St. Lucia	East Caribbean Dollar	XCD	951	NA	1	0.1	2	2
	St. Pierre Miquelon	French Franc	FRF	250	7.135896	5	1	2	8
	St. Pierre Miquelon	Euro	EUR	978	1.087860	1	0.01	2	8
	St. Vincent, Grenads	US Dollar	USD	840	1.000000	1	0.1	2	5
	St. Vincent, Grenads	East Caribbean Dollar	XCD	951	NA	1	0.1	2	2
	Samoa	Tala	WST	882	3.447913	1	0.1	2	8
	Sao Tome and Principe	US Dollar	USD	840	1.000000	1	0.1	2	5
+	Sao Tome and Principe	Dobra	STD	678	NA	100	100	0	2, 8
	Saudi Arabia	Saudi Riyal	SAR	682	3.744999	1	1	0	
	Senegal	CFA Franc	XOF	952	713.589552	100	100	0	
	Seychelles	Seychlles Rupee	SCR	690	6.456500	1	1	0	

续表

To calculate fares, rates or charges in currencies listed below					Multiply NUC fare rate/ charge by the following rate of exchange	And round up the resulting amount to the next higher unit as listed below			
						Rounding Units			
	Country/AREA (+local currency acceptance limited)	Currency Name	ISO Codes	Alpha Numeric	From NUC	Local Curr. Fares	Other Charges	Decimal Units	Notes
	Sierra Leone	US Dollar	USD	840	1.000000	1	0.1	2	5
+	Sierra Leone	Leone	SLL	694	NA	1	0.1	2	2, 8
	Singapore	Singapore Dollar	SGD	702	1.760780	1	1	0	8
+	Slovakia	Slovak Koruna	SKK	703	47.200000	1	1	0	
+	Slovenia	Slovenian Tolar	SIT	705	231.512460	100	1	0	8
	Solomon Islands	Solomon Island Dollar	SBD	090	5.191560	1	0.1	2	
	Somalia	US Dollar	USD	840	1.000000	1	0.1	2	5
+	Somalia	Somali Shilling	SOS	706	0.000000	1	1	0	1, 2
	South Africa	Rand	ZAR	710	7.804100	10	1	0	6, 8
	Spain incl.Canary Isl.	Spanish Peseta	ESP	724	181.004717	50	5	0	8
	Spain incl.Canary Isl.	Euro	EUR	978	1.087860	1	0.01	2	8
+	Sri Lanka	Sri Lanka Rupee	LKR	144	85.586513	100	1	0	
+	Sudan	Sudanese Dinar	SDD	736	230.600000	1	1	0	19
	Suriname	US Dollar	USD	840	1.000000	1	0.1	2	5
+	Suriname	Surinam Guilder	SRG	740	2200.000000	1	1	0	2
	Swaziland	Lilangeni	SZL	748	7.804100	10	0.1	2	
	Sweden	Swedish Krona	SEK	752	9.901247	5	1	0	8
	Switzerland	Swiss Franc	CHF	756	1.670919	1	0.5	2	8
+	Syria	Syrian Pound	SYP	760	46.000000	1	1	0	19
	Tajikstan	US Dollar	USD	840	1.000000	1	0.1	2	5
+	Tajikstan	Somoni	TJS	972	0	1	0.1	2	2, 8
	Tanzania	US Dollar	USD	840	1.000000	1	0.1	2	5
+	Tanzania	Tanzania Shilling	TZS	834	829.000000	10	10	0	2
	Thailand	Baht	THB	764	43.643504	5	5	0	8
	Togo	CFA Franc	XOF	952	713.589552	100	100	0	
+	Tonga Isl.	Pa'anga	TOP	776	1.979350	1	0.1	2	8
	Trinidad and Tobago	US Dollar	USD	840	1.000000	1	0.1	2	5
+	Trinidad and Tobago	Trinidad and Tobago Dollar	TTD	780	NA	1	0.1	2	2
+	Tunisia	Tunisian Dinar	TND	788	1.394640	0.5	0.5	3	
	Turkey	US Dollar	USD	840	1.000000	1	0.1	2	5
+	Turkey	Turkish Lira	TRL	792	935687.6000000	1000000	1000000	0	2, 8
	Turkmenistan	US Dollar	USD	840	1.000000	1	0.1	2	5
+	Turkmenistan	Turkmenistan Manat	TMM	795	0	1	0.1	2	2, 8
	Turks and Caicos Isl.	US Dollar	USD	840	1.000000	1	0.1	2	5
	Tuvalu	Australian Dollar	AUD	036	1.979350	1	0.1	2	
	Uganda	US Dollar	USD	840	1.000000	1	0.1	2	5

续表

To calculate fares, rates or charges in currencies listed below					Multiply NUC fare rate/charge by the following rate of exchange	And round up the resulting amount to the next higher unit as listed below			
						Rounding Units			
	Country/AREA (+local currency acceptance limited)	Currency Name	ISO Codes	Alpha Numeric	From NUC	Local Curr. Fares	Other Charges	Decimal Units	Notes
+	Uganda	Uganda Shilling	UGX	800	1730.000000	1	1	0	2, 8
	Ukraine	US Dollar	USD	840	1.000000	1	0.1	2	5
+	Ukraine	Hryvnia	UAH	980	5.421080	1	0.1	2	2, 8
	United Areb Emirates	Dirham	AED	784	3.672497	10	10	2	
	UK	Pound Shilling	GBP	826	0.686946	1	0.1	2	5, 8
	USA/UST	US Dollar	USD	840	1.000000	1	0.1	2	4
	Uruguay	US Dollar	USD	840	1.000000	1	0.1	2	5
+	Uruguay	Peso Uruguayo	UYU	858	12.723000	1	1	0	1, 2, 5, 8
	Uzbekistan	US Dollar	USD	840	1.000000	1	0.1	2	5
+	Uzbekistan	Uzbekistan Sum	UZS	860	0.000000	1	0.1	2	2, 8
	Vanuatu	Vatu	VUV	548	147.100000	100	10	0	
	Venezuela	US Dollar	USD	840	1.000000	1	0.1	2	5
+	Venezuela	Bolivar	VEB	862	704.853000	10	10	0	2, 8
	Vietnam	US Dollar	USD	840	1.000000	1	0.1	2	5
+	Vietnam	Dong	VND	704	14552.600000	1000	1000	0	2
	Virgin Isl. (GB)	US Dollar	USD	840	1.000000	1	0.1	2	5
	Virgin Isl. (US)	US Dollar	USD	840	1.000000	1	0.1	2	5
	Wallis and Futuna Isl.	CFP Franc	XPF	953	129.743568	100	10	0	
	Yemen Rep.of	Yemeni Rial	YER	886	164.500000	1	1	0	19
	Yugoslavia	US Dollar	USD	840	1.000000	1	0.1	2	5
+	Yugoslavia	Yugoslavian Dinar	YUM	891	NA	1	1	0	2, 5, 8
	Zambia	US Dollar	USD	840	1.000000	1	0.1	2	5, 9
+	Zambia	Kwacha	ZMK	894	NA	5	5	0	2, 8
	Zimbabwe	US Dollar	USD	840	1.000000	1	0.1	2	5
+	Zimbabwe	Zinbabwe Dollar	ZWD	716	NA	1	1	0	2

注：摘自 IATA/UFTAA FOUNDATION COURSE, PAT Training Extract (Edition 4 , 2005)。

NOTES:

1 For information apply to the nearest office of an issuing or participating airline.

2 International fares, fares related charges and excess baggage charges will be quoted in US Dollars. The conversion rate shown herein is to be used solely to convert local currency domestic fares to US Dollars, permitting the combination of domestic fares and international fares on the same ticket.

3 No rounding is involved; all decimals beyond two shall be ignored.

4 Rounding of fares and other charges shall be to the nearest rounding unit except

US Tax charges shall be rounded to the nearest 0.01.

5 Rounding of fares and other charges shall be to the nearest rounding unit.

For example:

Between: 0.01 and 0.49 round down

0.50 and 0.99 round up

---

6 Rounding of other charges shall be accomplished by dropping amounts less than 50 cents and increasing amounts of 50 cents or more.

7 Intentionally left blank.

8 Refer to PAT General Rules book section 11.10 for sources for bankers rates of exchange.

9/10/11 Intentinally left blank.

12

(a) Rounding of local currency fares shall be accomplished by dropping amounts less than 50 cents and increasing amounts of 50 cents or more. Round trip fares in Canadian/US currency shall not exceed twice the one-way fare.

(b) Other charges-Canadian Tax Charges rounded to the nearest 0.01.

13 Notwithstanding the "+" sigh, Rwanda francs may be accepted only in accordance with the instructions issued by the "Ministere des Finances" to the agents of Rwanda and the carriers operating to or from Rwanda. All fares from Rwanda shall be published in a basic currency.

14 The sale in Brazilian currency is prohibited for tickets which permit a stopover in Brazil on the outbound journey, once the passenger has left Brazil. This prohibition shall not apply to the sale of transportation to be performed solely within the area comprised of Argentina/Brazil/Chile/Paraguay and Uruguay.

15 El Salvador VAT shall not be rounded.

16 Notwithstanding the dagger sigh, Burundese francs may be accepted only in accordance with the instructions issued by the 'Ministere des Finances' of the Kingdom of Burundi to the agents of Burundi and the carriers operating to or from Burundi. All fares from Burundi shall be published in a basic currency.

17 Other charges-Australian Tax Charges when collected in Australia, round to the nearest 0.01.

18 Other charges-New Zealand Tax Charges when collected in New Zealand, round to the nearest 0.01.

19 Exchange rate set by government.

20 Intentionally left blank.

21 Netherlands security charge and Passenger Service Charge shall not be rounded.

22 For taxes, rounding unit for CVE is 100.

23/24/25 Intentionally left blank.

26 When purchasing a ticket in India, nonresidents need prior approval from Reserve Bank or must pruduce a bank certifi cate evidencing the exchange of foreign currency.

27 Tickets issued outside Pakistan for journeys commencing in Pakistan may not be issued to Pakistani nationals whose stay abroad has been less than 10 months, unless approved by the Pakistani State Bank.

28 Intentionally left blank.

29 Changes to promotional fares in Japanese Yen shall be calculated to JPY 1 and rounded up to JPY 1, 000.

图书在版编目（CIP）数据

民航旅客运输 / 张晓明主编. -- 6版. -- 北京 : 旅游教育出版社, 2022.12（2025.10重印）
民航空中乘务专业系列教材
ISBN 978-7-5637-4379-7

Ⅰ. ①民… Ⅱ. ①张… Ⅲ. ①民用航空—旅客运输—教材 Ⅳ. ①F560.83

中国版本图书馆CIP数据核字(2022)第004585号

“十四五”职业教育国家规划教材
民航空中乘务专业系列教材

民航旅客运输

（第6版）

张晓明　主　编
黄建伟　副主编

策　　划	李红丽
责任编辑	李红丽
出版单位	旅游教育出版社
地　　址	北京市朝阳区定福庄南里1号
邮　　编	100024
发行电话	（010）65778403　65728372　65767462（传真）
本社网址	www.tepcb.com
E - mail	tepfx@163.com
排版单位	北京旅教文化传播有限公司
印刷单位	天津雅泽印刷有限公司
经销单位	新华书店
开　　本	710毫米 × 1000毫米　1/16
印　　张	20
字　　数	268千字
版　　次	2022年12月第1版
印　　次	2025年10月第4次印刷
定　　价	39.80元

（图书如有装订差错请与发行部联系）

备忘录

备忘录